D1727417

Klangkörperbuch

Klangkörperbuch

Lexikon zum Pavillon der Schweizerischen
Eidgenossenschaft an der Expo 2000 in Hannover

Peter Zumthor
mit
Plinio Bachmann
Karoline Gruber
Ida Gut
Daniel Ott
Max Rigendinger

Herausgegeben von Roderick Hönig

Birkhäuser – Verlag für Architektur
Basel · Boston · Berlin

Zeichenerklärung:

Sachstichwort (Vectora Black)

Sachstichwort-Texte (Centennial)

Sachstichwort-Querverweis (Vectora Bold)

Personenstichwort (Vectora Black)

Personenstichwort-Querverweis (Vectora Black)

Personenstichwort-Texte (Vectora Bold)

→	Querverweis
⊙	Bildlegende
|	Verswechsel
||	Strophenende
kursiv	Buch-, Film- oder Tonträgertitel sowie Kraft- und Schweizerdeutsche Ausdrücke
« »	Zitat aus den Lichtschriften
‹ ›	Zitat im Zitat
[...]	Auslassungen in Zitaten
( )	Zusatzerklärungen oder Hinweise
*	geboren
†	gestorben

Hinweise zum Gebrauch: Der→**Klangkörper** ist ein Ereignis der sinnlichen Art. Als Teil dieses einmaligen Projektes ist das→**Klangkörperbuch** das Vademecum zum Schweizer Pavillon an der Weltausstellung→**Expo 2000**: Die kurzen Texte erzählen die Geschichten hinter dem in Hannover Gezeigten, Gelesenen, Gegessenen, Gehörten oder Gerochenen.

In 928 alphabetisch geordneten Stichworten dokumentiert das Lexikon dieses→**Gesamtkunstwerk** in all seinen Bereichen:→**Architektur** und Gesamtkonzept (Peter→**Zumthor**),→**Musik** (Daniel→**Ott**),→**Lichtschriften** (Plinio→**Bachmann**),→**Trinken und Essen** (Max→**Rigendinger**),→**Klangkörper-kleidung** (Ida→**Gut**) und→**Inszenierung** (Karoline→**Gruber**). Es umfasst alle Zitate aus den Lichtschriften (in Anführungszeichen) mit Literaturhinweisen, Informationen und Bezugsquellen zu den angebotenen Schweizer Spezialitäten, Erklärungen zur→**Idee** oder zum→**Kompositions-Verfahren**. Auch sind darin die Namen aller Mitwirkenden zu finden, die bis Redaktionsschluss feststanden: insgesamt über 350 Architekten, Auftraggeber, Berater, Gastronomen, Grafiker, Ingenieure und Musiker sind mit Namen und ihrer Funktion im Klangkörper aufgeführt. Als Suchhilfe werden Personen- und Sachstichworte typografisch unterschieden. Der Aufbau des Buches entspricht der Architektur des Klangkörpers: Die Stichworte sind wie seine→**Balken** übereinandergestapelt, Querverweise eröffnen immer wieder neue Verzweigungen und ermöglichen lustvolles Schmökern – wie im Pavillon, gibt es keine festgelegte Wegführung.

Roderick→**Hönig**, April 2000

50 Eingänge, 50 Ausgänge: Die gewebeartige Freilichtarchitektur besteht aus zwölf _,**Stapeln,** mit insgesamt 99 _,**Stapelwänden.** Diese _,**Grundstruktur** macht keine Unterscheidung zwischen innen und aussen, und es gibt auch keine eigentlichen Fassaden. Insgesamt zählt man 50 Lücken und Öffnungen nach aussen. _,**Labyrinth**

«A long time ago in a galaxy far, far away...»: Herzen schlagen höher, wenn zu Beginn eines Star-Wars-Films der Einführungstext durch den Sternenhimmel zieht und in der Unendlichkeit verschwindet: «Vor langer Zeit, in einer Galaxie, weit weit entfernt...» George _,**Lucas** hat damit eher versehentlich die Gefühlslage jener Schweizer getroffen, denen ihr Land zu isoliert vorkommt. _,**Lichtschriften**

Abbinden: Montagefertiges Herrichten der gesägten _,**Balken:** reissen, fräsen, nuten, bohren, schlitzen, stemmen, hobeln, fasen, sägen, ablängen.

«Abholzigkeit | Drehwüchsigkeit | Frostleiste | Blitzrinne | Zwieselung | Ästigkeit | Exzentrischer Wuchs | Harzgallen | Rotkern | Risse | Ringschale | Farbigkeit | Kernfäule | Frassgänge | Wundüberwallung | Spannrückigkeit | Maserwuchs | Mondring.»: Aufgezählt sind hier alle möglichen Wuchsfehler von _,**Holz,** wie sie die private Homepage eines Holzfanatikers im Internet unter *www.goldhausen.de* auflistet. Diese Mängel be- oder verhindern eine problemlose Verarbeitung des wertvollen Baustoffs, wie sie der _,**Klang-körper** vorführt.

Abstimmung: Für die Teilnahme der _,**Schweiz** an der _,**Expo 2000** Hannover war keine Volksabstimmung erforderlich. Der Bundesbeschluss über die Schweizer Beteiligung datiert vom 10. Dezember 1998. Er ist das Ergebnis von Abstimmungen in den beiden Kammern des schweizerischen Parla-ments. Im _,**Ständerat** wurde der vom _,**Bundesrat** unterbreitete Entwurf für einen Bundesbeschluss am 8. Oktober 1998 einstimmig mit 33 Stimmen, im _,**Nationalrat** am 10. Dezember 1998 mit 105 : 6 Stimmen (10 Enthal-tungen und 79 Absenzen) angenommen. Vorangegangen war der Entscheid der→**Regierung**, einen öffentlichen Architekturwettbewerb für den Schweizer Pavillon durchzuführen. Bedingung an die Architekten: Der Baustoff→**Holz** sollte zur Geltung kommen.

Abwasch: In einem der Gänge zwischen den→**Stapelwänden** befindet sich die sogenannte Abwascherei. Die schmutzigen→**Gläser** und Teller werden dort von einem→**Mitarbeiter** der drei→**Bars** gespült. Da in den Bars nach dem Prinzip der *Job rotation* gearbeitet wird, wechseln sich die Mitarbeiter auch an der Abwaschmaschine ab, was bei einem grossen Besucheransturm durchaus eine erwünschte Rückzugsmöglichkeit sein kann.→**Klang der Gastronomie**

«**Addio Lugano bella** – o dolce terra pia. | Scacciati senza colpa – gli anarchici van via; | Ma partono cantando – con la speranza in cor. | Ed è per voi sfruttati – per voi lavoratori, | che fummo imprigionati – al par di malfattor; | E pur la nostra idea – non è che idea d'amor. | Banditi senza tregua – andrem di terra in terra, | A predicar la pace – ed a bandir la guerra; | La pace agli oppressi – la guerra all'oppressor. | Ma tu che ci discacci – con una vil menzogna, | Repubblica borghese – un dì ne avrai vergogna, | Ed oggi ti accusiamo – in faccia all'avvenir.»: Der italienische Anarchist Pietro →**Gori** wurde im Januar 1895 in Lugano verhaftet, fünfzehn Tage in Gefangenschaft gehalten und danach an der deutschen Grenze des Landes verwiesen. Aus diesem Anlass entstand sein berühmtes Lied *La ballata degli anarchici*, aus dem hier ein Auszug zitiert ist: «Lebe wohl, schönes Lugano, oh liebliches, frommes Land. | Schuldlos verjagt gehen die Anarchisten fort; | aber sie ziehen singend los, mit Hoffnung im Herzen. | Und für euch, Ausgebeutete, für euch, Arbeiter, | wurden wir eingesperrt, Verbrechern gleich; | und dabei sind unsere Ideen nichts als die Ideen der Liebe. | Als rastlose Verbannte werden wir von Land zu Land ziehen, | um den Frieden zu predigen und den Krieg zu erklären; | den Frieden den Unterdrückten, den Krieg dem Unterdrücker. | Aber du, die du uns verjagst mit einer feigen Lüge, | bürgerliche Republik, eines Tages wirst du dich dessen schämen, | und heute klagen wir dich an, vor dem Angesicht der Zukunft.» (Übersetzung: Evelyne und Samuel Vitali), Original zitiert aus: *Negli Svizzeri,* hrsg. von Fabio Soldini, Armando Dadò Editore, Locarno 1991, s. 170.

«Älteste Holzhäuser schon weisen Inschriften auf.»: In der →**Schweiz** hat das Beschreiben von Häusern seit Urzeiten Tradition. Wer durch ländliche Regionen des Landes wandert, wird immer wieder zum Entziffern angeregt. Vom einfachen Benennen der Erbauer über formelhafte Segnungen von Gebäuden, je nach deren Funktion, bis zum beredten Zeugnis der Mentalität seiner Bewohner – Haussprüche bilden eine eigenständige Schriftkultur. Der zitierte Satz stammt aus dem Kommentar einer Sammlung solcher Schriften in Buchform, die gleichzeitig als Dokumentation und als Repertoire für künftige Hausbeschreiber dienen soll. Maurer, Gilgian: *Hausinschriften im Schweizerland. Beitrag zur Pflege einer altehrwürdigen Volkssitte,* Spiez 1942, s. 23.

Aeschlimann, Jean-Louis: *1937, Bauherrenvertreter →**Trinken und Essen.** Der ehemalige Direktor der Hotelfachschule Lausanne hat in Kenia und Ägypten Hotelfachschulen aufgebaut. Sein Auftrag war, das Konzept und die Umsetzung durch die Max →**Rigendinger** GmbH zu überprüfen und für die Einhaltung der Zielvorgaben der →**Eidgenossenschaft** zu sorgen. Er hinterfragt gründlich, ist begeisterungsfähig und auch für unkonventionelle Lösungen zu haben.

«Affars exteriurs»: Die →**Bundesverfassung** der Schweizerischen →**Eidgenossenschaft** gibt es, wie jedes offizielle Schreiben von nationaler Bedeutung, in den vier →**Landessprachen:** Deutsch, Französisch, Italienisch und Romanisch – oder eben:→**Rumantsch.** «Affars exteriurs» bedeutet nichts anderes als *auswärtige Angelegenheiten.* Diese werden in der neuen Verfassung vom 18. Dezember 1998 unter Artikel 54 definiert.

Aigle les Délices, 1998: Weisswein. In Aigle, dem Herzen des Waadtländer Chablais, schützen Berge die Reben vor kalten Winden. In diesem Mikroklima gedeiht die→**Chasselas Traube**, die für diesen→**Wein** verwendet wird. Das Terrain zeichnet sich durch steinigen und mineralienreichen Boden aus, was dem Wein einen sanften Geschmack verleiht. Erhältlich bei Obrist SA, Vevey, Tel. +41 / 21 / 925 99 25.

«**Air** | Bail | boarden | Boardercross | bonen | bonken | carven | cruisen | Downhill | drop in | Fakie | handplant | powdern | Spin | stylen | Tail-ride | Turn | Twist»: Kunststücke beim Snowboarden, aufgelistet von der *fundventure-society* auf der *Snöber*-Homepage: *http://home.datacomm.ch/chrom/Begriffe.htm*. Übersetzt, bzw. erklärt bedeuten die Begriffe in gleicher Reihenfolge: «Sprung | Sturz | snowboardfahren | Massenstart, bei dem eine Hand voll Boarder eine Hindernisstrecke gleichzeitig befahren | bei einem Sprung den vorderen Fuss nach vorne strecken | Antippen eines Gegenstandes | geschnittene Schwünge auf der Kante | schöne Fahrt auf dem Brett im Neuschnee oder auf der Piste | Schussfahrt | Anfahrt in die Pipe | Rückwärtsfahren | Handstand meist auf cooping | im Tiefschnee fahren | gedrehter Sprung z.b. 360° | Verschönern | Fahrt auf dem hinteren Teil des Brettes | Gedrehter Sprung.».

Akkordeon: Gehört zur Familie der Harmonikainstrumente, genauer zu den Balg- resp. Handharmonikainstrumenten. Der Begriff Harmonika wird vorzugsweise auf Instrumente angewendet, die eine konstante Stimmung aufweisen und dadurch mit festen Tonhöhen harmonische Intervalle garantieren und zudem kompakt, mobil und handlich sind – mit oder ohne Balgwerk (Hand- oder Mundharmonikas), mit oder ohne Tastaturen.
Als primäre Schallquelle dient die durch eine elastische Zunge beeinflusste Luftströmung. 1829 liess Cyrillus H. Demian in Wien ein neu erfundenes Instrument als *Accordion* patentieren. Die Beschreibung auf der Urkunde lautete: ‹Das Instrument hat die Gestalt eines kleinen Kästchens mit einem Blasbalge. Die Bodenplatte ist mit 5 Tasten versehen, von denen jede einen Akkord zum Ansprechen bringt. Die vibrierenden Theile sind dünne Metallplättchen, welche ein Schnarrwerk mit durchschlagenden Federn

bilden.› Die Weiterentwicklung dieses Instruments vor allem in Wien und in Deutschland sowie dessen Export führten rasch zu vielfältigen bautechnischen Handharmonika-Typen, u.a. in London, Paris, Russland und den USA. In der „Schweiz wurden in Langnau im Emmental die *Langnauerli* entwickelt, die direkten Vorläufer des von Robert Iten gebauten *Schwyzerörgeli*. Dieses wurde ab 1885 in Pfäffikon in grösserer Zahl produziert. Die Handharmonika-Produktion forderte das Zusammenwirken mehrerer Berufssparten: Metall-, Holz-, Lederarbeiter, Balgbinder, Mechaniker für Tastaturen, Monteure, Stimmer. In Deutschland setzte sich die dezentral organisierte Produktion mit günstigen Heimarbeitern durch. Damit entwickelten sich die vorwiegend preussischen und sächsischen Firmen um 1850 zu leistungsfähigen und exportorientierten Unternehmen mit breiten Sortimenten auf allen Preisstufen. Mittels der fabrikmässigen Produktion in den 1870er Jahren konnten die Herstellungskosten weiter gesenkt werden: Um die Jahrhundertwende wurden jährlich bis zu einer Million Balgharmonikas exportiert. Dass das Akkordeon zum beliebtesten Volksmusikinstrument avancierte, hängt vor allem mit der einfachen Erlernbarkeit zusammen, denn das Spielen konnte mittels Anleitungen autodidaktisch erworben werden. Zudem war das Instrument dank seiner Lautstärke sowie dem Tonsystem mit Melodie-, Bassstimme und Begleitakkorden als Ein-Mann-Kapelle einsetzbar. Es war portabel, relativ preisgünstig und jederzeit spielbar. Zur Verbreitung der Handharmonika in der ganzen Welt trugen neben der Kolonialisierung die massiven Auswanderungswellen im 19. Jahrhundert bei. Im Gepäck zahlreicher Emigranten wurde das Instrument in die neue Heimat mitgeführt, wo es bald seinen Platz in der dortigen Volksmusik fand. 1903 begann das deutsche Mundharmonika-Unternehmen Hohner in Trossingen mit der Produktion von Handharmonikas und wurde dank seines leistungsfähigen Auslands-Vertriebssystems bald zum unumstrittenen Branchenführer. In den 20er Jahren versuchte Hohner, die Akzeptanz des Akkordeons auch in bürgerlichen Kreisen zu erhöhen; das gebildete Bürgertum ‹rümpfte über die Schweineorgel die

Grundklang-Spieler_,Akkordeon

Nase, da sich ihrer nicht der Musiker, sondern der Dilettantismus in den niederen Ständen bemächtigt hat› (Zitat aus: Christoph Wagner, *Das Akkordeon,* s. 94). Die Firma Hohner gründete ein Akkordeonorchester, eine Harmonikaschule sowie einen Musikalienverlag. Nach dem zweiten Weltkrieg konnte das vorher erfolgreiche Orchesterwesen nur langsam wieder aufgebaut werden. 1947 stellte Hohner ein aus Berufsmusikern bestehendes Akkordeon-Ensemble zusammen, das an den Donaueschinger Musiktagen Werke von Paul Hindemith und Igor Strawinsky aufführte und in der Folgezeit Konzerte – auch mit Uraufführungen – in zahlreichen Ländern gab. An der Musikhochschule Trossingen war Hugo ⌐→**Noth** der erste Akkordeonlehrer, der das Repertoire zeitgenössischer Musik für Akkordeon nachhaltig anregte. Inzwischen hat sich das Akkordeon zweifellos auch im E-Musik-Bereich etabliert. ⌐→**Musik,** ⌐→**Kompositions-Verfahren,** ⌐→**Musiker als Mitkomponisten** ⊙ **Grundklang-Spieler**

«Alle laufen sie in die Schweiz, wenn sie nicht mehr weiter wissen, so er, dachte ich. Aber die Schweiz ist dann doch für alle der tödliche Kerker, nach und nach ersticken sie in der Schweiz an der Schweiz…»: Die Fortsetzung, die nicht in den ⌐→**Lichtschriften** zu lesen ist (⌐→**«La censure…»**), lautet: «…wie auch meine Schwester an der Schweiz ersticken wird, er sehe es voraus, Zizers wird sie umbringen, der Schweizer wird sie umbringen, die Schweiz wird sie umbringen, so er, dachte ich. Ausgerechnet nach Zizers, in diese perverse Wortschöpfung!». Aus einem Roman des Österreichers Thomas ⌐→**Bernhard.** Die Schwester des Ich-Erzählers heiratet einen Schweizer und zieht zu ihm nach Zizers. Das bringt den Helden, der zu seiner Schwester eine nahezu inzestuöse Liebe hegt, in Rage. Gegen Zizers soll Bernhard einen solchen Groll gehegt haben, weil er sich dort einmal eine Fischvergiftung geholt hat. *Der Untergeher,* Suhrkamp Verlag, Frankfurt A/M 1983, s. 71.

«Alle Trauer, aller Schmerz und alle schweren Gedanken waren wie verschwunden, obschon ich einen gewissen Ernst, als Klang, noch immer vor mir und hinter mir lebhaft spürte. Freudig war ich auf alles gespannt, was mir auf dem Spaziergang etwa begegnen oder entgegentreten könnte.»: Den Spaziergang durch den Mikrokosmos unternimmt 1917 Robert⌐**Walser,** und dabei begegnet ihm allerlei Alltägliches, Angenehmes, Unangenehmes, Beiläufiges, Wichtiges, Unwichtiges – eben Schweizerisches. Der Text ist ein Edelstein der Schweizer Literatur. Nachzulesen in: Robert Walser, *Der Spaziergang. Prosastücke und Kleine Prosa,* Suhrkamp Verlag, Frankfurt A/M 1985. S. 7 f.

«‹Allemal, wenn ich dieses Holz betrachte›, begann der ehrwürdige Alte, ‹so muss ich mich verwundern, wie das wohl zuging, dass aus dem fernen Morgenlande, wo das Menschengeschlecht entstanden sein soll, Menschen bis hierher kamen und diesen Winkel in diesem engen Graben fanden, und muss denken, was die, welche bis hierher verschlagen oder gedrängt wurden, alles ausgestanden haben werden und wer sie wohl mögen gewesen sein. Ich habe viel darüber nachgefragt, aber nichts erfahren können, als dass diese Gegend schon sehr früh bewohnt gewesen, ja Sumiswald, noch ehe unser Heiland auf der Welt war, eine Stadt gewesen sein soll; aber aufgeschrieben steht das nirgends.›». Aus: Jeremias⌐**Gotthelf,** Die Schwarze Spinne (Kap. 4), in: *Sämtliche Werke in 24 Bänden,* Band 17, bei Georg Müller und Eugen Rentsch, München 1912, s. 25.

«Alles Wohl beruht auf Paarung | wie dem Leben Poesie | fehle Maggi's Suppen-Nahrung | Maggi's Speise-Würze nie!»: Das ganze Leben und Lieben in nuce – oder eben: in einem Suppenwürfel. Selten lässt ein Werbetext nicht nur verdrängten Dichterehrgeiz, sondern tatsächliches Genie durchscheinen. Dieser stammt denn auch vom prominentesten Texter der deutschschweizer Werbegeschichte: Frank⌐**Wedekind.**

«Allgemein sichere Verhältnisse»: Dieser Ausdruck erläutert die Gefahrenstufe 1 (gering) der Lawinengefahrenskala, wie sie vom⌐**Eidgenössischen Institut für Schnee- und Lawinenforschung** definiert wird.

Alpen: Das europäische Bergmassiv prägt die Schweizer Topographie wesentlich. Doch die Alpen sind nicht nur Transitbarriere, Tourismusziel und Wasserschloss, sondern waren immer wieder Gegenstand der Literatur. Die Alpen als Projektionsfläche für Schriftsteller wurden immer wieder mit tieferer Bedeutung versehen. Ihre Entdeckung für die Kultur fand vornehmlich in der Romantik statt. Von daher ist im angelsächsischen Diskurs der Begriff der Alpen unverbrüchlich mit Heldentum und Jungfräulichkeit, in der deutschen Literatur mit Freiheit und einfachem Gemüt und im Französischen mit einer intakten Moral verbunden. In jedem Fall stehen die Alpen symbolhaft für den Gegenentwurf zur urban-bürgerlichen Zivilisation. →**Montagna retorica**

Amiel, Henri-Frédéric: *1821 in Genf; †1881 ebenda, Schweizer Schriftsteller protestantisch-französischer Herkunft. Studierte in Genf und Deutschland (besonders Schriften von G.W.F. Hegel) und bereiste Frankreich und Italien. Ab 1849 Professor für Ästhetik und ab 1854 für Philosophie in Genf. Gab in seinen Gedichten grüblerischen Weltschmerzstimmungen Ausdruck (*Il penseroso*, 1858, *La part du rêve*, 1863, *Jour à jour*, 1880). Aufmerksamkeit erregten aber erst nach seinem Tode die *Tagebücher* mit ihrer rückhaltlosen Seelenanalyse. Sie trugen wesentlich zur Weiterentwicklung einer autobiografischen Literatur in Frankreich bei, die in der Nachfolge →**Rousseaus** stand. Mit seinem Lied →**«Roulez, tambours!...»** verlieh er patriotischen Gefühlen Ausdruck.

«And the first of them all – the very first, earliest bannerbearer of human freedom in this world – was not a man, but a woman – Stauffacher's wife.»: Das Zitat stammt aus dem Essay *Switzerland, the Cradle of Liberty* von Mark →**Twain**, der mit einem Augenzwinkern den helvetischen Nationalhelden Wilhelm →**Tell** vom Sockel stürzt und stattdessen die mutige *Stauffacherin*, wie man sie von →**Schiller** kennt, zur eigentlichen Wegbereiterin der eidgenössischen Unabhängigkeit macht: «Der erste, früheste Fahnenträger menschlicher Freiheit in dieser Welt – war nicht ein Mann, sondern eine Frau: Stauffachers Gattin.» Dazu Schiller: →**«Stauffacher: Du glaubst an Menschlichkeit...».** Das Twain-Zitat stammt aus: *The Complete Essays of*

Mark Twain, hrsg. von Charles Neider, Garden City, NY, 1963, S. 112.

Angioletti, Giovan Battista: *1896 in Mailand; †1961 in Santa Maria La Bruna, Schriftsteller. Angioletti leitete zwischen 1940 und 1944 in Lugano den *Circolo Italiano di Lettura,* einen Lesezirkel, der mit einer Bibliothek, regelmässigen Treffen, der Redaktion der Literaturseite im *Corriere del Ticino* und dem *Premio Lugano* die italienische Literatur im Tessin bekannt machen sollte. Gegen die lebendige Gruppe italienischer Intellektueller regten sich immer heftigere Widerstände, da der Zirkel immerhin Instrument des italienischen Kulturministeriums im Ausland war, also der faschistischen Regierung Italiens. Angioletti wurde des Landes verwiesen und leitete ähnliche Kulturinstitute in Prag, Lyon, Dijon, Paris. In seinen Schriften macht er sich unter anderem Gedanken über den homo alpinus: →«La Montagna, tutta concentrata in se stessa...».

Anokhina, Katsiaryna: Hackbrett. Nicht zum ersten Mal ist die Weissrussin im Ausland zu hören, oft spielt sie in Orchesterformationen. Ihr ganzes Herzblut steckt sie aber zusammen mit einem Pianisten in ihr Projekt *Gloria: Music and Future*.

Anpassung: Damit die →Klangkörperkleidung allen Mitwirkenden passt und gern getragen wird, sind vorab alle persönlichen Masse eingeholt worden. Nach der →Konfektion haben die Träger alle →Outfits anprobiert: Wo nötig, hat man dann Hosen-, Armlängen und auch die Weiten individuell angepasst. →Gesamtkunstwerk

Anzellotti, Teodoro: Akkordeonist. Studierte an der Musikhochschule Karlsruhe bei Jürgen Habermann und bei Hugo →Noth in Trossingen. Er gewann mehrere erste Preise bei internationalen Wettbewerben. Seit Beginn des Studiums interessierte er sich rege für Neue Musik. Bis anhin brachte er über 150 Werke zur Uraufführung. Beispielsweise in Zusammenarbeit mit den Komponisten Luciano Berio, Heinz Holliger, Mauricio Kagel, György Kurtág, Younghi Pagh-Paan. Er gab Konzerte in allen europäischen Musikmetropolen und spielte als Solist mit fast allen Sinfonieorchestern deutscher Rundfunkanstalten und dem Tonhalle Orchester Zürich.
Seit 1987 unterrichtet er die Berufs- und Solistenklasse an der bernischen Hochschule für Musik und Theater in Biel. Anzellotti spielt selbst nicht im →Klangkörper, dafür viele seiner Studenten. →Akkordeon

Appezöller Chemisuppe: Schweizerdeutsch für Appenzeller Kümmelsuppe.

Zwiebeln und Kümmel mit Fleischbrühe kochen und mit gerösteten Brot-
würfeln servieren.

«Après m'être agenouillé sur le seuil, je mange un peu de neige»: Der
ganze Satz lautet: «Chaque année je vais rendre hommage à la maison de
Nietzsche et, après m'être agenouillé sur le seuil, je mange un peu de
neige – c'est ma manière de communier sur l'autel de Sils-Maria.» Jean
→**Cocteau** als Pilgerer: «Jedes Jahr bringe ich dem→**Nietzsche-Haus** meine
Huldigung dar, und, nachdem ich auf die Knie gegangen bin, esse ich
etwas Schnee – das ist meine Art des Abendmahls vor dem Altar von Sils-
Maria.» Aus einem Brief vom 2. März 1959, an Professor Reto R. Bezzola.

Arbeitsweg: Zu Fuss nimmt der Weg von der→**Loft** bis zum Gelände der
→**Expo 2000** fast kein Ende. Brauchen die Musiker und→**Mitarbeiter** des
Bereiches→**Trinken und Essen** morgens frische Luft und Bewegung, nehmen
sie das Fahrrad. Alle, die nicht in die Pedale treten wollen, benutzen ein
öffentliches Verkehrsmittel. Die Instrumente werden mit einem Spezial-
Fahrzeug zum→**Klangkörper** gefahren.

Architekt: Peter→**Zumthor**

Armbruster, Sascha: Saxophon. Der Saxophonist aus dem Schwarzwald
hat an den Musikhochschulen in Basel und Paris studiert und mit seinem
Instrument erfolgreich an zahlreichen internationalen Wettbewerben
teilgenommen. Er ist Mitglied des *Arte Quartetts Basel* und ist freischaffender Musiker in Orchestern und Ensembles.

Arnold, Martin: *1964, Betriebsleiter→**Klangkörper** und Leiter→**Trinken
und Essen.** Zusammen mit Carola→**Scotoni Berger** und dem→**Kurator**
Max→**Rigendinger** war er intensiv an den Vorbereitungsarbeiten beteiligt. Arnold ist ein Vollprofi und blüht auf, wenn alles drunter und drüber
geht, die→**Bars** gestürmt werden und Improvisationskunst gefragt ist.

Asphalt: Das künstliche Gemisch aus natürlichem→**Bitumen** und minerali-
schen Stoffen ist Teil des Materialdreiklangs *Holz-Asphalt-Stahl.*→**Asphaltkissen,**→**Holz**

Asphaltkissen: Der →**Klangkörper** steht auf einem drei Zentimeter hohen Asphaltkissen. Es hat eine Fläche von 52.10 x 58.30 Metern und ist über einem Steinbett ausgegossen. →**Stahlschwerter** durchstossen die schwarze Ebene bei den →**Spannstellen** und bilden ein Auflager für die →**Stapelwände**. Die Fläche ist dem vorgefundenen Terrain entsprechend geneigt. In ihr eingelassen sind linienförmige Entwässerungsrinnen. Sie fangen das abfliessende Regenwasser auf und leiten es ab. So bleiben bestimmte Bodenflächen im Inneren des Klangkörpers trocken. →**Asphalt,** →**Regenwasserplan**

Assessment: Interessenten, die im →**Klangkörper** für →**Trinken und Essen** sorgen wollten, wurden zu einem Assessment eingeladen. Insbesondere erfährt man bei Gruppendiskussionen und -übungen viel über die Teamfähigkeit der Bewerber. Cilgia →**Graf-Bezzola** prüfte mit dieser effizienten und zuverlässigen Selektionsmethode die sozialen und fachlichen Kompetenzen.

Aßmus, Thomas: *1955 in Berlin, Akkordeon. Lehrt an der Hochschule für Musik und Theater Hannover. Fördert als Dirigent und Mitglied des Landesmusikrats insbesondere die Jugendmusik in Niedersachsen. Spielt auf dem Akkordeon vorwiegend zeitgenössische Musik.

Asterix chez les Helvètes: Die Schweizer dürfen stolz sein, vom genialen Autoren-Duo René →**Goscinny** und Albert Uderzo verewigt worden zu sein. Der Helvetien-Band der Asterix-Reihe ist eine der scharfsinnigsten, bissigsten und humorvollsten Mentalitätsstudien über die Schweizer. *Asterix chez les Helvètes (Asterix bei den Schweizern)* gehört in jede Bibliothek und ist in jeder erdenkbaren Sprache erhältlich. Aus dem Band stammen die Zitate →**«C'est quoi une fondue...»,** →**«Et puis, leur manie de propreté...»** und →**«Orgie locale».** Erschienen bei Dargaud, Paris 1970, deutsch bei Delta, Stuttgart 1973.

Atmosphäre: Die sinnlich erfahrbare Qualität des →**Klangkörpers.** Vor allem in besonderen Architekturen, Situationen oder Räumen spürbar. Atmosphäre ist mit wissenschaftlichen oder technischen Mitteln schwierig zu fassen. Trotzdem kann sie generiert werden und ist ein wesentlicher Teil der Wahrnehmung von Architektur. Neuerdings wird ausserhalb der Baukunst wieder vermehrt über das Atmosphärische geschrieben und geforscht. (Hermann Schmitz, Gernot Böhme)._,**Energie**,_,**Inszenierung**, _,**Materialien, die sich gegenseitig aufladen**,_,**Musik**,_,**Musiker als Mitkomponisten**,_,**Lichtschriften**,_,**Regie**,_,**Trinken und Essen**

Aufführung:_,**Seine eigene Zeit...**

Aufrichten: Montieren der abgebundenen (_,**Abbinden**) Einzelteile wie _,**Balken**,_,**Stapelhölzer**, Stahlteile, bzw._,**Wand-** und_,**Deckenelemente** zum Rohbau.

Aussentemperatur: Da der_,**Klangkörper** eine allseitig offene_,**Grundstruktur** hat, arbeiten alle Musiker, Guides und Gastronomen im Freien. Ida_,**Gut** hat deshalb bei der Wahl der Textilien temperaturregulierende_,**Stoffe** bevorzugt: Die_,**Klangkörperkleidung** wärmt bei Kälte und kühlt an warmen Tagen._,**50 Eingänge, 50 Ausgänge**

Ausstrahlung: Die_,**Klangkörperkleidung** ist keine Uniform, sondern eine Kollektion der_,**Sinnlichkeit**. Musiker, Guides und Gastronomen sollen Echtheit ausstrahlen und den Besuchern als Persönlichkeiten begegnen. Die individuell angepassten_,**Outfits** verstärken die verschiedenen Charaktere. So nimmt die Klangkörperkleidung sich selbst zurück – zugunsten schweizerischer Vielfalt und Eigenart._,**Gesamtkunstwerk**,_,**Idee**

autochthon: einheimisch, z.B. Rebsorten. Die alten einheimischem Traubensorten sind eine Rarität und ihre Nachfrage ist oft grösser als der Ertrag. Dazu gehören de_,**Humagne Rouge**, die_,**Petite Arvine**, der_,**Cornalin**, der _,**Completer**, der_,**Räuschling** und die_,**Mondeuse**.

«Avremo dunque o una Svizzera ultra-insvizzerita, tutta scudata e rannicchiata in difesa, o una Svizzera che si apre consegnandosi al morso del brucolacco che premerà con forza.»: «Wir werden also entweder eine ultra-verschweizerte Schweiz haben, die sich völlig einpanzert und in Verteidigungshaltung kauert, oder eine Schweiz, die sich öffnet, um sich dem Biss der hässlichen Raupe auszuliefern, die mit Gewalt eindringen wird.» (Übersetzung: Evelyne und Samuel Vitali). Der Satz verleiht einer ambivalenten Haltung zur Europäischen Union Ausdruck und stammt von Guido⌐,**Ceronetti**, im *Corriere del Ticino* vom 23.6.1990.

Bachmann, Leo: *1956, Tuba. Ist freischaffender Tubist und Komponist. Er studierte in Luzern und hat sich in New York beim Tubisten Bob Stewart weitergebildet. Er befasst sich am liebsten mit abenteuerlicher Musik und arbeitet mit bildenden Künstlern, Theater- und Filmschaffenden zusammen. Er wirkt u.a. im *MorschAchBlasorCHester*, dem *KONTRA-Trio* sowie dem *Swiss Improviser Orchestra* mit.

Bachmann, Plinio: *1969,⌐,**Kurator** Wort, ist in Zürich aufgewachsen. Nach Abschluss des Gymnasiums hat er nicht Klavier studiert, sondern ein Du-Heft über Glenn Gould mitherausgegeben und an der Vernetzung von Literatur seiner Generation mitgewirkt. Er kennt Zürich inwendig, ist deshalb ein Afrikareisender. Studium der deutschen Literatur und Philosophie, besonders der Werke von Karl Philipp Moritz, Johann Gottfried Herder,⌐,**Jean Paul** und Thomas⌐,**Bernhard**. Sein Essay *Die Sprache der verlorenen Heimat* erschien 1995 in einem Sammelband der Edition Suhrkamp. 1997 Weltumrundung auf den Spuren von Jules Verne, Reiseprosa. Zur Buchmesse 1998 erschien seine Anthologie *Die Schweiz erzählt* im Fischer Taschenbuch Verlag, für die er alle vier⌐,**Landessprachen** nach jüngeren Schreibenden durchhorcht hat. Sie war auch Grundlage für seine Arbeit an den⌐,**Lichtschriften** im⌐,**Klangkörper**. Bachmann hat dafür weitläufiges Textmaterial versammelt, in langen Sitzungen verdichtet. Er lebt in Berlin und Zürich.

Bachofner, Rolf: *1969, aus Illnau, Holzbauingenieur. Lernte Zimmermann, studierte an der SISH Biel, Praktikum und Diplomarbeit im Büro Branger & Conzett. Ein brillanter Logistiker, der seine Erfahrung als Projektleiter des neuen Lehrgebäudes der Holzfachschule Biel auch bei der Konstruktion der⌐,**Versorgungseinheiten** anwendete.

Backstation: Darin werden vorgebackene Teiglinge fertig gebacken. Da im ⌐,**Klangkörper** je nach Bedarf gebacken wird, kann das Brot nach Schweizer Rezepten immer in erstklassiger frischer Qualität angeboten werden. Die tiefgekühlten Laibe werden von der Bäckerei Buchmann und der Firma A. Hiestand AG geliefert, diese hat auch die Backstation zur Verfügung gestellt.

Bärfuss, Rudolf: *1947, Vizepräsident →**KoKo**, Botschafter, interimistischer Generalkommissär für die →**Schweiz**. Ist seit 1996 Chef der Politischen Abteilung V des Eidgenössischen Departements für auswärtige Angelegenheiten EDA. Diese ist zuständig für Bereiche, die nicht in den Zuständigkeitsbereich des EDA fallen, aber der aussenpolitischen Koordination bedürfen: Wirtschaft, Finanzen, Umwelt, Kultur und Wissenschaft.

Bärtsch, Franz: *1955 in Chur, Architekt, Bauleiter. Lernte Hochbauzeichner und studierte Architektur am Abendtechnikum in Chur. War für die Bereiche Bauleitung, Bautermine und Kosten zuständig. Wegen seiner kräftigen Stimme auf der Baustelle könnte man ihn für einen reinen Organisator und Techniker halten. Seine Sensibilität für Gestaltungsfragen ist aber dafür mitverantwortlich, dass der →**Klangkörper** ein Präzisionsbau geworden ist. In seiner Freizeit auch Juniorenbetreuer eines Fussballclubs.

Balino, 1997: Rotwein. Das Ehepaar Kopp – von der Crone zog 1994 von Zürich ins Tessin. Seither betreiben die beiden dort Weinbau. Die promovierten Agronomen sind stolz darauf, alle Produktionsarbeiten im Kreis der kleinen Familie zu erledigen. Die Kinder und auch Freunde teilen die Arbeiten und Freuden des Winzerpaares. Mit ihren 16'000 Rebstöcken produzieren sie zwischen 16'000 und 20'000 Flaschen pro Jahr. Ihre Merlot-Reben wachsen in Castel San Pietro, Sementina und in Barbengo. Erhältlich bei Fam. Kopp – von der Crone, Castel San Pietro, Tel. +41/91/682 96 16.

Balken: Der gehobelte Balken der →**Holzgüteklasse**, Massivholz C24, gemäss Eurocode EC5, ist das Grundelement der →**Stapelwände**. Er ist im handelsüblichen Rechteckquerschnitt von 10 x 20 Zentimeter, in zwei Hauptlängen von 448 Zentimeter (Normalbalken) und 290 Zentimeter (Randbalken) sowie in wenigen Sonderlängen im →**Klangkörper** verbaut. →**Douglas-Föhre** →**Holz**, →**Lärche**

Ball, Hugo: *1886 in Pirmasens; †1927 in Gentilino bei Lugano, Schriftsteller, Philosoph, Regisseur. Nach dem Studium der Philosophie und Soziologie und einer abgebrochenen Dissertation über →**Nietzsche** beginnt er 1910 eine Regieausbildung bei Max Reinhardt. 1912 wird er Dramaturg und Regisseur an den Münchner Kammerspielen und gehört zum Kreis der Künstlergruppe «Blauer Reiter». 1915 emigriert Hugo Ball mit Emmy Hennings in die →**Schweiz**. In den Jahren 1916/17 ist er einer der Köpfe der Zürcher Dada-Bewegung (→**Dada**) und zusammen mit Emmy Hennings, Hans Arp, Richard →**Huelsenbeck** und Tristan Tzara der Mitbegründer des Cabaret Voltaire, in dem die Veranstaltungen der Dadaisten stattfinden. Schon 1917 verlässt er den Dada-Kreis.

Balogh, Kálmán: Cimbalom (→**Hackbrett**). Erlangte das Diplom an der Budapester Musik-Akademie *Liszt Ferenc*. Er hat sich auf die Volksmusik Ungarns und des Balkans spezialisiert und musiziert auch mit Sinfonieorchestern und Jazzbands.

Balzer, Severin: *1955, Hackbrett, Schlagzeug. Ist Dozent am Konservatorium Schaffhausen und hat sich als internationaler Marimbasolist und Konzertschlagzeuger einen Namen gemacht. Regelmässig tritt er an Festivals und mit namhaften Orchestern im In- und Ausland auf, gibt Solorezitals und ist bei Rundfunk- und Fernsehauftritten zu hören und zu sehen.

Bamert, Felix: Akkordeon. Studiert an der bernischen Hochschule für Musik und Theater in Biel bei Teodoro →**Anzellotti**.

Bangerter, Beat: *1978, Hackbrett. Studiert Schlagzeug an der Musikhochschule Zürich.

Bar: Beim Flanieren durch die labyrinthischen Gänge (→**Labyrinth**) stösst der Besucher auf eine der drei Stehbars, die sich in den →**Stapeln** des →**Klangkörpers** befinden. Blickfang ist der imposante, sieben Meter lange Korpus aus →**Chromstahl**, wo Schweizer →**Trinken und Essen** anbieten, ein Ort entspannter und kultivierter Gastfreundschaft. Jede Bar hat ihren eigenen Lager-, Abwasch- und Zubereitungsbereich, was sie auch bei grossem Andrang unabhängig vom zentralen Lager macht, bzw. ihr zu einiger Autonomie verhilft. Gäste und →**Mitarbeiter** müssen dieselben, manchmal verstopften Wege benützen. Daher werden die Teller gleich hinter der Bar angerichtet, was eine präzise und individuell angepasste⌐Präsentation erlaubt.⌐Barräume,⌐Klang der Gastronomie ⊙ Bar Stapel 6 beim Richtfest

Barbey, Olivier: *1963, Hackbrett. Spielt als Schlagzeuger in Basler Symphonie- und Kammerorchestern sowie in Jazzbands. Lehrt, lernt Dirigieren und nimmt Gesang-, Klavier- und Schauspielunterricht.

Barnieh, Imad: Hackbrett. Begann seine Karriere als Schlagzeuger in England und den USA. Hat sich auch in der⌐Schweiz einen Namen als Session-Musiker gemacht. Er tritt oft und gern auf Jazz- und Blues-Festivals auf.

Barräume: Raumlücken im Inneren von drei⌐Stapeln. Darin stehen die ⌐Bars aus⌐Chromstahl und Tische aus Glas. Sie entstehen durch Weglassen von inneren⌐Stapelwänden, sind Aussparungen im Linienmuster der Wände. Mit der Grösse des Raumes nimmt die⌐Dachkonstruktion an Höhe zu. Bei grosser⌐Spannweite vergrössert sich auch die Anzahl der Balkenlagen, die den Raum überspannen.⌐Trinken und Essen

Batterie: So hiess das Kennwort beim Architekturwettbewerb für den Schweizer Pavillon, den die⌐Bauherrschaft 1997 veranstaltete. Die Batterie versinnbildlicht das spannungsvolle Zusammenwirken von Materialien, ⌐Energie,⌐Spannung und⌐Atmosphäre.⌐Gesamtkunstwerk,⌐Materialien, die sich gegenseitig aufladen

Bauen: 40'000 Holzbalken haben die⌐Zimmerleute millimetergenau zu ⌐Stapeln geschichtet und in den⌐Flankenhöfen drei spiralförmige⌐Versorgungseinheiten gebaut, die für ein spannendes⌐Innenleben des⌐Klangkörpers sorgen: Realisiert hat das Ganze die Firma⌐Nüssli, ein Schweizer Unternehmen, das mit aussergewöhnlichen Projekten international bekannt geworden ist. Das Unternehmen hat sich vor allem mit temporären Bauten, Bühnen und Tribünen für sportliche und kulturelle Grossveranstaltungen einen Namen gemacht.

Bar Stapel 6 beim Richtfest⌐Bar

Bauer, Natascha: *1975 in Bremen, Hackbrett. Studierte Schlagzeug in Bremen und derzeit an der Hochschule für Musik in Freiburg i. Br.

Baugenehmigung: Das Bauordnungsamt der Landeshauptstadt Hannover erteilte am 21.9.1999 unter dem Aktenzeichen 04331/99 die Baugenehmigung für das Vorhaben: Neubau eines Expo-Pavillons, *Schweizer Pavillon* als temporäres Bauwerk auf dem Pavillongelände Ost B 20. Flankiert wurde die Baugenehmigung von einer Zulassung im Einzelfall, beigebracht durch das iBMB der TU Braunschweig, für eine mehrgeschossige Holzbauweise der ⌐**Versorgungseinheiten.** ⌐**Wie baut man eine neun Meter hohe Spirale aus Holz?**

Bauherrschaft: Das Eidgenössische Departement für auswärtige Angelegenheiten vertritt die Schweizerische ⌐**Eidgenossenschaft.** Vorsteher ist ⌐**Bundesrat** Joseph ⌐**Deiss.** ⌐**Verpflichtungskredit**

Bauingenieure: Jürg ⌐**Conzett,** Patrick ⌐**Gartmann,** Rolf ⌐**Bachofner,** Josef ⌐**Dora**

Bauleitung: Franz ⌐**Bärtsch**

Baumaterialien: ⌐**Asphalt,** ⌐**Baustahl FeE 235,** ⌐**Chromstahl W.1.4031, W.1.4429,** ⌐**Holz,** ⌐**Materialien, die sich gegenseitig aufladen,** ⌐**Energie**

Baustahl FeE 235: Das Material der robusten Stahlteile. Zum Beispiel bestehen die ⌐**Stahlschwerter,** auf denen die ⌐**Stapel** ruhen, aus Baustahl FeE 235. Man erkennt ihn am Flugrost, da für die beschränkte Dauer der ⌐**Expo 2000** keine besonderen Rostschutzmassnahmen getroffen wurden.

Beck, Claudia: *1967 in Zürich, Hackbrett. Hat neben Schlagzeug auch Ur- und Frühgeschichte studiert und spielt heute, zusätzlich zu ihrer Unterrichtstätigkeit an verschiedenen Musikschulen, regelmässig in der *basel sinfonietta.*

Beleuchtung: Ein grosser Teil der Beleuchtung ist Lichtquelle und künstlerische Installation in einem. Ein spezielles Linsensystem in den sogenannten Konturenstrahlern ermöglicht, dass die →**Lichtschriften** verzerrungsfrei an die Stapelwände projiziert werden. Die Zitate und Textausschnitte sind auf ein Glaselement aufgedampft. Dieses →**Gobo** ist in das Linsensystem integriert. Die Projektoren sind aus der Strahlerlinie Xeno von →**Zumtobel Staff**, gestaltet hat sie der Designer Jean-Michel →**Wilmotte**. →**Licht**, →**Wo Licht ist...**, Claus →**Lieberwirth**

ben Adam, Johanan: Hackbrett. Lernte bei Roland →**Schiltknecht** und im Selbststudium. Singt Lieder afrikanischer und amerikanischer indigener Völker und befasst sich mit jiddischer Musik. Er tritt solistisch als Sänger mit seinem Hackbrett auf.

Benjamin, Walter: *1892 in Berlin; †1940 in Port-Bou (Pyrenäen), Schriftsteller, Literaturkritiker und Übersetzer. Benjamin wuchs in Berlin auf. Während seines Studiums setzte er sich mit Literaturkritik auseinander. In Frankfurt am Main wollte er sich mit *Ursprung des deutschen Trauerspiels* (1928 als Buch) habilitieren, wurde aber von den zuständigen Professoren abgelehnt. Der vom Marxismus faszinierte Benjamin war andauernd von Existenznöten geplagt, und auch seine Liebesbeziehungen verliefen nicht minder unglücklich. 1933 flüchtete er aus Deutschland nach Paris ins Exil und begann, mit Max Horkheimer und Theodor W. Adorno, am *Institut für Sozialforschung* zu arbeiten. 1940 konnte Benjamin in Paris noch knapp den einrückenden deutschen Truppen entfliehen. Beim Versuch, die spanische Grenze in den Pyrenäen zu überqueren, wurde er von Grenzbeamten festgehalten. Mit einer Überdosis Morphiumtabletten nahm er sich das Leben. Nach seinem Tod setzte sich vor allem Theodor W. Adorno in den fünfziger und sechziger Jahren für die Verbreitung von Benjamins Schriften ein, die die Kulturwissenschaften nachhaltig beeinflussten. Letztere liessen Benjamin auch auf Erholungsurlaub in der →**Schweiz** nicht los: →**«Manchmal frage ich mich...»**.

Benn, Gottfried: *1886 in Mansfeld in der Westpriegnitz, Arzt, Dichter. Studierte als zweites Kind eines Pfarrers erst Theologie und Philosophie, dann Medizin als Stipendiat der Kaiser-Wilhelm-Akademie für das militärärztliche Bildungswesen. Arbeitete unter anderem in der Pathologie in Berlin-Charlottenburg, fuhr 1914 als Schiffsarzt nach New York. Noch vor dem Ausbruch des Krieges heiratete Gottfried Benn die Schauspielerin Edith Brosin, dann wurde er als Militärarzt eingezogen und gründete 1917, zurückgekehrt nach Berlin, eine Praxis für Haut- und Geschlechtskrankheiten. 1921 starb seine Frau, 1934 liess er sich im Heer reaktivieren, heiratete 1938 seine Sekretärin Herta von Wedemeyer und erhielt im selben Jahr Publikationsverbot. Seine Frau nahm sich bei Kriegsende auf der Flucht vor den einmarschierenden Sowjetarmeen das Leben. Benn eröffnete seine Praxis in Berlin 1946 wieder und heiratete die Zahnärztin Ilse Kaul. Benn starb 1956. Von ihm im →**Klangkörper** das Gedicht: →**«Es war kein Schnee doch Leuchten…»**.

Berger, Barbara: *1970, Stimme. Sängerin mit einer breite Stilpalette. Sie hat an der Jazzschule Luzern Gesangsunterricht genommen, als Sängerin neuer Schweizer Volksmusik in der Formation *Familie Trüeb* und als Mitglied der Theatergruppe *Madame Bissegger* gewirkt. Sie studiert an der bernischen Hochschule für Musik und Theater in Biel.

Berger, Karsten: *1971, Akkordeon. Lernte Bürokaufmann und studiert heute Musik, Sachunterricht und Mathematik an der Universität und an der Hochschule für Musik und Theater Hannover.

Bernhard, Thomas: *1931 in Heerlen (Holland); †1989 in Gmunden (Oberösterreich), Schriftsteller. Der Sohn österreichischer Eltern wuchs bei den Grosseltern in Wien und in Seekirchen am Wallersee auf. Von Herbst 1943 bis Herbst 1944 lebte er in einem Internat und arbeitete anschliessend in einer Gärtnerei in Traunstein. Ab 1945 besuchte er das Johanneum in Salzburg. 1947 brach Bernhard das Gymnasium ab und trat bei einem Lebensmittelhändler in Lehre. 1948/49 Rippenfellentzündung, schwere Lungenkrankheit, 1949 Tod des Grossvaters, 1950 Tod der Mutter. In der Lungenheilstätte Grafenhof erste dichterische Versuche. Nach einem Musik- und Schauspielstudium am Mozarteum in Salzburg freier Schriftsteller. Längere Auslandaufenthalte. Seit 1965 lebte Bernhard auf einem Bauernhof in Ohlsdorf (Oberösterreich), in den achtziger Jahren auch in Wien. Die Schweiz taucht in Bernhards Werken immer wieder auf, sei es als Gegenpol zum Ungeist Österreichs oder als dessen aberwitzige Steigerung. Bernhard ist in den →**Lichtschriften** vertreten mit →**«Alle laufen sie in die Schweiz…»**.

Besondere Gäste: Jeder Besucher im →**Klangkörper** ist ein besonderer Gast. Im →**Le Club** jedoch kann er sich besonders wohl fühlen. Darin werden Gruppen von maximal 40 Personen empfangen. Empfangen wird jedermann, nur muss man sich vor dem Besuch mit Lisa →**Boppart-Leicht** in Verbindung setzen und mit ihr den Ablauf des Anlasses und das Menu besprechen. (e-mail: *leclub@expo2000hannover.ch*)

Besteck: Da der →**Klangkörper** nur 153 Tage existierte, wurde das Besteck gemietet. Bei der Auswahl spielte das Design und die Grösse eine Rolle, dass beispielsweise die Löffel nicht vom Unterteller rutschen sollten. Messer und Gabel gibt es nur im →**Le Club** und im →**Künstlercafé**. Die kulinarischen Spezialitäten an den →**Bars** werden mit den Fingern gegessen (→**Fingerfood**). Für eine wärmende Suppe an kalten Tagen stehen aber auch an den Bars Löffel zur Verfügung. →**Geschirr**, →**Klang der Gastronomie**

Besucherführung: →**Wie im Wald**

Bewegung: Innerhalb des →**Klangkörpers** ist den Mitwirkenden am →**Gesamtkunstwerk** kein fester Platz zugeteilt. Ihre Bewegung soll immer wieder neu zur Begegnung führen. Die →**Klangkörperkleidung** unterstützt diese Mobilität innerhalb der Gesamtchoreographie. Die fliessende Linienführung der →**Outfits** und der →**Hip-Bag** sorgen für Bewegungsfreiheit. Gleichzeitig setzen die unifarbenen →**Stoffe** bewegte Zeichen der Orientierung innerhalb der →**Stapelwände**. →**Inszenierung**, →**Regie**

Bichsel, Peter: *1935 in Luzern, Schriftsteller. Als Sohn eines Handwerkers in Olten aufgewachsen. Ausbildung zum Primarlehrer. War von 1974 bis 1981 persönlicher Berater des sozialdemokratischen Bundesrats Willi Ritschard. Bichsel war *writer in residence* an verschiedenen amerikanischen Universitäten, Stadtschreiber von Bergen-Enkheim, Dozent an Universitäten in Deutschland und ist Mitglied der Akademie der Künste in Berlin. Sein literarisches Schaffen besteht meistenteils aus kürzeren Prosaformen, mit denen er in der deutschsprachigen Literatur unauslöschlich präsent ist. Peter Bichsel ist der bescheidene Doyen der Schweizer Literatur, und unter seinen Kollegen gibt es kaum einen, der ihn nicht verehrt. Von ihm stammen in den →**Lichtschriften** die Zitate →**«Dass das Ansehen der Schweiz...»** und →**«Für uns hat das Wort Ausland...»**.

Birnbrot: Das Toggenburger Birnbrot enthält gedörrte Birnen, Weizenmehl, Sultaninen, Zucker, Haselnüsse, Feigen, Zwetschgen, Baumnüsse, Aprikosentrester und confierte Früchte. Das Rezept besteht unverändert seit 75 Jahren. Die Ostschweizer Spezialität passt ausgezeichnet zu Käse, schmeckt aber auch pur oder möglichst dick mit Butter bestrichen. Erhältlich bei der Bäckerei-Konditorei Abderhalden, Wattwil, Tel. +41 / 71 / 988 11 55.

«Bis zu dieser Stunde jedoch durften die Schweizer Frauen nur ganz im Stillen an dem grossen Ereignis Anteil haben.»: Das Fräulein Hoffmann, jüngste Tochter des gleichnamigen Bundesrates, richtete diese Worte an den deutschen Kaiser Wilhelm II., anlässlich seines Besuchs der⤳**Schweiz** im September 1912. Auch an anderen Ereignissen hatten die Schweize-rinnen nur im Stillen Anteil, bedenkt man die späte Einführung des Frauenstimmrechts in gewissen⤳**Kantonen**. Zitiert aus *Kaiser Wilhelm II. in der Schweiz. 3.– 6. Sept. 1912. Mit einem Einführungsgedicht von J.C. Heer,* Orell Füssli, Zürich, 1912, s. 68.

Bischoff, Ruedi: Hackbrett. Lehrt Hackbrett, Tai Ji und Qi Gong in St. Gallen. Tritt in Folk- und Tanzmusikformationen auf. Er ist Gründungsmit-glied und erster Präsident des Verbands Hackbrettlehrkräfte Schweiz.

Bitumen: Das Erdharz, auch Erdpech genannt, ist ein Erdölderivat, das nach der Abtrennung der flüchtigen Bestandteile des Erdöls zurückbleibt. Vermischt man Bitumen mit Kies oder Sand, entsteht⤳**Asphalt**. In zwei Schichten über einem Steinbett ausgegossen, bildet er das⤳**Asphaltkissen** des⤳**Klangkörpers**. Asphalt ist zäh, elastisch, wasserdicht, frostbeständig und kann, weil heiss und flüssig verarbeitet, fugenlos über grosse Flächen gegossen werden – alles Eigenschaften, die er dem Bitumen verdankt.

Blättler, Gerhard: *1966, Visueller Gestalter SGV. Mitinhaber des Gestaltungsbüros⤳**Set**. Lebt in Bern mit Andrea Hostettler und Sohn David.⤳**Grafik**

Blass, Barbara: *1963, Mitarbeiterin⤳**Trinken und Essen**. Kulturelles Interesse und grosses soziales Engagement sind ihre ständigen Lebens-begleiter. Als Maltherapeutin half sie älteren Menschen neue Formen des Ausdrucks zu finden.

Blumer, Helene: *1986, Hackbrett. Die Gymnasiastin lernt seit zwei Jahren bei Remo→**Crivelli**.

Boden:→Asphaltkissen

Bodengefälle:→Schieflage

Bösch, Helena: *1952 in Herisau, Akkordeon. Absolvierte das Lehrdiplom bei Hugo→**Noth**. Lehrt heute Akkordeon an Musikschulen. Interpretiert klassische Musik, zeitgenössische Kompositionen sowie Volksmusik.

Boppart-Leicht, Lisa: *1958, Eventmanagerin. Leitet im→**Klangkörper** die Gästebetreuung, die Administration des Generalkommissariats (→**Generalkommissärin**) und→**Le Club**. Lisa Boppart-Leicht betreut gerne anspruchsvolle zufriedene Gäste und mag Stoffservietten. Sie schwärmt für den Wald und ihren Hund Golfy.

Borel, Claude: *1942, Sekretär→**KoKo**. Er präsidierte das Projektbegleitungsteam der→**Bauherrschaft** für den→**Klangkörper**. Er ist mit Werner→**Sutter** Co-Delegierter der→**Schweiz** beim Bureau International des Expositions in Paris, welches über die Vergabe von→**Weltausstellungen** bestimmt.

Borer-Fielding, Thomas: *1958, Botschafter. Leitet die→**Schweizer** Botschaft in Berlin. Er war massgeblich an den Vorbereitungsarbeiten für den →**Klangkörper** beteiligt: Mit seinem Mitarbeiterstab unterstützte er das Generalkommissariat bei den Vorkehrungen für den Besuch des Bundespräsidenten Adolf→**Ogi** am→**Nationentag** und half bei der Information der Medien in Deutschland. Auch übernimmt er, zusammen mit der→**Generalkommissärin**, repräsentative Pflichten während der→**Expo 2000**.

Boss, Hannes: *1974, aus Burgdorf, Hackbrett. Nimmt seit 1985 Unterricht bei Christian Schwander.

Bosshard, Daniel: *1972, Akkordeon. Studiert bei Teodoro→**Anzellotti** an der bernischen Hochschule für Musik und Theater in Biel.

Bosshard, Daniel: *1966 in Zürich, Architekt. Studium an der ETH Zürich. Führte 1994 bis 1997 als Projektleiter mit Zähigkeit und Ausdauer das Kunsthaus Bregenz von Peter→**Zumthor** zu einem bis ins letzte Detail kompromisslosen Abschluss. Sensibler Gestalter und kluger Konstrukteur.

Hat mit Zumthor den Wettbewerbsentwurf für den →**Klangkörper**, damals noch →**Batterie** genannt, mit Freude und Konzentration erarbeitet.

Boufflers, Jean-Stanislas Chevalier de: *1738 in Nancy; †1815, Schriftsteller. Als Sohn der Marquise de Boufflers, der Geliebten von König Stanislas, verbrachte Jean-Stanislas eine fröhliche Kindheit. 1759 wurde er jedoch in die Priesterausbildung nach Paris geschickt. Dort sorgte der Priesterschüler für einen Skandal, als er eine erotische Geschichte *Aline, reine de golconde* (1761) mit einigem Erfolg veröffentlichte. 1764 unternahm Boufflers eine Reise in die →**Schweiz**, anlässlich derer er auch das helvetische Paarungsverhalten studierte (→**«Moins on est libre et mieux on aime...»**). Später wurde er Offizier und Gouverneur in Senegal. Für seine Frau Delphine de Sabran, mit der er 25 Jahre lang verbunden war, schrieb er seine Tagebücher. 1788 kehrte er nach Frankreich zurück und wurde in die Académie française aufgenommen. 1792 emigrierte er aus Frankreich und kehrte unter Napoleon wieder zurück. Den Rest seines Lebens verbrachte er schreibend und als Bibliothekar.

Bourrit, Marc-Théodore: *1739 in Genf; †1819 ebenda, Alpinist, Maler, Schriftsteller. In keiner der Disziplinen wirklich herausragend: Für bergsteigerische Grosstaten fehlte ihm die körperliche Robustheit, als Maler war er nicht besonders originell, immerhin aber sehr präzise in der Darstellung von Gebirgsketten, und sein Schreibstil war schon den Zeitgenossen zu blumig. Sein Hauptwerk allerdings ist die optimale Verbindung seiner Fähigkeiten: Ein knapp tausendseitiges Werk, in welchem ein riesiges Alpenpanorama vorgestellt wird. Bourrit hatte grosse Teile der →**Alpen** von Savoyen durch die →**Schweiz** bis nach Italien durchwandert. Dabei machte er Notizen, fertigte Zeichnungen an und stellte präzise Beobachtungen über Topographie und Bewohner an. Aus dem Werk, das letztlich auch eine Studie über den Einfluss der Besonderheiten einer Landschaft auf ihre Bewohner darstellt, stammt das Zitat →**«L'on a dû voir que...»**.

Bouvier, Nicolas: *1929 in Grand-Lancy bei Genf; †1998, Schriftsteller. Studierte Jura und Literatur, reiste 1953 während drei Jahren mit seinem Fiat Topolino von Genf nach Japan. *L'usage de monde* (1963) gibt einen Teil der Reise wieder. Das Buch erzählt ausserdem von Lebenslust, Gedanken über den Tod, von der Einsicht eigener Veränderung in fremdem Umfeld. Bouvier kehrte danach zurück in die →**Schweiz** nach Cologny. Er reiste nicht mehr, war aber immer noch vom *displacement* fasziniert. 1982 erschien *Le Dehors et le Dedans,* eine Sammlung von Gedichten, und die

Neuauflagen beinhalten jeweils auch zusätzliche neue Gedichte. 1993 erschien *Le Hibou et la Baleine*, eine Sammlung verschiedener Prosastücke, die Bouvier als Selbstporträt versteht. Bouvier hat immer wieder über die →**Romandie** geschrieben, unter anderem: →**«N'oublions pas...»**. Von ihm auch das Gedicht: →**«C'était hier...»**.

Brdnik, Marko: *1978, Akkordeon. Studiert an der Musikhochschule Trossingen bei Hugo →**Noth**.

Bretzeli: Der Bretzeli Teig wird nach alter Tradition in einem heissen Waffeleisen flach gepresst und erhält so seine Struktur. Das Schweizer Unternehmen Kambly wurde im Jahre 1910 gegründet und stellt weltbekanntes Feingebäck her. Es hat dem →**Klangkörper** das runde Feingebäck geschenkt, um es den Besuchern →**gratis** zu verteilen. Erhältlich bei Kambly SA, Trubschachen. Tel. +41/34/495 01 11. *www.kambly.ch*

Brot: Täglich frische Lebensmittel an die →**Expo 2000** zu liefern ist kompliziert, deshalb ist das Fertigbacken von tiefgefrorenen Laiben in der →**Backstation** ideal. Das Brot wird nach Originalrezept in einer deutschen Filiale der Schweizer Firma A. Hiestand AG hergestellt. Es ist schmackhaft, weil sie nur hochwertige, natürliche Rohstoffe verwendet und nach traditionellen Methoden backt. Die Teige sind lang geführt, also mit natürlichen Ruhephasen und Vorteig produziert. Das erlaubt den weitgehendsten Verzicht auf chemische Backmittel. Erhältlich bei A. Hiestand AG, Schlieren, Tel. +41/1/738 43 10 weitere Infos unter: *www.hiestand.ch*

Brovtchenko, Nikolai: *1965, Akkordeon. Bildete sich in der Ukraine zum Konzertsolisten aus. Unterrichtete am dortigen Tschaikowski-Konservatorium Akkordeon und Kammermusik. Er war Preisträger des Grand Prix international in Frankreich, gibt als Solist des Berliner Ensembles *Russkaja Melodia* viele Konzerte und spielt für Rundfunk- und CD-Aufnahmen. Er ist Orchestermusiker an der Bremer Oper.

Brugger, Andy: *1957, Hackbrett. Lehrt Schlagzeug an den Jazzschulen Zürich und Luzern und tourte als Profimusiker um die Welt. Heute ist er Studiomusiker, arbeitet an eigenen Projekten und hat mit *NO NO DIET BANG* mehrere CDs aufgenommen.

Brunner, Christoph: Schlagzeug. Lernte Bäcker-Konditor und wandte sich dann ganz der ⌐⇸**Musik** zu. Seine Studien führten den Aargauer als Schlagzeuger nach Winterthur, Paris, Brüssel und San Diego. Heute arbeitet er fast ausschliesslich als Kammermusiker im Bereich zeitgenössischer Musik.

Brunner, Thomas: *1971, Hackbrett. Hat bei Sylwia ⌐⇸**Zytynska** Schlagzeug studiert. Er engagiert sich für Neue Musik und wirkt an Performances im In- und Ausland mit.

Buchhaltung: Ginette ⌐⇸**Pernet** bereitet die Zahlen des Bereiches ⌐⇸**Trinken und Essen** im Büro des ⌐⇸**Klangkörpers** vor. Dann werden die Unterlagen in die ⌐⇸**Schweiz** geschickt, wo sie die Zollicont Treuhand AG in Zollikon verwaltet. Die ⌐⇸**Eidgenossenschaft** erhält so eine einwandfreie Abrechnung, zudem sind die laufenden Zahlen ein wichtiges Steuerungsinstrument.

Buchmann, Bettina: *1977, Akkordeon. Studiert in der Konzertklasse von Teodoro ⌐⇸**Anzellotti**.

Büchner, Georg: *1813 in Goddelau bei Darmstadt; †1837 in Zürich, Philosoph, Schriftsteller. Schon als Schüler erweist sich Büchner als *Vergötterer der Französischen Revolution,* und 1834 entscheidet er sich für die sozialrevolutionäre Agitation. In Hessen gründet er die geheime *Gesellschaft der Menschenrechte,* die das Ziel hat, die breiten Volksmassen für eine Revolution zu gewinnen. Büchners revolutionärer Geist stösst auf Missfallen bei den offiziellen Behörden, weshalb er 1835 vor Gericht zitiert wird. Er flieht jedoch nach Strassburg, um dort Philosophie zu studieren. Für seine Dissertation *Sur le système nerveux du Barbeau* erhält er von der Universität Zürich die Doktorwürde. 1836 siedelt er als politischer Flüchtling nach Zürich über, wo er als Privatdozent Zoologie unterrichtet. Nach einer Typhusinfektion stirbt Büchner in Zürich. Er hinterlässt ein politisch-sozial engagiertes Werk mit Dramen wie *Woyzeck, Dantons Tod* und *Leonce und Lena.* Die Novelle *Lenz,* aus der in den ⌐⇸**Lichtschriften** zitiert wird, handelt vom jungen Dichter Jakob Michael Reinhold Lenz, der bei Ausbruch seiner psychischen Krankheit durch die Berge wandert, um den Pfarrer Oberlin zu besuchen: ⌐⇸**«Es war nasskalt...».**

Bühler, Hermann: *1962, Saxophon. Neben den Hauptinstrumenten Altsaxophon, Klarinette und Bassklarinette spielt er Gitarre, Flöte, Klavier

sowie Sitar. Er lebt als freischaffender Musiker in Zürich und wirkt als
Instrumentalist, Komponist, Produzent, Lehrer und Studiomusiker. Er
begeistert sich vor allem für Improvisation, indische und persische Musik,
Neue Musik und Musikästhetik.

Bündnerfleisch: Die traditionelle Fleischkonserve aus Rindfleisch ist luft-
getrocknet und kommt ohne Kühlung aus, denn bei der Herstellung
wurde ihr das Wasser entzogen und Salz beigefügt. Erhältlich bei Natura,
P. Peduzzi, Tinizong, Tel. +41/81/684 27 27.→Fleisch

Bulava, Tatjana: *1964, Akkordeon. Studierte Akkordeon und Dirigieren
in der Ukraine. Absolvierte die Solistenklasse von Elsbeth→Moser in
Hannover. Unterrichtet und konzertiert als Solistin und in Ensembles.

Bullaugen: Massive Glaszylinder von neun Zentimetern Stärke. Sie sind in
einer kleinen Fabrik in Norditalien für die→Versorgungseinheiten gegossen
worden.

Bund: Schweizerische Bezeichnung für Staat, auch→Eidgenossenschaft
genannt. 1848 schlossen sich die→Kantone zum Bund zusammen. Er ist
überall dort zuständig, wo ihn die→Bundesverfassung dazu ermächtigt –
zum Beispiel in der Aussen- und Sicherheitspolitik, beim Zoll- und Geldwesen, in der landesweit gültigen Rechtssetzung und in anderen Bereichen. Aufgaben, die nicht ausdrücklich Bundessache sind, fallen in die
Zuständigkeit der Kantone. Das Departement für auswärtige Angelegenheiten vertritt den Bund als→Bauherrschaft des→Klangkörpers→Schweiz.

Bundesrat: Der Bundesrat besteht aus sieben Mitgliedern, die von den
eidgenössischen Räten für eine vierjährige Amtsdauer gewählt sind. Der
Bundesrat ist die oberste leitende Behörde der→Schweiz und in erster
Linie verantwortlich für die Regierungstätigkeit. Laufend beurteilt er die
Lage, die sich aus der Entwicklung in Staat und Gesellschaft und dem
Geschehen im In- und Ausland ergibt. Auch beaufsichtigt er die Leistungs-
fähigkeit sowie Recht- und Zweckmässigkeit der Bundesverwaltung. Der
Bundesrat beteiligt sich ausserdem an der Rechtssetzung und beurteilt

verwaltungsrechtliche Angelegenheiten. Er entwirft den Voranschlag und die Staatsrechnung und genehmigt in strittigen Fällen kantonale Erlasse. Der Bundesrat entscheidet als Kollegium. Am 22. Juni 1998 hat er den Entwurf für einen Bundesbeschluss über die Teilnahme der Schweiz an der ⟶**Expo 2000** mit einem Antrag auf Zustimmung dem ⟶**Nationalrat** und dem ⟶**Ständerat** unterbreitet. Die Mitglieder des Bundesrates im Jahr 2000 sind: Adolf ⟶**Ogi** (Bundespräsident), Pascal ⟶**Couchepin**, Joseph ⟶**Deiss**, Ruth ⟶**Dreifuss**, Moritz ⟶**Leuenberger**, Ruth ⟶**Metzler**, Kaspar ⟶**Villiger**.

Bundesverfassung: Mit der Bundesverfassung von 1848 (revidiert 1874 und 1999) wurden nach dem Prinzip der Gewaltentrennung die drei Organe Bundesversammlung (⟶**Parlament**), ⟶**Bundesrat** (⟶**Regierung**) und Bundesgericht geschaffen. Der wichtigste in der Bundesverfassung verankerte Aspekt ist der Föderalismus. Er regelt die Verteilung der Kompetenzen: Die ⟶**Kantone** sind souverän, soweit die Bundesverfassung nichts anderes bestimmt. ⟶«**Affars exteriurs**», ⟶«**Tout homme de nationalité...**», ⟶«**La censure est interdite...**», ⟶«**Las linguas naziunalas...**»

Burch, Roman: *1978, Hackbrett. Spielt seit zwölf Jahren. Studiert Wirtschaft an der Universität St. Gallen.

Burger, Hermann: *1942 in Menziken (Aargau); †1989 in Brunegg (Aargau), Schriftsteller. Der Sohn eines Versicherungsinspektors besuchte in Aarau das Gymnasium. Nach einem Architektur- sowie Germanistik-, Kunstgeschichte- und Pädagogik-Studium habilitierte sich Burger mit einer *Studie zur zeitgenössischen Schweizer Literatur.* Zwischendurch arbeitete er als Aushilfslehrer und als Redaktor beim *Aargauer Tagblatt*. Schon in dieser Phase traten depressive Stimmungen auf, die Burgers ganzes Leben begleiten sollten. 1967 heiratete er Annemarie Carrel, mit der er zwei Söhne hat. 1976 wurde Burger mit seinem Roman *Schilten. Schulbericht zuhanden der Inspektorenkonferenz* zu einem literarischen Geheimtipp. Das Buch wurde 1978 auch verfilmt. In den achtziger Jahren hielt er Poetikvorlesungen in Frankfurt. 1988 wurde seine Ehe geschieden. In seinen Werken setzt sich Burger hauptsächlich mit dem Tod auseinander, und er versucht, ‹den verlorenen Lebenszusammenhang in der Sprache zu gewinnen› (Elsbeth Pulver). 1989 schliesslich beging der Schriftsteller

Selbstmord mittels einer Überdosis Tabletten. Von ihm in den _→_ **Licht-schriften** das Zitat _→_ **«Das Verrückte am Reduit-Konzept...»** aus dem Werk *Die künstliche Mutter* (1982).

Burger, Klaus: *1958, Tuba. Begann als Autodidakt mit dem Tubaspiel und schloss 1985 sein Solistenstudium in München mit Auszeichnung ab. Ständig auf der Suche nach Neuem und interessiert an musikalischen Grenzbereichen, machte er sich als freischaffender Tubist einen Namen. Er gibt weltweit Soloauftritte und Orchestergastspiele und arbeitet mit dem Komponisten Peter Zwetkoff zusammen. Er verfolgt auch in seinem Baden-Badener Haus eigene Projekte.

Burkhard, Beat: *1969, Hackbrett. Studierte klassische Gitarre. Danach wechselte er zu E-Bass und Stick. *Experimentelle Klänge*, *skurrile Weisen* und *minimal Pop* sind Stichworte, die sein Arbeiten an Musiktheatern und Performances begleiten.

Buryan, Konstantin: *1967 in der Ukraine, Akkordeon. Konzertexamen in seiner Heimat. Studiert in der Solistenklasse von Elsbeth _→_ **Moser** an der Hochschule für Musik und Theater Hannover.

Buser, Ronni: *1970, Hackbrett. Studierte am Konservatorium Bern im Hauptfach Klarinette. Bildete sich in Neuer Musik, Jazz und Schauspielerei weiter. Er engagiert sich in Projekten und Ensembles von Improvisation bis hin zu Klezmer, spielt und musiziert in Theatergruppen.

Byron, Lord: *1788 in London; †1824 in Griechenland, Schriftsteller. Der Romantiker, der den abenteuerlustigen und temperamentvollen ro-mantischen Helden gleich selber verkörperte, wuchs als adliges Kind in Schottland auf. Nach Abschlüssen am Trinity College in Cambridge erhielt er später einen Sitz im House of Lords. 1809 unternahm er eine Reise ans Mittelmeer. *Childe Harold's Pilgrimage* (1812) machte Byron zum be-rühmtesten und meistgefragten Autor in England. Byrons 1815 geschlos-sene Ehe mit Annabella Milbanke hielt nur ein Jahr, und als sie sich trennten, war die Öffentlichkeit so empört, dass sich Byron entschied, England auf immer zu verlassen. 1816 hielt er sich mehrere Monate am Genfersee auf, bei Mary und Percy Shelley. Unter anderem besuchte er Schloss Chillon und schrieb aus diesem Anlass *The Prisoner of Chillon* (_→_ **«My very chains and I...»**). 1817 bekam Mary Shelleys Stiefschwester, Claire Clairmont, ein Kind von Byron. Die beiden trennten sich, als Byron nach Venedig weiterzog. Im selben Jahr erschienen auch *The Lament* *of Tasso, Manfred* und 1818 die ersten Cantos von *Don Juan*. Inzwischen war Byron der berühmteste Engländer in ganz Europa. Aus Italien schrieb er an Thomas Moore: ‹Switzerland is a curst selfish, swinish country of brutes placed in the most romantic region of the world. I never could bear the inhabitants and still less their English visitors› (‹Die Schweiz ist ein verfluchtes, selbstsüchtiges, gemeines Land von Rohlingen in der romantischsten Gegend der Welt. Niemals könnte ich die Bewohner ertragen, und noch weniger ihre englischen Besucher.›). 1823 wurde er gebeten, die Griechen in ihrem Freiheitskampf gegen die Türken zu unterstützen. Byron war entschlossen, sich heldenhaft in die Schlacht zu stürzen. Laut Gerüchten hätte er sogar König eines freien Griechenlands werden sollen. Soweit konnte es allerdings gar nicht kommen, wurde doch Byron noch vor Schlachtbeginn von einem rheumatischen Fieber dahingerafft.

«‹C'est quoi une fondue, Astérix?› – ‹C'est probablement une sorte d'orgie locale!›»: Asterix und Obelix geraten auf der Suche nach einem Edelweiss, das ihr Druide zur Heilung eines vergifteten Römers braucht, nach Helvetien. «‹Was ist ein Fondue, Asterix?› – ‹Wahrscheinlich eine hier übliche Orgie!›». Die Helvetier leben nach dem Takt der Sanduhr, verschliessen Beuteschätze korrupter Römer in anonymen Steintresoren und hängen sorgsam frischgewaschene Peitschen zum Trocknen auf. Besonders enttäuschend ist für Obelix die Begegnung mit dem Fondue: «‹Ils ne pourraient pas faire fondre des sangliers, pour changer!›»–«‹Könnten die nicht mal zur Abwechslung Wildschweine schmelzen?›» Zitiert aus: ‚**Astérix chez les Helvètes**, von René‚**Goscinny**/und Albert Uderzo, Dargaud, Paris 1970, deutsch bei Delta, Stuttgart 1973.

«**C'était hier** | plage noire de la Caspienne | sur des racines blanchies rejetées par la mer | sur de menus éclats de bambous | nous faisions cuire un tout petit poisson | sa chair rose | prenait une couleur de fumée | Douce pluie d'automne | coeur au chaud sous la laine | au Nord | un fabuleux champignon d'orage | montait sur la Crimée | et s'étendait jusqu'à la Chine | Ce midi-là | la vie était si égarante et bonne | que tu lui as dit ou plutôt murmuré | ‹va-t'en me perdre où tu voudras› | Les vagues ont répondu ‹tu n'en reviendras pas›.»: «Gestern war es | schwarzer Strand des Kaspischen |

auf den ausgebleichten Wurzeln, die das Meer zurückgeworfen hatte, | auf winzigen Bambussplittern | liessen wir einen ganz kleinen Fisch garen | sein rosa Fleisch | nahm die Farbe des Qualms an | Zarter Herbstregen | das Herz an der Wärme unter der Wolle | im Norden | stieg ein märchenhafter Sturmpilz über die Krim | und wucherte bis nach China | An diesem Mittag | war das Leben so verwirrend und gut | dass du ihm gesagt oder eher gemurmelt hast | ‹Geh, verlier mich, wo du möchtest› | Die Wellen haben geantwortet: ‹du wirst von dort nicht zurückkehren›.». Das Gedicht von Nicolas →**Bouvier** trägt den Titel *Le Point de Non-Retour* (1953), und ist zitiert aus: *La Poésie Suisse Romande*, hrsg. von Claude Beausoleil, Ecrits des Forges/Le Castor Astral/Les Editions de l'Aire, Ottawa 1993, s. 86.

Caesar, Gaius Julius: *100 v. Chr. in Rom; †44 v. Chr. in Rom, Imperator. Gaius Julius stammte aus einem Patriziergeschlecht. 82 wurde er als Schwiegersohn des Politikers Cinna von Sulla zuerst geächtet, später begnadigt. Nach Kriegsdiensten begann er 68 v. Chr. seine Ämterlaufbahn. 59 v. Chr. wurde er Konsul. 58 – 51 führte Caesar den gallischen Krieg, bei dem er unter anderem gegen die Helvetier kämpfte, die er bei Bibracte besiegte. In diese Zeit fallen auch seine Begegnungen mit →**Asterix** und Obelix. 44 v. Chr. nahm er die Diktatur auf Lebenszeit als Imperator an. Darauf wurde er von einer Verschwörergruppe, zu der unter anderen C. Cassius und M. Brutus gehörten, erdolcht. Von ihm stammt das Zitat: →**«non esse dubium...»**.

Campocologno | Castasegna | Chiasso-Brogeda | Chiasso-Corso San Gottardo | Gandria | Gondo | Madonna di Ponte (Brissago-Cannóbio) | Ponte Tresa | Col du Grand-St-Bernard (route du col) | Col du Grand-St-Bernard (tunnel routier) | Stabio confine (Stabio-Gaggiolo): Grenzübergänge zwischen der →**Schweiz** und Italien.

Canetti, Elias: *1905 in Rustschuk (Bulgarien); †1994 in Zürich, Schriftsteller. Der Sohn spanisch-jüdischer Eltern lernte erst im Alter von acht Jahren und als fünfte Sprache Deutsch, als er nach einem zweijährigen Aufenthalt in Manchester mit seiner Familie nach Wien kam. «Eine spät und unter wahrhaftigen Schmerzen eingepflanzte Muttersprache», schrieb Canetti später. Von dort übersiedelte die Familie 1916 nach Zürich, wo

Elias das Gymnasium besuchte. 1921 zog er nach Frankfurt und 1924 wieder nach Wien zurück, wo er mit dem Schreiben begann. In Österreich erlebte er das Aufkeimen des Nationalsozialismus und zog später wieder nach Zürich, wo er auch seinen Lebensabend verbrachte. Erst durch die Neuausgabe seines Romans *Die Blendung* (1963, erstmals erschienen 1935) wurde er berühmt, 1981 erhielt er den Nobelpreis für Literatur. Von einer sprachlichen Begegnung der dritten Art erzählt das Zitat: →**«Der erste Satz, den ich sprechen hörte...».**

Cantaloup frappé au Biscuit Dubouchè | Consommé Juanita | Darnes de Saumaun Chambord | Selle d'Agneau à la Châtelaine | Suprèmes de Poularde rosés Lamberty | Punch glacé au Marasquin | Jeunes Perdreaux | escortés de Cailles de Vigne Compôte panachée | Salade Demidoff | Nids d'Artichauts Forestière | Bombe favorite | Milles feuilles Petit Duc | Pailletes au Gruyère | Jardinières de Fruits | Friandises: Mit dieser eindrücklichen Speisefolge wurde der deutsche Kaiser Wilhelm ii. anlässlich seines Besuchs in der →Schweiz vom 3. bis 6. September 1912 verwöhnt. Gefunden in: *Kaiser Wilhelm ii. in der Schweiz*, Orell Füssli, Zürich 1912, s. 59.

Cao, Xiao-Qing: *1965, Akkordeon. Studierte an der Musikhochschule Tianjin bei Wang Yu-Ping. Erhielt als erster Chinese die Erlaubnis, seine Studien im Rahmen des Deutschen Akademischen Austauschdienstes in Deutschland weiterzuführen. Studiert an der Hochschule für Musik und Theater Hannover in der Solistenklasse von Elsbeth →**Moser.** Er gewann 1997 den ersten Preis des deutschen Akkordeonwettbewerbs und den internationalen Akkordeonwettbewerb Città di Castelfidardo in Italien.

Cap: Der ironische Kontrapunkt zur Freiluftarchitektur sitzt auf dem Kopf. Der schwarze Cap der →**Klangkörperkleidung** schützt alle Mitwirkenden mit seinem schnittigem Vordach vor →**Regen** und Sonne. Designerin Ida →**Gut** hat ein hochelastisches und formstabiles High-Tech Neopren ausgewählt. Dieses Gewebe wurde von der Schweizer Firma Schoeller ursprünglich für Extremskifahrer entwickelt und ist zudem mit dem Umweltlabel Öko Tex-Standard 100 ausgezeichnet. Schickes Detail: Selbstverständlich kann der Cap wie alle Teile des →**Outfits** in der Waschmaschine gewaschen werden. →**Regenwasserplan**

Cardinaud, Anne: *1977, Hackbrett. Die gebürtige Französin beendet derzeit ihr Schlagzeugstudium am Konservatorium Genf.

Cavadini, Mattia: *1970 in Lugano, Schriftsteller, Journalist. Sein Studium in französischer und italienischer Literatur begann er in Bologna und schloss in Zürich ab. Er pendelt zwischen Italien und der →**Schweiz**. Als Kulturjournalist arbeitet er für das Radio der italienischen Schweiz und für diverse Zeitschriften. 1995 veröffentlichte er seinen Roman *Inganno turrito*, 1997 eine Monographie über Manganelli. Ausserdem hat er Gedichte veröffentlicht und arbeitet an einer Dissertation über Philippe Jacottet und Fabio Pusterla. Cavadini zeichnet für die Auswahl italienischer Zitate mitverantwortlich. →**Recherche**

Ceronetti, Guido: *1927 in Torino, italienischer Erzähler, Wissenschaftler, Lyriker und Übersetzer. 1971 erschien *Difesa della luna e altri argomenti di miseria terrestre*, 1978 die Textsammlung *La Musa Ulcerosa*, 1987 *Briciole di colonna*. 1975–87 und ein Jahr später *L'occhiale malinconico*. Die →**Schweiz** taucht in seinem Werk immer wieder auf, sei es mit ihren Tunnels, durch die Ceronetti Fahrten ins Erd- und Körperinnere unternimmt, aber auch als Inbegriff von Ordnung und Sauberkeit und in Gestalt der Schweizer Söldner im Vatikan. Von ihm das Zitat →**«Avremo dunque...»**.

«Chaque Suisse a un glacier dans son coeur.»: «Jeder Schweizer trägt einen Gletscher in seinem Herzen.». Ob mit diesem Satz von André →**Gide** den Schweizern ein innerer Naturpatriotismus oder eine gewisse Wesenskühlheit nachgesagt wird, bleibe dahingestellt. Zitiert aus: *Schweizer Lesebuch*, hrsg. von Charles Linsmayer, Piper Verlag, München 1994, s. 393.

Charme: Schaumwein. Der Tessiner Angelo Delea war lange Jahre erfolgreich in der Gastronomie tätig, bevor er sich 1993 ganz der Weinproduktion verschrieb. Heute zählt sein Betrieb in Losone bei Locarno zu den bedeutendsten Weinhäusern im Lande des Merlot. Sein Erfolgsrezept: Er vergass nie, dass ein →**Wein** in erster Linie Spass machen soll. Er wählte denn auch das unübersetzbare französische Wort *charme* für seinen Schaumwein. Ein Name – ein Programm: der aus roten Merlottrauben weiss gekelterte Sekt, beziehungsweise Spumante, besticht durch seine süffige, fruchtige und einnehmende Art.

Chasselas: Rebsorte. Der Gutedel, so wird die kleine Traube in Deutschland genannt, ist die wichtigste Rebsorte der Westschweiz. In klösterlichen Urkunden wird z.b. der Fendant bereits im 16. Jahrhundert erwähnt.

Chassot, Viviane: *1979, Akkordeon. Studiert an der bernischen Hochschule für Musik und Theater in Biel bei Teodoro ⮕**Anzellotti**.

Chastel, Guillaume: *1973, Hackbrett. Hat sein Schlagzeugstudium in Frankreich mit Auszeichnung abgeschlossen und musizierte an verschiedenen Theatern, Opernhäusern und Festivals.

Chateaubriand, François-René de: *1768 in Saint-Malo; †1848, Schriftsteller. Als Offizier verschlug es Chateaubriand für ein knappes Jahr nach Nordamerika. Er lebte danach von 1793 bis 1800 unglücklich in London. 1797 veröffentlichte er *Essai sur les Révolutions,* worin sein Interesse an Geschichtsphilosophie sich erstmalig offenbarte. Bis zur Restauration widmete sich Chateaubriand vornehmlich dem Schreiben. In weiteren Werken befasste er sich mit der Rolle des Christentums in der früheren und zeitgenössischen Gesellschaft. Während der Restauration entwickelte sich die Ämterkarriere von Chateaubriand weiter. Er wurde Politiker, vertrat liberale Ideen und wurde 1823 französischer Aussenminister. Die *Mémoires d'outre-tombe* sind Chateaubriands grösstes Werk. Die Idee entstand schon 1803, beendet wurde die Arbeit daran mit seinem Tod. Die Erinnerungen halten die Chronik vom Ancien Régime bis zur bürgerlichen Monarchie fest. ⮕**«Le protestantisme choisit mal...»**

Christen, Annatina: *1975, Mitarbeiterin ⮕**Trinken und Essen**. Die Studentin der ⮕**Höheren Gastronomie- und Hotelfachschule Thun** war bereits an den Vorbereitungsarbeiten beteiligt. Den ⮕**Klangkörper** vergleicht sie mit einem spannenden und lehrreichen Puzzle, von welchem sie sich selbst als einen Teil betrachtet.

Chromstahl W.1.4031, W.1.4429: Nichtrostendes, glänzende Material, z.b. die dünnen ⮕**Spannstangen** und ihre Halterungen. Chromstahl wird überall eingesetzt, wo Stahlteile gegeneinander gleiten.

Climaguard: Mikrofasergewebe. Dieser High-Tech ⮕**Stoff** wurde für die ⮕**Hosen** der ⮕**Klangkörperkleidung** ausgewählt, weil er besonders gut gegen Witterung schützt. Ähnlich wie bei der menschlichen Haut kann der

Wasserdampf, der bei der Transpiration entsteht, nach aussen treten: durch die molekülfeinen Zwischenräume im Gewebe. Trotzdem garantiert die hohe Webdichte extremen Windschutz. Das wasserresistente Mikrofasergewebe ist eine Erfindung der Schweizer Rotofil AG.

Cocteau, Jean: *1889 in Maisons-Laffitte; †1963 in Milly-la-Forêt, Autor, Filmemacher. Als Elfjähriger, nach dem Tod seines Vaters, zog Jean Cocteau (mit vollem Namen Jean Maurice Eugène Clémente Cocteau) mit seiner Mutter und seinen Geschwistern nach Paris. Vom Collège Condorcet wurde er 1904 wegen eines disziplinarischen Vergehens verwiesen: Er hatte öfter das Theater besucht als gelernt. Als Dreissigjähriger erarbeitete er für den Schweizer Musiker Arthur Honegger die Choreographie für *Antigone* (1921). Während einer Entziehungstherapie wegen Drogenmissbrauchs schrieb Cocteau das Werk *Les enfants terribles* in nur siebzehn Tagen (1925). 1930 erschien Cocteaus erster Film *Le sang d'un poète*. Im Rahmen einer Neuauflage der berühmten Wette reiste Cocteau 1936 in achtzig Tagen um die Welt. Cocteaus künstlerische Tätigkeit war enorm produktiv: nicht nur schrieb er Gedichte und Romane, er war gleichzeitig als Maler, Choreograph und Kunstkritiker tätig. 1950, nach der Rückkehr von einer USA-Reise, brachte Cocteau seinen Film *Orphée* heraus. 1955 wurde er in die Académie française aufgenommen. Einmal jährlich pilgerte Cocteau zum →**Nietzsche-Haus** im Engadin: →**«Après m'être agenouillé...».**

Coluche: *1944 Paris; †1986, Komiker, Schauspieler, Musiker, Rennfahrer. Michel Gérard Jospeh Colucci wird als Kind einer französischen Mutter und eines italienischen Vaters geboren. Sein Vater Honorio stirbt 1947, die Familie mütterlicherseits will mit der Witwe eines ehemaligen Kriegsgegners nichts zu tun haben und lässt die verwaiste Familie fallen. In dieser Zeit beginnt man, den Jungen *Coluche* zu rufen, eine Mischung aus *Colucci und Coqueluche*. Er ist Mitgründer des legendären Kabaretts *Le Café de la gare*. Viele spätere Stars sind in den Anfängen dabei: Miou-Miou, Gérard Dépardieu, um nur zwei zu nennen. Coluche kandidierte 1981 für das Amt des französischen Präsidenten. Der französische Humor verdankt ihm eine Menge. Am 16. Juni 1986 kehrt er von einem Anti-Rassismus-Konzert in seine Villa in Châteauneuf-de-Grasse zurück. Drei Tage später stirbt er an einem Verkehrsunfall. →**«En Suisse, on n'attrape...»**

Completer: Rebsorte. Die Sage überliefert, dass die Chorherren des Churer Stifts im 8. Jahrhundert diesen edlen Tropfen jeweils nach dem Abendgebet, dem Completorium, genossen haben.

«Con le mani io posso fare castelli | costruire autostrade e parlare con Pablo, | lui conosce le donne e tradisce la moglie | con le donne ed il vino e la Svizzera verde. | E se un giorno é caduto | é caduto per caso pensando al suo gallo | o alla moglie ingrassata | come da foto, | prima parlava strano e io non lo capivo | però il fumo con lui lo dividevo | e il padrone non sembrava poi cattivo.»: Das Lied des italienischen Cantautore Francesco→**De Gregori** erzählt von einem italienischen Gastarbeiter in der Schweiz und seinem spanischen Chef Pablo: «Mit den Händen kann ich Burgen machen | Autobahnen bauen und mit Pablo reden, | er kennt die Frauen und betrügt seine eigene | mit den Frauen und dem Wein und der grünen Schweiz. | Und wenn er eines Tages gestürzt ist, | dann ist er zufällig gestürzt, während er an seinen Hahn dachte | oder an seine dick gewordene Frau | wie auf dem Foto, | erst redete er komisch und ich verstand ihn nicht, | aber mein Hasch rauchte ich mit ihm zusammen, | und der Chef schien schliesslich nicht so übel.» (Übersetzung: Evelyne und Samuel Vitali). Der Song heisst *Pablo* und ist zu hören auf dem Album *Rimmel* (1975) von Francesco de Gregori.

«consumed orally»: Durch den Mund einzunehmen. So zu lesen auf Beipackzetteln unzähliger Schweizer (und anderer) Medikamente. Abgesehen von bitteren Pillen (→**«En Suisse, on n'attrape jamais de maladie...»**) schluckt man in der→**Schweiz** aber auch Köstlichkeiten:→**Trinken und Essen.**

Contet, Pascal: Akkordeon. Studierte v.a. in Deutschland und Dänemark. Nach diversen Auszeichnungen erhielt er 1989 den Preis der Fondation Marcel Bleustein. Versucht ein neues Repertoire für Akkordeon aufzubauen und überschreitet dabei künstlerische und stilistische Grenzen: Er bezieht Improvisation sowie instrumentales Theater, choreographische Projekte oder Plastiker in sein Schaffen mit ein. Uraufführung zahlreicher Werke namhafter Komponisten. Spielt in diversen Formationen, u.a. im Duo mit der Kontrabassistin Joëlle→**Léandre.**

Conzett, Bronzini, Gartmann: Bauingenieurbüro des→**Klangkörpers.**

Bestehend u.a. aus Jürg→**Conzett**, Rolf→**Bachofner**, Edi→**Decurtins**, Josef →**Dora**, Patrick→**Gartmann**, Manuel→**Salvator**, Jeannette→**Tschudy**, Tobias →**Unseld**. Weitere Infos unter *www.conzettbronzinigartmann.ch*

Conzett, Jürg: *1956, aus Schiers, verantwortlicher Bauingenieur. Studium an der ETH Zürich. Student des renommierten Bündner Brückenbauers Christian Menn. Arbeitete sieben Jahre bei Peter→**Zumthor**, weil er nach dem Ingenieurstudium hinter die Geheimnisse des architektonischen Entwerfens und Konstruierens kommen wollte. Ist präziser Denker und guter Pianist. Conzett fasziniert das Zusammengehen von Gestaltung und Ingenieurkunst. Weiss sehr viel über die Geschichte des Bauingenieur-wesens und pflegt trotzdem oder gerade deswegen einen fast spieleri-schen Umgang mit neuen Konstruktionen und statischen Aufgaben. Er ist der ideale Partner für Architekten, die Baukonstruktion und→**Statik** als Teile ihres Entwurfs verstehen. Conzett ist immer bereit, an die Grenzen zu gehen.→**Statisches System**

Cordier, Sébastien: *1976, Hackbrett. Studiert Perkussion am Konserva-torium in Genf.

Cornalin, 1998: Rotwein. Man sagt, dass seine 15-jährigen Rebstöcke in der Hölle wachsen. Wahrscheinlich waren aber die intensive Sonnenein-strahlung und die Wärme für den gleich lautenden Namen der Flur in Salgesch verantwortlich. Die launische Traubensorte verlangt grosse Auf-merksamkeit, denn aus der zwanzig Ar grossen Parzelle wird nur ein sehr kleiner Ertrag erzielt. Der Ertragswert ist auf 650 Gramm pro Quadrat-meter festgelegt. Erhältlich bei Cave St. Phillippe, Salgesch, Tel. +41 / 27 / 455 72 36.

Cornalin Grand Métral, 1997: Vor wenigen Jahrzehnten war der alte Land-rote praktisch ausgestorben. Erst seit seiner Wiederentdeckung heisst die Rebe und der daraus gekelterte→**Wein** nach dem Stein Karneol, einem rotfarbigen Achat. Die uralte Walliser Sorte liegt bei den einheimischen Winzern im Trend, heute werden wieder 100'000 Flaschen pro Jahr davon produziert. Unter den über fünfzig im Wallis angebauten Varietäten ist der Cornalin das Liebkind der Önologin Madeleine Gay, die bei der Genossenschaft Provins für den Ausbau der Spezialitäten verantwortlich zeichnet. Die Fruchtbarkeit des Mittelmeerraums und der Geruch alpiner Erde sind darin verschmolzen. Erhältlich bei Provins Valais, Sion, Tel. +41 / 27 / 328 66 66.

Couchepin, Pascal: *1942, →**Bundesrat** seit 1998. Vorsteher des Eidgenössischen Volkswirtschaftsdepartementes. Er ist Mitglied der Freisinnig-Demokratischen Partei (FDP). →**«On est à un moment dramatique…»**

«Courir, lorsque l'on a peur du présent, | ralentir, lorsque l'on a peur de l'avenir. | Qu'est-ce qui est le pire? Il faut choisir. | Loscar, tu vas finir par te faire avoir, | si tu continues à… | Courir, lorsque l'on a peur du présent, | ralentir, lorsque l'on a peur de l'avenir, | Qu'est-ce qu'il faut choisir? Il faut s'asseoir. | Rade, tu vas finir par te faire avoir… | Dis-moi pourquoi les gens sont stressés, trop | pressés, n'ont pas le temps d'apprécier la vie… | Va vite alors, profite, file comme une | étoile file entre mes mains.»: Die Paraphrase des Raps der Gruppe →**Sens Unik** lautet: «Laufen aus Angst vor der Gegenwart, | langsamer werden aus Angst vor der Zukunft. | Was ist schlimmer? Man muss sich entscheiden. | Loscar, am Ende wird man dich schnappen, | wenn du weiter… | Laufen aus Angst vor der Gegenwart, | langsamer werden aus Angst vor der Zukunft, | Wofür sich entscheiden? Erstmal hinsetzen. | Verdammt, man wird dich schnappen… | Sag mir, warum die Leute gestresst sind, zu sehr | gehetzt, keine Zeit, das Leben zu geniessen… | Lauf schnell, profitiere, flitze wie ein | Stern in meine Hände.». Aus dem Song *Courir* im Album *Tribulations* der Hip-Hop-Gruppe Sens Unik, Text von Carlos Leal et S. Gharssali.

Crivelli, Remo: Hackbrett. Arbeitete jahrelang intensiv als Pianist und vor allem am Keyboard. In den 80er Jahren entdeckte er im Hackbrett das *Urklavier*. Darauf verwirklicht er seine Passion für die analoge Klangwelt, und er liebt es, das breite Spektrum des Instruments auch experimentell und in eigenen Kompositionen sowie Improvisationen auszuloten. Er hat verschiedene CDs aufgenommen.

Crossair: Die Regional-Fluggesellschaft mit Sitz in Basel ist wie die Swissair ein Unternehmen der SAirGroup. Crossair bedient die schweizerischen Flughäfen Basel-Mulhouse-Freiburg, Zürich-Kloten, Genève-Cointrin, Bern-Belp und Lugano-Agno. Sie fliegt über 100 Destinationen in Europa, Nordafrika und im Nahen Osten an. Die Crossair gewährt den Mitarbeitern des →**Klangkörpers** auf den Flügen von Bern-Belp nach Hannover günstigere Flugtarife.

Cru de Champreveyres, 1998: Weisswein. Kurz vor Neuchâtel gedeiht diese →**Chasselas** auf einem idealen Boden aus Sand, Ton und Kalk. Das 3'000 m² grosse, gelb getönte Terrain liegt leicht gewölbt in einer Ebene. Der Winzer Alain Gerber entwickelt mit seinen Weinen immer wieder neue Kreationen. Erhältlich bei Vins de Neuchâtel, Hauterive, Tel. +41 / 32 / 753 27 53.

Cuda, Angela: *1976 im Kanton Zürich, Akkordeon. Studiert am Konservatorium Schaffhausen.

Curschellas, Corin: Stimme. Die Bündner Sängerin, Musikerin, Texterin, Komponistin und Schauspielerin ist kosmopolitisch, selbstironisch, vielschichtig und aussergewöhnlich inspiriert. Gegensätze im Einklang heisst ihre musikalische Vision, Musik kennt keine Grenzen der Länder. Sie gab in unzähligen Formationen, mit zahlreichen Musikern und in verschiedensten musikalischen Bereichen Konzerte in allen Teilen der Welt. Zudem hat sie bei über vierzig CD-Produktionen mitgewirkt. Corin Curschellas lebt in Berlin und Paris.

Cuvée Or, Grain Noble, AOC Valais 1998: Süsswein. Erst am 13. Januar 1998 wurden die Trauben dieses edelsüssen Tropfens (150 Oechsle Grad) gelesen. Nicht alle →**Weine** dürfen den Vermerk *Grain Noble* tragen: Nur wer den Edelpilz Botrytis cinerea nachweist, bekommt dieses Qualitätsmerkmal. Zu den strikten Regeln gehört, dass die Reben 15 Jahre oder älter sein müssen und der Wein mindestens zwölf Monate in einem Barrique ausgebaut sein muss. Zudem darf er nicht mit Traubenmost angereichert werden. Erhältlich bei Charles Bonvin et Fils, Sion, Tel. +41 / 27 / 203 41 31.

«**D'ou vient la Suisse?** où va la Suisse? que veut la Suisse? les questions
se posent (pour moi du moins) en grand nombre. Elles se résument
en ceci peut-être que nous savons à peu près pourquoi nous sommes
ensemble, puisqu'il y a des raisons historiques et militaires qui ont présidé
à cet état de fait, mais que nous ne savons pas très bien ce que nous
avons (en tant que ‹Suisses›) à faire ensemble. Car il semble que, sur ce
point, les raisons politiques et militaires sont insuffisantes.»: In seiner
berühmten *Lettre à la revue* vom 1. Oktober 1937 stellt Charles Ferdinand
⸻Ramuz die Fragen, die sich durch die Tatsache ergeben, dass das
Staatsgebilde⸻Schweiz weder durch kulturelle Zusammengehörigkeit noch
durch topographische Gegebenheiten zu begründen ist. Im offiziellen
Diskurs heisst das: Die Schweiz ist eine Willensnation. Bei Ramuz: «Woher
kommt die Schweiz? Wohin geht die Schweiz? Was will die Schweiz?
Die Fragen stellen sich (mir jedenfalls) in grosser Zahl. Sie lassen sich
vielleicht darin zusammenfassen, dass wir mehr oder weniger wissen,
warum wir zusammen sind, zumal historische und militärische Gründe zu
diesem Tatbestand geführt haben, aber wir wissen nicht sehr genau,
was wir (als ‹Schweizer›) miteinander zu tun haben. Denn es scheint, dass
in diesem Punkt die politischen und militärischen Gründe nicht
ausreichen.»

Dach:⸻Dachabdeckung,⸻Dachkonstruktion,⸻Regenwasserplan

Dachabdeckung: Besteht aus vorgefertigten Blechkanälen aus sendzimir-
verzinktem Blech von zwei oder drei Millimetern Stärke. Diese schmalen
Wannen sind aus der Normtafelbreite von 125 Zentimetern geformt,
abgekantet und an den Stössen lose ineinander gesteckt. Sie sind die sich
selbst aussteifende Überdeckung der Gänge zwischen den⸻Stapelwänden
und über den⸻Klangräumen und⸻Barräumen. Die Blechkanäle speien
das gesammelte Regenwasser entsprechend der⸻Schieflage des Terrains
an bestimmten Stellen an die Stapelwände oder auf das⸻Asphaltkissen.
⸻Regenwasserplan

Dachkonstruktion: Rund 630 cm über dem→**Asphaltkissen** sind durchgehende Lagen von Querbalken in die→**Stapelwände** eingeflochten. Sie halten eine bestimmte Anzahl von Wänden zusammen und steifen diese aus. Der Verbund aus Dach und Stapelwänden bildet einen der zwölf→**Stapel.** Die darunterliegenden Lücken in den Stapeln, die→**Klangräume** und→**Barräume,** sind unterschiedlich gross. Je nach→**Spannweite** sind mehr oder weniger Lagen Dachbalken nötig. Wie die→**Balken** der Wände sind die Dachbalken in der Vertikalen verspannt und werden in der Horizontalen von→**Unterspannungen** getragen. Die Balken bleiben unverletzt. Resultat dieser Konstruktion: Je grösser der Raum, umso niedriger die Decke und umso mächtiger ihr Holzgeflecht.→**Statisches System** ⊙ **Längsschnitt Barraum Stapel 6**

Dada: auch Dadaismus. 1916 in Zürich von Hugo→**Ball,** Richard→**Huelsenbeck,** Hans Arp, Tristan Tzara u.a. begründet. Die internationale Avantgardebewegung richtete sich anfangs spezifisch gegen den Expressionismus, grundsätzlich aber gegen alle konventionellen, bürgerlichen und idealistischen Kunstauffassungen. Die Dadaisten proklamierten die Sinnlosigkeit der Kunst und den Triumph des Irrationalen. Sie stehen damit am Beginn einer nihilistischen (→**«Edle und respektierte Bürger Zürichs...»**) Avantgarde, die zum Ziel letztlich die Abschaffung der Kunst selbst hat. Der Dadaismus wurde im Zürcher Café Odeon ausgebrütet, das während des Weltkriegs Heim für Künstler und Emigranten war (an den Nebentischen sassen Lenin und diverse Expressionisten). Im eigens gegründeten Cabaret Voltaire wurde Dada dem Publikum vorgestellt. Dort fanden Soireen statt, an denen das Publikum verulkt, Lautgedichte (→**«jolifanto bambla ô falli bambla...»**) vorgetragen und künstlerische Misch- und Unsinnsformen ausprobiert wurden. Aus dem Dadaismus entwickelte sich in Frankreich der Surrealismus. Auch in New York und Berlin nahm die Bewegung grossen Einfluss auf künftige Avantgardebewegungen. In der→**Schweiz** flammte Dadaistisches Denken bei den Unruhen von 1968 (→**«Weg mit den Alpen...»**) und den Jugendunruhen von 1980 wieder auf.

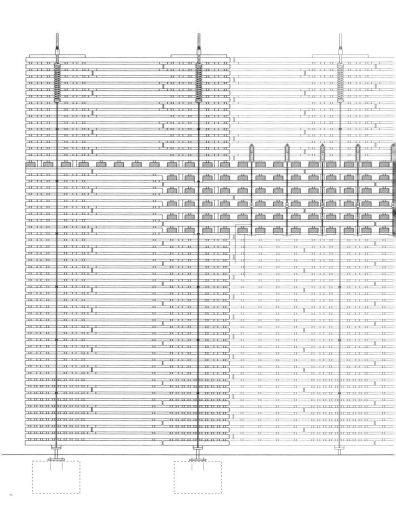

Längsschnitt Barraum Stapel 6 → Dachkonstruktion

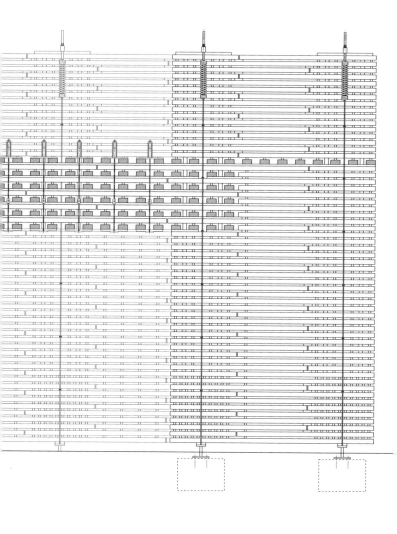

Dahinden, Roland: *1962 in Zug, Posaune, Alphorn. Studierte an der Musikhochschule Graz Posaune und Komposition und doktoriert in Komposition an der Birmingham University. Als Komponist legt er Wert auf die interdisziplinäre Zusammenarbeit mit bildenden Künstlern, als Instrumentalist konzentriert er sich auf Neue Musik und Jazz.

Dallenwiler Bergkäse: Diesen Rohmilchkäse gibt es im ⃗ **Klangkörper** in drei verschiedenen Varianten. Die Besucher können zwischen einem älteren, rezenteren oder einem jüngeren, milderen wählen. Speziell für die ⃗ **Expo 2000** liess der Käser zudem einige Laibe noch länger zu einem sehr rezenten Alpkäse reifen. Erhältlich bei Käserei Odermatt, Oberau, Tel. +41 / 41 / 628 19 06.

Dambach, Monika: *1968, Mitarbeiterin ⃗ **Trinken und Essen.** Drei Jahre hat sie auf hoher See im Gastgewerbe gearbeitet. Zurück auf festem Boden orientiert sie sich an den Wünschen der Gäste.

«**Das Ei – gross, pulsierend** und von leuchtendem Grün – war schon da, ehe ich es entdeckte. Ich spürte, dass es da war. Es schwebte mitten im Raum. Ich war fasziniert von seiner Schönheit, fürchtete jedoch, es könnte auf den Boden fallen und zerbrechen. Aber ehe ich diesen Gedanken zu Ende dachte, löste sich das Ei auf und enthüllte eine grosse bunte Blume. Ich hatte noch nie so eine Blume gesehen. Blütenblätter von unglaublicher Zartheit öffneten sich in den Raum und versprühten die herrlichsten Farben in allen Richtungen. Ich spürte die Farben und hörte sie, als sie meinen Körper umschmeichelten, kühl und warm, klingend und flötend. Das erste bange Gefühl kam später, als der Mittelpunkt der Blume langsam die Blütenblätter aufzehrte. Er war schwarz und glänzend und schien aus den Rücken unzähliger Ameisen geformt zu sein. Er frass die Blütenblätter in qualvoller Langsamkeit auf. Ich wollte rufen, dass sie aufhören oder sich beeilen sollten. Es tat mir weh, diese schönen Blütenblätter so dahinschwinden zu sehen, als würden sie von einer tückischen Krankheit verzehrt. Dann, in einer blitzartigen Erleuchtung, erkannte ich zu meinem Entsetzen, dass dieses schwarze Unding ja mich selbst verschlang.

Ich war die Blume, und dieses fremde kriechende Etwas frass mich auf!»: Die amerikanische und damit die Weltgeschichte müsste neu geschrieben werden, hätte der Schweizer Chemiker Albert ⌐»**Hofmann** nicht aus Versehen die psychedelische Droge LSD erfunden. Synthetisiert hatte er den Stoff schon 1938, der erste Selbstversuch datiert fünf Jahre später. Ohne LSD kein Timothy Leary, ohne diesen keine Hippie-Bewegung. Das Zitat stammt aus Hofmanns Aufzeichnungen über seine Selbstversuche. Albert Hofmann, *LSD – mein Sorgenkind*, DTV, München 1993, s. 106.

«Das Spielen auf der Wiese ob dem Bord ist verboten, dagegen ist das Lagern dem Bord entlang bis zur Eiche, auf einer Breite von nur 2 Metern gestattet. Busse 6.– Fr. wovon der Verzeiger die Hälfte erhält.»: Zu lesen auf einem Schild, das der Schweizer Fotograf Jakob Tuggener während des Zweiten Weltkriegs in Oeschgen bei Frick, Kanton Aargau, fotografiert hat.

«Das Verrückte am Reduit-Konzept war ja, dass General Guisan im vielzitierten, von vielen erwachsenen Bleioffizieren auch herbeigesehnten Ernstfall das Flachland kampflos preisgegeben und die Armee in den Gotthardkasematten in Sicherheit gebracht, also letztlich des Schweizers liebstes und teuerstes Spielzeug gerettet hätte. Übrig geblieben wäre, wenn Hitler der Transitachse Chiasso-Basel, auf der die Kohlezüge ungehindert passieren konnten, nicht die grössere Bedeutung beigemessen hätte als einem Blitzkrieg gegen die Schweiz, man höre und staune, ein Alpenmassiv voller Soldaten, wir wären nach der Kapitulation Nazideutschlands ein Gebirgspreussen gewesen mit einem Soldatenbundesrat an der Spitze.»: Der sprachgewaltige Fabulierer Hermann ⌐»**Burger** musste für einmal seine Fantasie nicht bemühen, um dieses Szenario zu entwickeln. Der Rückzug ins Alpenréduit war nämlich tatsächlich Teil der Strategie der Schweizer Armee unter ihrem General Henri Guisan während des Zweiten Weltkriegs. Aus: Hermann Burger, *Die Künstliche Mutter*, S. Fischer Verlag, Frankfurt A/M, 1982, s. 125. ⌐»**Alpen**

«**Dass das Ansehen der Schweiz** im Ausland gelitten habe, gilt bei uns als Phänomen. Wir ziehen daraus den Schluss, dass man den anderen den Sonderfall Schweiz besser erklären müsse.»: Peter ↳ **Bichsel**, *Des Schweizers Schweiz*. Aufsätze, Suhrkamp Verlag, Frankfurt A/M 1989, S. 11.

Davidovitsch, Sascha: *1972, Akkordeon. Studierte Akkordeon und Dirigieren an der Akademie *P. I. Tschaikowski* in Kiew. Er gab bereits zahlreiche Konzerte und war in diversen Rundfunk- und Fernseh-aufnahmen zu hören und zu sehen.

De Gregori, Francesco: *1951 in Rom, italienischer Liedermacher. Verbringt seine Jugend in Pescara und kehrt Ende der sechziger Jahre mit der Familie nach Rom zurück. Die Ereignisse von '68 erlebt er dort am Liceo Virgilio hautnah mit. Seine Lektüre von Steinbeck, Cronin, Pavese, Marcuse und Pasolini prägt ihn gleichermassen wie die musikalische Vorliebe für Simon & Garfunkel, De Andrè, Tenco, Woody Gouthrie, Leonard Cohen und Bob Dylan. Heute ist de Gregori einer der berühmtesten und erfolgreichsten Cantautori Italiens und hat zahlreiche Platten veröffentlicht. Von ihm der Song: ↳ **«Con le mani io posso fare castelli...»**.

«**De Paabscht het z'Spiez** s'Späckbsteck z'spat bstellt.»: Bekanntester Schweizer Zungenbrecher. «Der Papst hat in Spiez das Speckbesteck zu spät bestellt». Wer das berühmte *Chäschüechli im Chuchichästli* beherrscht, kann sich an dieser Aufgabe für Fortgeschrittene versuchen.

Deckenelemente: Decken der ↳ **Versorgungseinheiten**. Sie bestehen aus Balkenlagen in Brettschichtholz, 100 x 160 Millimeter gross. Diese Balken sind an den Stirnseiten mit gekrümmten Brettschichtholzsegmenten gleicher Dimension miteinander verbunden. Der daraus entstandene Rost ist oben und unten mit einer 40 Millimeter starken Dreischichtplatte beplankt. Die kraftschlüssige Verbindung wird mit einer Schraubenpressleimung hergestellt.

Decurtins, Edi: *1944, aus Trun, Zeichner, Konstrukteur. Verkörpert den Typ des altgedienten, erfahrenen und absolut zuverlässigen Tiefbau-zeichners. Arbeitet unbeirrbar mit Reissschiene und Rotringstift. Zeichnete die Ingenieurpläne für das Fundament.

Defaux, Loïc: *1977, Hackbrett. Studierte Perkussion in Metz und derzeit am Konservatorium Genf.

Degustation: Sehr sorgfältig wurden alle Produkte bei vielen Degustationen probiert und bewertet. In sechzig Postsendungen erhielt beispielsweise Martin→**Arnold** 79→**Weine** aus der ganzen→**Schweiz** zugeschickt. Sie wurden für den→**Klangkörper** während drei Blinddegustationen mit viel Sorgfalt bewertet und ausgewählt. Martin Arnold, Ulrich→**Halbach**, Rebekka Jufer, Stefan→**Keller**, Ginette→**Pernet**, Max→**Rigendinger** und Carola→**Scotoni Berger** suchten vor allem nach typischen und für ihre Traubensorten repräsentativen Weinen. Verband Schweizer Weinexporteure→**SWEA**.

Deiss, Joseph: *1946,→**Bundesrat** seit 1999. Vorsteher des Eidgenössischen Departementes für auswärtige Angelegenheiten. Sein Departement vertrat die Schweizerische→**Eidgenossenschaft** als→**Bauherrschaft**. Er ist Mitglied der Christlichdemokratischen Volkspartei (CVP).

Dekleva-Radaković, Đeni: *1949 in Kroatien, Akkordeon. Absolvierte ihre Studien im kroatischen Pula und an der Musikhochschule Trossingen. Studierte später Klavier und Komposition an der Musikakademie Ljubljana und war viele Jahre Musikschuldirektorin in Porec. Heute doziert sie Harmonielehre und Polyphonie an der Hochschule für Philosophie, Pädagogik und Musik in Pula. Sie komponiert mit viel Erfolg und tritt auch als Interpretin auf.

Demierre, Jacques: *1954 in Genf, →**Musikalischer Leiter**. Studierte Musikwissenschaft und Linguistik an der Universität, Klavier, Jazzpiano, Analyse und Elektroakustik am Conservatoire Populaire sowie Harmonielehre und Kontrapunkt am Konservatorium Genf. Er bewegt sich in den Bereichen Improvisation, Jazz und zeitgenössische Musik. Komponieren lernte er hauptsächlich autodidaktisch. Er schrieb Werke in den Sparten Neue Musik und Jazz für Konzerthäuser, Theater und Tanz. Als Pianist tritt Jacques Demierre solistisch auf und engagiert sich in zahlreichen Ensembles für improvisierte Musik.→**Musik**

«Der Arrest wird in einer Zelle der Disziplinarabteilung vollzogen.»: Aus der Hausordnung der Anstalten Witzwil. Gefängnissen kommt im Schweizerischen Literaturdiskurs eine noch grössere Bedeutung zu, seit sich der

Dichter Friedrich →**Dürrenmatt** kurz vor seinem Tod mit einer Rede verabschiedet hat, in der er die →**Schweiz** mit einem Gefängnis vergleicht, dessen Insassen sich als ihre eigenen Wärter bewachen.

«Der erste Satz, den ich sprechen hörte, klang wie vor tausend Jahren. Ein sehr kleiner, unternehmender Knabe ging ein paar Schritte auf uns zu, da rief ihn eine alte Frau, die ihn von uns fernhalten wollte, zu sich, und die zwei Worte, die sie gebrauchte, klangen so schön, dass ich meinen Ohren nicht traute. *Chuom, Buobilu!* sagte sie, was waren das für Vokale!»: Für den Klang des Alpenraums begeistert sich hier der Kosmopolit Elias →**Canetti**, der einen grossen Teil seines Lebens in der →**Schweiz** zubrachte. Das Zitat stammt aus: Elias Canetti, *Die gerettete Zunge: Geschichte einer Jugend,* Kap. Die Schwarze Spinne, Carl Hanser Verlag, München/Wien 1977, S. 352.

«Der Spitzensportler C., der seine Siege nicht im Namen des Sports und aus Freude am Wettstreit errungen hat, sondern – sein triumphierendes Geständnis enttäuscht mich –, weil ein Sieg die beste Reklame für sein expandierendes Geschäft sei.»: Einunddreissig Jahre lang sammelte Peter K. →**Wehrli** Einträge für seinen *Katalog von Allem,* die er sporadisch als Hefteinlagen einem eingeschworenen Kreis von Subskribenten zusandte. Die nummerierten Beobachtungen spannen sich vom hintersten Winkel Timbuktus bis zur Zürcher Strassenbahn. Sie reichen bis zur Zahl 1111, oder genauer: 1111 B. Vorliegendes Zitat trägt die Nummer 1101 und den Titel *der spitzensportler.* Erschienen ist der *Katalog* mittlerweile auch in Buchform. Peter K. Wehrli, *Katalog von Allem. 1111 Nummern aus 31 Jahren,* Albrecht Knaus Verlag, München 1999, S. 386.

Dickmeis, Daniel: *1974, Hackbrett. Studiert Schlagzeug an der Hochschule für Musik in Dortmund.

«Die Bank hat sich zu deinen Gunsten geirrt. Du erhältst Fr. 4000.– zurück. – La banque s'est trompée en ta faveur et te rembourse Fr. 4000.–»:

Wer kennt nicht das Spiel →**Monopoly**, bei dem es noch mehr Spass macht, die anderen Bankrott gehen zu sehen, als selber reich zu werden. Natürlich gibt es auch eine Schweizer Version des Spielbretts, mit entsprechenden Grundstücksnamen. Die Karten *Kanzlei* und *Chance*, die man bei Betreten gewisser Felder ziehen muss, sind in zwei Sprachen gehalten und verkünden nicht immer so frohe Botschaft. Was im Spiel so einfach scheint, bereitet der →**Schweiz** bekanntlich erhebliche Mühe, wenn es um die Aufarbeitung nachrichtenloser Vermögen geht: →«‹I want a name›, Bond said...».

«**Die Schnäpse hatten Geräusche konserviert,** jetzt schwammen sie im Körpersaft, setzten Rhythmen und Fetzen von Stimmen frei, tauchten wieder unter. Ein laufender Lastwagenmotor stotterte helfend unter dem Fenster, warf gleichförmig geknotete Netze, fischte Silber aus der Tunke, schleppte ihn an den Bettrand, dort erwartete ihn das Kopfweh: redende Fäden liefen durch die Stirn, gelbe Nadeln steckten in den Schläfen. Es war zehn vor sechs.»: Aus dem zweiten Roman von Peter →**Weber**. Silber, Quellwart und Held des Buches, ist am Vorabend ins städtische Nachtleben eingetaucht, hat sich verliebt und blickt mit Kater auf die Bahngeleise vor seinem Fenster: «Zuggrosse Fruchtkörper waren über Nacht zwischen den Gleisen aufgestossen, Grünspanträuschlinge waren darunter, weisse, rasch gilbende Schirmlinge mit den typischen genatterten Stielen standen in den Weichen, dahinter hirnartig gewundene Hüte und spitz zulaufende Häublinge. Die Gleisharfe war verpilzt. Man hörte keine Züge, nichts als Diesel- und Ottomotoren, fern sirrend die Elektromotoren der ersten Brückenbusse.». Peter Weber, *Silber und Salbader*, Suhrkamp Verlag, Frankfurt A/M 1999, S. 97.

«**Die Schweizer wissen, was sich gehört;** sie werden nie neue Liebenswürdigkeiten erfinden, aber die üblichen verkaufen sie als ordentliche Kaufleute.»: Unter dem Stichwort *Schweizer, Durchschnitt* zog Robert →**Musil** diesen Schluss aus einem Ferienerlebnis: «Höflich nur, wenn Nutzen dabei: denke Kurhaus Tarasp und Umquartierung der Gäste in Vulpera aus

Waldhotel bei Saisonschluss.» Die Ereignisse lassen sich aus diesen Bemerkungen in seinen Tagebüchern nicht lückenlos rekonstruieren, klar wird aber, dass es etwas mit der schweizerischen Gastfreundschaft zu tun hat, die sich manchmal proportional zur möglichen Rendite verhält. Aus: Robert Musil, *Tagebücher*, Heft 30: Etwa März 1929 – November 1941 oder später, hrsg. von Adolf Frisé, Rowohlt Verlag, Reinbek bei Hamburg, 1983.

Dierauer, Monika: *1969, Mitarbeiterin ⌐,**Trinken und Essen.** Als Schauspielerin ist Monika Dierauer auf verschiedenen Bühnen Europas zu Hause. Während ihres Gastspiels auf der ⌐,**Expo 2000** möchte sie Ihrer Persönlichkeit Ausdruck verleihen. Ihr Auftritt an der ⌐,**Bar** des ⌐,**Klangkörpers** ist Teil des ⌐,**Gesamtkunstwerkes.**

Dierstein, Christian: ⌐,**Musikalischer Leiter,** Schlagzeug. Der Schlagzeuger und Preisträger des deutschen Hochschulwettbewerbs studierte in Freiburg i. Br. bei Bernhard Wulff und in Paris bei Gaston Sylvestre. Er beschäftigt sich gerne mit aussereuropäischer Musik, schreibt eigene Stücke für Hörspiel und Theater und konzertiert regelmässig auf internationalen Festivals für zeitgenössische Musik. Im *Trio Accanto* musiziert er mit Marcus ⌐,**Weiss.**

«Diese extreme Sehnsucht, etwas zu erleben.»: Caro, wohnhaft in Zürich, sagt ausserdem: «Wir wollten so easy wie möglich durchs Leben kommen und keinen Moment mit Gedanken an die Zukunft verschwenden.». Die Zürcher Journalistin Gabriele Werffeli fing für das Wochenmagazin einer Tageszeitung den Originalton eines losen Klüngels von fünf Freunden um die 20 ein. Daraus wurde ein heftig diskutiertes Dokument der Coolness und der konsumfreudigen Orientierungslosigkeit. Aus: *Das Magazin*, 5/96, Zürich 1996, s. 32.⌐,**«Meine Trip-Phase hatte ich mit 16...»**

Dietrich, Natalie: Hackbrett. Hat sowohl eine klassische wie auch eine Jazz-Schlagzeugausbildung genossen. Sie ist Orchestermusikerin und spielt nebenbei in zwei Kammermusikformationen von Jazz bis Avantgarde.

Dobler, Thomas: *1978, Hackbrett, Schlagzeug. Erwarb an der Musikhochschule Zürich ein Lehr- und Orchesterdiplom für Schlagzeug und hat bei

Pierre Favre eine Jazzausbildung genossen. Zeitgenössische Musik, Jazz und vor allem Improvisation sind seine Stärken. Er spielt als Solist und in Ensembles.

Dölker, Joachim: *1962, Hackbrett. Ist professioneller Musiker, Komponist und Arrangeur. Er unterrichtet Schlagzeug und Perkussion in Osnabrück und kann internationale Kleinkunstpreise, TV-Auftritte, Workshops und CD-Produktionen als Erfolge verbuchen.

Dolak, Anja: *1976, Akkordeon. Studierte Germanistik, Journalistik und Musikwissenschaft in Leipzig. Belegt an der Hochschule für Musik *Hanns Eisler* Berlin das Hauptfach Akkordeon.

Dora, Josef: *1965, aus Bonaduz, Bauingenieur. Lernte Zimmermann und Bauführer, studierte an der Fachhochschule Chur. Sein Ingenieur-Gesellen-stück war der vorgespannte Blockbau des Schulhauses in St. Peter. Für den →**Klangkörper** arbeitete er an den Stahldetails und an der →**Dach-abdeckung.**

Douglas-Föhre: Baumart. Pseudotsuga menziesii ‹lat.›, auch Douglas-Fichte, Douglasie, Oregon pine oder Red fir. Benannt nach dem englischen Botaniker D. Douglas (*1798; †1834). Der →**Klangkörper** ist zur Hälfte aus insgesamt rund 1'310 Kubikmeter Douglas-Föhrenbalken gebaut. Sie stammen aus verschiedenen Gegenden der →**Schweiz.** Die Föhrenart ist ursprünglich im westlichen Nordamerika heimisch. Sie ist zäher und dauerhafter als die gemeine Föhre (Waldkiefer). Alle in Nord-Süd-Richtung verlaufenden →**Stapel** sind daraus gebaut, alle in Ost-West-Richtung verlaufenden aus →**Lärche.** →**Herkunft des Douglas-Föhren-Holzes,** →**Sägereien**

Drei-mal-drei-Punktekatalog: Für das Musizieren und gleichzeitige Gehen im Raum muss eine konzentrierte, energievolle Grundhaltung gefunden, jede Form von Privatheit vermieden und der Musiker Teil einer Formali-sierung werden. Die so erreichte innere →**Spannung** soll durch den →**Klang-körper** getragen und an Besucher und Kollegen weitergegeben werden. Der Drei-mal-drei-Punktekatalog enthält dafür Richtlinien. Er beinhaltet folgende Punkte: 1. Verhalten, wenn der Musiker allein ist: 1.1. Wichtigste

Aufgabe ist es für den Musiker, die Musik im Pavillon weiterzutragen.
Er hat dabei die Möglichkeit, zwischen verschiedenen Arten des Gehens zu
variieren. Besonders geeignet zur Formalisierung ist ein langsamer,
bewusster Gang. Er hilft, auf die eigenen Bewegungen zu achten und das
Abgleiten in eine private Haltung zu vermeiden. 1.2. Der Musiker hat die
Möglichkeit, während seiner Wege auf die Architektur (oder auf die →**Lichtschriften**) zu reagieren, indem er beispielsweise an einer →**Stapelwand**
stehenbleibt, mit dem Kopf ganz langsam an dieser Wand hochgeht, mit
den Augen sie aufnimmt, sie für sich entdeckt (ohne sie aber zu berühren).
1.3. Er kann sich auch minimaler, nicht zu theatralischer choreographi-
scher Elemente bedienen, die mit dem jeweiligen Musiker in der Probe gefunden und entwickelt werden (wichtig für den *Hieronymus-Bosch-Stapel*
→**Musiker als Mitkomponisten**). 2. Verhalten gegenüber Publikum: 2.1. Auch
gegenüber dem Publikum, wenn es am Musiker vorbeiflaniert, selbst wenn
es ihm sehr *nahe* ist, muss sich der Musiker seiner Haltung immer bewusst sein. Seine Energie, seine Aura soll das Publikum *elektrisieren*, es
aufladen. 2.2. Der Musiker soll das Publikum bewusst wahrnehmen, es mit
seinen Augen erfassen, den Blick suchen. 2.3. Das Publikum soll den
Musiker anregen, seine Musik zu verändern: Begegnet ihm beispielsweise
eine Dame im roten Regenmantel, setzt er plötzlich seine Musik aus.
Oder sie bringt ihn dazu, seine Musik leiser oder lauter zu spielen, je nachdem, wie er es in dem jeweiligen Moment empfindet. 3. Verhalten beim Zusammentreffen mit Mitmusikern: 3.1. Er kann auf die Musik eines anderen
Musikers, der ihm begegnet, reagieren. Er kann ihn ein Stück seines
Weges begleiten, seine Musik dabei aufnehmen, sie variieren, sie kontra-
punktieren. Er kann sich von ihm aber auch *abstossen*, sich von ihm
entfernen, in grösserer Distanz antworten. Er soll auch den →**Klang der Gastronomie** bewusst erleben und in seine Musik integrieren. Die Geräusche,
die aus den →**Barräumen** kommen, werden nicht als störend empfunden,
sondern sind ein wichtiger Bestandteil des Klangkörpers. Der Klang der
Kaffeemaschine, der Brotschneidemaschinen, das Klappern von Geschirr,

all das ist auch Inspiration für den Musiker. 3.2. Auch die Kollegen soll er bewusst wahrnehmen, sie mit den Augen erfassen, deren Blick suchen. 3.3. Solange er sich noch in der Aufführungszeit befindet, soll er nicht in eine private Kommunikation verfallen, seine Pausen (auch an der →**Bar**) bedürfen einer gewissen Form, um den Energiestrom nicht zu unterbrechen.

Dreifuss, Ruth: *1940, →**Bundesrätin** seit 1993. Vorsteherin des Eidgenössischen Departements des Innern. Sie war 1999 die erste Bundespräsidentin der Schweiz und ist Mitglied der Sozialdemokratischen Partei (SP).

Dreyer, Anett: *1975 in Oranienburg, Akkordeon. Studiert an der Hochschule für Musik *Hanns Eisler* Berlin.

«**Dridio ulelu lu dio uu** | didio urelu ridio u, | dridio ulelu lu dio uu | didio ue ü hui! | Ujiu uijo | didio ue ü ridio u, | ujiu uijo | didio ue ü hu!:» Jodelmelodien werden auf Vokal-Konsonant-Verbindungen gesungen, die keinen Wortsinn ergeben (→«**jolifanto bambla ô falli bambla...**»). Charakteristisch ist der Wechsel zwischen Brust- und Falsettstimme. Im Wechsel der Klangfarben ergibt sich der Reiz des textlosen Naturjodels. Viele solcher Jodel beziehen sich mit ihrem Namen und in ihrer Vokalisation auf eine regionale Herkunft. So auch dieser *Berner Oberländer*, den der weitgereiste Josef Felder überlieferte, ein Kuhhirt und Jodler aus dem Entlebuch. Alfred Leonz Gassmann hat ihn um 1906 niedergeschrieben. Jodel und Sachbemerkungen zitiert aus: *Die schönsten Schweizer Volkslieder*, hrsg. von Max Peter Baumann, Mondo-Verlag, Vevey 1994, s. 108. →«**Holdio duridu**»

Druckfedern: Halten die einzelnen →**Balken** und →**Stapelhölzer** der weitgespannten →**Dachkonstruktion** über den →**Klangräumen** und →**Barräumen** durch →**Vorspannung** zusammen. Die bis 30 mm grossen Formänderungen des Holzes infolge →**Schwinden** und →**Kriechen** reduzieren die anfängliche Vorspannkraft von 20 kN auf einen Endwert von 15 kN.

«**Drum bring mer es Glaas** | schänk mer ii, | chum, sitz häre | u bliib nonechli | laa mii vergässe | bim rote Wii.»: Die Zeilen sind Teil eines Liedtextes von Polo→**Hofer,** dem Berner Rockopa der Schweiz. Sie bilden den Refrain eines Songs, der ein Leben erzählt, das auf dem Bauernhof beginnt und in urbanen Kaschemmen strandet. Die Strophe davor: «Oh mi Vatter het ghuuset ufeme Hoof ir Lochmatt, | Aber mii hez zoge zu de Liechter vor Stadt, | I bi Büezer woorde, ha gwäärchet jede Taag, | d Chinder si grooss, d Frou liit bim Fridhoofhag.» Auf Hochdeutsch heisst das: «Deshalb bring mir ein Glas, | schenk ein, | komm, setz dich dazu | und bleib noch ein bisschen | lass mich vergessen | beim roten Wein.» Die Strophe davor: «Und mein Vater hat auf einem Bauernhof in der Lochmatt gehaust, | Aber mich zog es zu den Lichtern der Stadt, | Ich wurde Arbeiter, habe jeden Tag geackert | die Kinder sind gross, die Frau liegt beim Friedhofszaun.» Polo Hofer/Rumpelstilz, Album: *dolce vita,* 1977.

Dürrenmatt, Friedrich: *1921 in Konolfingen bei Bern, †1990 in Neuchâtel. Nach literarischen und philosophischen Studien in Bern und Zürich wurde Dürrenmatt bei seinem Einstieg in die Literatur- und Theaterszene rasch weltberühmt, vor allem mit *Der Besuch der alten Dame* (1955). Für Werke wie *Die Physiker* (1961) und *Herkules und der Stall des Augias* (1962 als Drama) wurde Dürrenmatt mit Preisen überhäuft. Schon 1981 wurde er mit einer Werkausgabe als Klassiker gefeiert. Beinahe 40 Jahre lang lebte Dürrenmatt hoch über dem Neuenburgersee, von wo er ‹neutral, aus der Distanz beobachtend› kritisch das Weltgeschehen verfolgte und giftige Pfeile abschoss, auch gegen zeitgenössische Literaten. Max→**Frisch** bezeichnete er beispielsweise als *Autor der Fehlleistungen.* Ansonsten liess es sich Dürrenmatt, der auch ein ansehnliches Werk als Maler hinterliess, gerne bei einem erlesenen Glas Rotwein gut gehen. Von der→**Schweiz** verabschiedete er sich mit der Metapher vom Gefängnis, in dem die Wärter sich selbst als ihre eigenen Insassen bewachen. Aus dem Hotel Waldhaus in Sils-Maria verabschiedete er sich mit dem Eintrag ins Gästebuch:→**«Euch noch mein Lob hier reinzuschreiben...».**

Dufaux, Christophe: *1965, Akkordeon. Begann bereits als Sechsjähriger zu spielen. Studierte bei Teodoro→**Anzellotti** an der bernischen Hochschule für Musik und Theater in Biel. War an diversen Uraufführungen in der→**Schweiz** sowie im Ausland beteiligt.

Dufourspitze: Die Dufourspitze ist mit ihren 4634 Metern der höchste

Punkt der →**Schweiz**. Sie ist Teil des Monte-Rosa-Massivs im Kanton Wallis. Sie liegt auf der Grenze zu Italien und wurde im August 1855 von J. J. Weilenmann, J. und P. Zutaugwald erstmals bestiegen. Der Berg liegt nur 80 Kilometer vom tiefsten Punkt der Schweiz entfernt, dem →**Lago Maggiore**.

Duft: Nicht nur Parfum duftet. Auch →**Emmentaler**, →**Wein**, →**Klangkörperkleidung** oder →**Holz** haben ihren Geruch. Der →**Klangkörper** duftet nach seinen Materialien und der Art, wie sie gebraucht werden. Seine Duftpalette ist bewusst entworfen.

«**Durch diese hohle Gasse** muss er kommen.»: Wilhelm →**Tell** ist den Häschern Gesslers entkommen und lauert dem Tyrannen auf. Mit *hohle Gasse* bezeichnet →**Schiller** ein waldiges, gegen beide Seiten durch lehmige Abhänge abgeschlossenes kleines Flusstal, für das es im Schweizerischen den unübersetzbaren Begriff *Tobel* gibt. Friedrich Schiller, *Wilhelm Tell*, 4. Aufzug, 3. Szene.

Dvořáková, Ivana: *1976 in Tschechien, Akkordeon. Studierte zunächst in ihrer Heimat und heute an der Hochschule für Musik *Franz Liszt* in Weimar.

«**Edle und respektierte Bürger Zürichs,** Studenten, Handwerker, Arbeiter, Vagabunden, Ziellose aller Länder, vereinigt euch.»: Mit diesem Satz eröffnete Richard →**Huelsenbeck** 1916 seine Erklärung im Zürcher Cabaret Voltaire, mit der er ein erschrecktes Kulturbürgertum vor den Kopf stiess – mit Nichts. Fortsetzung unter →«**Ich hoffe, dass Ihnen kein körperliches Unheil...**» Zitiert aus: →**Dada**. Eine literarische Dokumentation, hrsg. von Richard Huelsenbeck, Rowohlt Verlag, Reinbek bei Hamburg 1964, s. 33.

Eggenberger, Marianne: *1975, Hackbrett. Hat an der Musikhochschule Basel Klavier studiert und sich als Schlagzeugerin ausgebildet. Als Pianistin tritt sie solistisch auf, als Paukistin und Schlagzeugerin in verschiedenen Orchestern der Region Basel und Südbaden.

Eichenberger, Markus: *1957, Klarinette. Improvisiert als Klarinettist in verschiedenen Gruppen und realisiert Soloprojekte. Er ist Mitorganisator der Werkstatt für improvisierte Musik in Zürich. Seine Erfolge als Komponist haben ihm u.a. einen Kompositionsauftrag der Stiftung →Pro Helvetia eingebracht.

Eidgenössisches Institut für Schnee- und Lawinenforschung: Lawinengefahr entsteht aus der Wechselwirkung von mehreren natürlichen Faktoren wie Gelände, Neuschneemenge, Wind, Schneedeckenaufbau und Temperatur. Alle Wintersportler, die gerne ihre Spur in unberührte Tiefschneehänge legen, sollten die entscheidende Bedeutung dieser Faktoren kennen. Das Institut erneuert deshalb täglich das Lawinenbulletin, welches ab 17 Uhr telefonisch oder über Internet abrufbar ist. In der →Schweiz: 187, aus dem Ausland: +41/81/417 01 11, im Internet: *www.slf.ch/slf.*

Eidgenossenschaft: Schweizerische Bezeichnung für den Staat oder den →Bund. Sie ist überall dort zuständig, wo sie die →Bundesverfassung dazu ermächtigt – zum Beispiel in der Aussen- und Sicherheitspolitik, beim Zoll- und Geldwesen, in der landesweit gültigen Rechtssetzung und in anderen Bereichen. Aufgaben, die nicht ausdrücklich Bundessache sind, fallen in die Zuständigkeit der →Kantone. Die Eidgenossenschaft ist die →Bauherrschaft des →Klangkörpers →Schweiz. →Verpflichtungskredit

Eigenfrequenz: Anzahl der Schwingungen in einer bestimmten Zeit, mit der eine Konstruktion schwingt, wenn sie durch einen Stoss dazu angeregt wird, vergleichbar etwa der Schwingung einer Violinsaite. Die Eigenfrequenz verändert sich mit dem Spannungszustand. Frequenzen sind daher ein gutes Mittel, Beanspruchungen eines Bauteils zu überprüfen, etwa durch Klopfen auf eine Wand oder Anzupfen eines Seils. Schon Vitruv forderte, der Architekt müsse aus diesem Grund über ein musikalisch geschultes Ohr verfügen... Der →Musterstapel des →Klangkörpers schwingt unter der Windströmung mit einer Eigenfrequenz von 0.65 Hertz. Das →logarithmische Dämpfungsdekrement beträgt $\delta = 0.35$, ein aussergewöhnlich hoher und günstiger Wert. →Spannung

Eigenmann, Judith: *1962, Akkordeon. Lernte Coiffeuse und studierte dann Akkordeon am Konservatorium Winterthur. Sie betreibt eine eigene Akkordeonschule in Thun.

«Ein Ei liegt still verlassen da Tief in der Wüste Sahara | Der Tag ist heiss, die Sonne sengt | Kri-Krack! Die Schale ist gesprengt | Schon hat sich *Globi* aufgestellt | Und zieht nun in die weite Welt.»: Der Leser dieser Zeilen wird Zeuge der Geburt eines Schweizer Nationalhelden: Globi. Es handelt sich dabei um einen Vogel, der mit seinem Namen für ein Schweizer Warenhaus wirbt. Das Maskottchen erscheint in dieser Szene 1932 zum ersten Mal vor Kinderaugen und treibt danach in unzähligen Comicbüchern seinen Schabernack. Globi ist frech, aber nicht zu frech, Globi ist erfinderisch, aber nicht umstürzlerisch, Globi ist fröhlich, aber nicht überschwänglich, Globi ist der geborene Eidgenosse, und seine Streiche werden in gebundener Rede erzählt.

«Eine eigene Erscheinung war es mir hier, dass bey Vidierung des Passes zwey Batzen bezahlt werden mussten. Ich möchte wohl wissen, wie man dieses mit liberaler Humanität oder nur mit Rechtlichkeit in Übereinstimmung bringen wollte.»: Zitat aus *Spaziergang nach Syrakus im Jahre 1802* von Johann Gottfried →**Seume**. Der Rückweg seiner Wanderung von Leipzig nach Syrakus führte Seume durch Zürich, wo er mit einem Empfehlungsschreiben aus Rom bei der Witwe des Dichters Salomon Gessner vorsprach. Abgesehen von der hier geäusserten Kritik am Geschäftssinn der Eidgenossen gefiel ihm der Park am Platzspitz als ‹heiliger Ort›, und er verstand nicht, wie die Österreicher eine so idyllische Stellung aufgeben konnten. Erschienen als Band 3 der Anderen Bibliothek, Greno Verlagsgesellschaft, Nördlingen 1985, s. 342.

«Eine kleine, kleine, kleine, kleine Blumenanlage. Im festen, entschlossenen, tüchtigen Frühlingsvormittagssonnenlicht.»: Paul →**Nizon**, der Lebensforscher, Glücksritter und Flaneur unter den Schweizer Schriftstellern, hat die Blumenanlage längst verlassen, zu klein ist sie für seine urbanen

Bedürfnisse. Nizon lebt heute in Paris, der Satz stammt aus einem Früh-
werk, dem Roman *Canto* (1963).

«Eine unbekannte Täterschaft hat beim Oberentfelder Kindergarten
Pappelweg Eier in die offenstehenden Oberlichtfenster geworfen und damit
erheblichen Schaden angerichtet. Spiele gingen kaputt, und der Kindergarten musste aufwendig gereinigt werden. Die Kantonspolizei Ober-
entfelden sucht Zeugen, die den Vorfall beobachtet haben.»: Das Zitat entstammt einer Ausgabe der *Aargauer Zeitung* aus dem Jahrgang 1997,
könnte aber wohl aus irgendeiner Schweizer Zeitung stammen, die unter
der Rubrik *Kurzmeldungen* pikante Geschichten aus dem Schweizer Alltag
auf kleinem Raum erzählt.

Einsatzplan: Bereits sechs Monate vor der Eröffnung hat die Betriebsleitung mittels Erfahrungswerten früherer ↳**Weltausstellungen** erste Arbeits-
pläne für die ↳**Mitarbeiter** des Bereiches ↳**Trinken und Essen** erstellt. In
einem Rotationssystem werden die Mitarbeiter in verschiedenen Bereichen
eingesetzt. So bedienen sie an einem Tag beispielsweise Gäste an der ↳**Bar,**
am darauffolgenden Tag bereiten sie das Essen zu und am dritten waschen
sie Gläser und Teller (↳**Abwaschen**). Die Einsatzpläne werden während
der Ausstellung von der Betriebsleitung laufend verfeinert und den wechselnden Bedingungen angepasst.

«Elle est retrouvée! Quoi? l'Eternité. | C'est la mer mêlée | Au soleil»:
«Sie ist wiedergefunden. | Wer? Die Ewigkeit. | Es ist das Meer verbunden |
Mit der Sonne.» (Übersetzung: Walther Küchler). Die poetische Gleichung,
die Arthur ↳**Rimbaud** an dieser Stelle von *Une saison en enfer, Délires II,*
aufstellt, arbeitet mit denkbar unschweizerischen Dimensionen. Auch bei
Schweizern stellt sich jedoch ab und zu das Bedürfnis ein, des Meers
hinter den ↳**Alpen** ansichtig zu werden: ↳**«Rasez les Alpes...»** und ↳**«Weg mit
den Alpen...».** Zitiert aus: Arthur Rimbaud, *Oeuvres Complètes,* hrsg. von
Antoine Adam, Bibliothèque de la Plejade, Paris 1972, s. 110.

Ellipse: Drei schwarze →**Versorgungseinheiten** stehen in den →**Flankenhöfen.** Ihr spiralförmiger Grundriss setzt sich zusammen aus je zwei verschiedenen Ellipsen, in ihren flachen Partien geschnitten und zusammengefügt. Der Übergang von der einen Ellipse zur anderen ist weder auf dem Plan noch real sichtbar. Dies dank Jürg →**Conzett,** dem Erfinder dieser geometrischen Manipulation. →**Spiralform,** →**Wie baut man eine neun Meter hohe Spirale aus Holz?** ☉ Grundrisse Wand- und Deckenelemente Versorgungseinheiten

Ellmann, Inez: *1978 in Poznan, Hackbrett. Nach der musikalischen Ausbildung in Polen studiert sie nun an der Hochschule für Musik in Freiburg i. Br. und komponiert nebenbei.

Emmentaler: Seine Laibe gelten als die grössten der Welt und wiegen bis zu 130 Kilo. Um solch einen Koloss herzustellen, braucht der Käser mehr als 1200 Liter Milch. Der Mischung aus Morgen- und Abendmilch vom Vorabend fügt der Käser noch Lab und Starterkultur bei. Darin enthalten sind Probionsäurebakterien, die für die Lochbildung verantwortlich sind. Dann presst er alles in einen Holzreif und legt den ganzen Laib für drei bis vier Tage in ein konzentriertes Salzbad. Während der langen Lagerung wird er ständig gewaschen und gebürstet. Der Emmentaler im →**Klangkörper** hat sogar mindestens ein Jahr →**Höhlenreifung** hinter sich. Erhältlich bei Emmi Käse AG, Luzern, Tel. +49 / 41 / 227 27 27.

«En Guete mitenand!»: Wer zwischen zehn Uhr morgens und ein Uhr mittags öffentlichen Raum betritt, kriegt diesen Satz oder die allgemeinere Form *En Guete!* wohl hundertmal zu hören. Man wünscht sich damit nicht nur *Guten Appetit,* zu dieser Tageszeit ersetzt *En Guete* eigentlich jede andere bekannte Höflichkeitsformel von *Guten Tag* bis *Schönes Wetter, heute,* aber auch *Nun lassen Sie mich doch vorbei* oder *Das war mein Parkplatz!*

«En quelque instants, le soleil baissant, fit passer l'eau par toutes les nuances et notre âme par toutes les voluptés. Tout à coup nous fîmes un mouvement, nous venions de voir un petit papillon rose, puis deux, puis

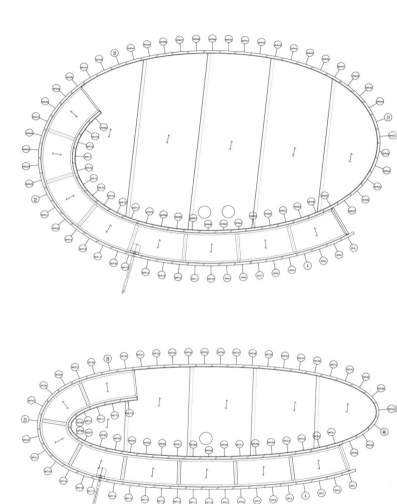

Grundrisse Wand- und Deckenelemente Versorgungseinheiten →,Ellipse

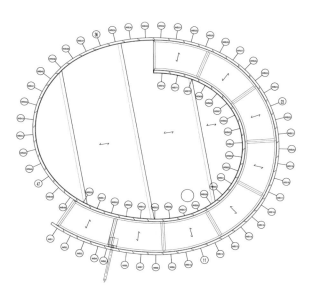

cinq, quitter les fleurs de notre rive et voltiger au-dessus du lac. Bientôt ils semblaient une impalpable poussière de rose emportée, puis ils abordaient aux fleurs de l'autre rive, revenaient et doucement recommençaient l'aventureuse traversée, s'arrêtant parfois comme tentés au-dessus de ce lac précieusement nuancé alors comme une grande fleur qui se fane. (C'en était trop et nos yeux s'emplissaient de larmes.) Ces petits papillons, en traversant le lac, passaient et repassaient sur notre âme – sur notre âme toute tendue d'émotion devant tant de beautés, prête à vibrer –, passaient et repassaient comme un archet volupteux. Le mouvement léger de leur vol n'effleurait pas les eaux, mais caressait nos yeux, nos coeurs, et à chaque coup de leurs petites ailes roses nous manquions de défaillir. Quand nous les aperçûmes qui revenaient de l'autre rive, décelant ainsi qu'ils jouaient et librement se promenaient sur les eaux, une harmonie délicieuse résonna pour nous; eux cependant revenaient doucement avec mille détours capricieux qui varièrent l'harmonie primitive et dessinaient une mélodie d'une fantaisie enchanteresse. Notre âme devenue sonore écoutait en leur vol silencieux une musique de charme et de liberté et toutes les douces harmonies intenses du lac, des bois, du ciel et de notre propre vie l'accompagnaient avec une douceur magique qui nous fit fondre en larmes.»: Zwei Liebende schwelgen in einem «verlorenen Örtchen des Engadins» mit «seltsam grünen Seen» zwischen Tannenwäldern, «Eisbergen und Spitzen, die den Horizont abschliessen»: «In den wenigen Augenblicken des Sonnenuntergangs durchlief das Wasser alle Farbtöne, unsere Seelen die ganze Stufenleiter der Wonne. Plötzlich wandten wir uns um, da sahen wir einen kleinen Schmetterling daherkommen, dann zwei, dann fünf, wie sie die Blumen an unserem Gestade verliessen, um über dem See sich zu wiegen. Bald schienen sie eine unfassbare Wolke fortgewehter Rosen, bald landeten sie an den Blumen am anderen Ufer, sie kamen zurück, um von neuem sanft ihre abenteuerliche Überfahrt zu wagen, und bisweilen zögerten sie, verlockt, über dem kostbar getönten See, der in seinen Farben einer grossen sterbenden Blüte glich. (Das war

zuviel, unsere Augen füllten sich mit Tränen.) Diese kleinen Schmetter-
linge, die über den See segelten, kamen und gingen über unsere Seelen –
über unsere Seele, die angespannt war von Erregung durch so viel
Schönes, bereit, zu vibrieren, zu erbeben –, sie gingen dahin und kamen
wie ein wollüstiger Geigenstrich. Die zarte Bewegung ihres Fluges streifte
das Wasser nie, aber unsere Augen liebkosten sie, unsere Herzen; jedes
Zittern ihrer rosenfarbigen Flügelchen brachte uns einer Ohnmacht nahe.
Als wir sie bei ihrer Rückkunft vom anderen Ufer wahrnahmen, als wir ihr
Spiel, ihr freies Wandeln über die Wasser entdeckten, da klang eine
zauberhafte Harmonie in uns wider. Indessen kamen sie zurück mit tausend Arabesken ihrer Laune, dadurch veränderten sie die einfache Harmonie und zeichneten eine Melodie von märchenhafter Phantasie. Unsere
Seele war klangreich geworden, sie lauschte jenem schweigenden Fluge,
sie hörte aus ihm eine wundervoll frei gezogene Musik heraus, in der
all die sanften, starken Harmonien des Sees sich durchdringend einten mit
denen der Wälder, des Himmels und mit unserer eigenen – und mit
magischer Süsse spielte unser Leben dazu die Begleitung und liess uns in
Tränen ausbrechen.». Aus: *Tage der Freuden, XIX. Wahre Gegenwart*,
übers. von Ernst Weiss, Suhrkamp 1965, Originalzitat in: Marcel→**Proust**,
Les plaisirs et les jours, XIX. Présence réelle, Editions Gallimard, Paris
1924, s. 213 f.

«En Suisse, on n'attrape jamais de maladie, seulement des médicaments.»:
«In der Schweiz», so der französische Satiriker→**Coluche**, «fängt man sich
nie Krankheiten ein, nur Medikamente.» Ganz ohne Nebenwirkungen kann
das nicht über die Bühne gehen.→**«consumed orally»**

Energie: Gemeint ist die physische→**Präsenz** der Aufführung als eine besondere Art der Speicherung und Entladung: Die ständig wirkende Kraft in
den Menschen und Dingen macht das Gesamtereignis aus. Der→**Klangkörper**
speichert Energie wörtlich und bildlich und gibt sie über die gesamte Dauer
der Ausstellung wieder ab. Diese bewusste Körperhaftigkeit steht im

Gegensatz zur an↳**Weltausstellungen** verbreiteten passiven Darbietung und Konsum von Bildern. ↳**Atmosphäre,** ↳**Gesamtkunstwerk,** ↳**Seine eigene Zeit...**

Engelhardt, Raimund: *1958, Hackbrett. Lebte 15 Jahre in Indien und studierte dort klassische indische Musik. Zurück in Europa bringt er als Musiker und Komponist westliche und östliche Stile und Rhythmen zusammen. Er beherrscht die klassische indische Handtrommel Tabla genauso wie das Appenzeller↳**Hackbrett.** Er hat an zahlreichen Festivals in Europa und Asien teilgenommen, wirkte als Studiomusiker und bei Rundfunksendungen mit. Er ist Dozent für Tabla und Perkussion in Köln. Einige seiner Kompositionen veröffentlichte er auf seiner Solo-CD *Rupak*.

Entwurfsidee: ↳Idee

«**Es war kein Schnee, doch Leuchten** | das hoch herab geschah, | es war kein Tod, doch deuchten | sich alle todesnah – | es war so weiss, kein Bitten | durchdrang mehr das Opal, | ein ungeheures: Gelitten | stand über diesem Tal.»: Mit *Sils-Maria* überschrieb Gottfried↳**Benn** dieses Gedicht von 1922. Bei Sils-Maria zweigt das stille Fextal vom Oberengadin ab. Dichter-kollege Kurt Tucholsky fand für diese bewegende Landschaft wesentlich lakonischere Worte: ‹Das Fextal soll eine sehr schöne Landschaftlichkeit besitzen›. Das Gedicht findet sich in: Gottfried Benn, *Gesammelte Werke,* Band 1, Wiesbaden 1960.

«**Es war nasskalt;** das Wasser rieselte die Felsen hinunter und sprang über den Weg. Die Äste der Tannen hingen schwer herab in die feuchte Luft. Am Himmel zogen graue Wolken, aber Alles so dicht, und dann dampfte der Nebel herauf und strich schwer und feucht durch das Gesträuch, so träg, so plump. Er ging gleichgültig weiter, es lag ihm nichts am Weg, bald auf- bald abwärts. Müdigkeit spürte er keine, nur war es ihm manchmal unangenehm, dass er nicht auf dem Kopf gehn konnte. Anfangs drängte es ihm in der Brust, wenn das Gestein so wegsprang, der graue Wald sich unter ihm schüttelte und der Nebel die Formen bald verschlang bald die gewaltigen Glieder halb enthüllte; es drängte in ihm, er suchte nach etwas, wie nach verlornen Träumen, aber er fand nichts. Es war ihm alles so klein, so nahe, so nass, er hätte die Erde hinter den Ofen setzen mögen. [...] Es wurde ihm entsetzlich einsam; er war allein, ganz allein, er wollte mit sich sprechen, aber er konnte nicht, er wagte kaum zu atmen, es fasste ihn eine namenlose Angst in diesem Nichts, er war im Leeren. [...] Es war finster geworden, Himmel und Erde verschmolzen in eins. Es war als ginge ihm was nach und als müsse ihn was Entsetzliches erreichen, etwas, das Menschen nicht ertragen können, als jage der Wahnsinn auf Rossen hinter ihm.»: Die Geschichte beginnt mit dem Satz «Den 20. Januar ging Lenz durch's Gebirg.» und stammt von Georg→**Büchner**. Sie handelt vom deutschen Schriftsteller Jakob Michael Reinhold Lenz (1751 – 1792), der auf der Flucht vor seiner eigenen geistigen Erkrankung 1778 den Pfarrer Johann Friedrich Oberlin besucht. Das vorliegende Zitat ist eine gekürzte Version des Anfangs, die Auslassungen sind hier im Gegensatz zur→**Lichtschrift** im→**Klangkörper** gekennzeichnet. Die Lektüre der ganzen Geschichte ist eines der beeindruckendsten Erlebnisse, das die deutsche Literatur bereiten kann. Georg Büchner, *Werke und Briefe,* Carl Hanser Verlag, München 1980, s. 69.

«Et in arcadia ego»: « – Ich sah hinunter, über Hügel-Wellen, gegen einen milchgrünen See hin, durch Tannen und altersernste Fichten hindurch: Felsbrocken aller Art um mich, der Boden bunt von Blumen und Gräsern. Eine Herde bewegte, streckte und dehnte sich vor mir; einzelne Kühe und Gruppen ferner, im schärfsten Abendlichte, neben dem Nadelgehölz, andere näher, dunkler; alles in Ruhe und Abendsättigung.»: Arkadien war für Vergil der Schauplatz idyllischen Lebens, für Goethe ein anderes Wort für das geliebte Italien; Friedrich→**Nietzsche** lässt dem Glücksseufzer «Auch ich war in Arkadien» die Beschreibung einer Aussicht auf den Silvaplana-See im Engadin folgen. Hier fand er zeitweise Ruhe von seiner fortschreitenden Nervenkrankheit. Aus: *Der Wanderer und sein Schatten*, NR. 295, *Menschliches, Allzumenschliches*; Zweiter Band.

«Et puis, leur manie de propreté! Une orgie, ça doit être sale!»: Völlig entnervt schreit Statthalter Feistus Raclettus in Geneva, Helvetien, seine Sklaven an. Während die Römer sich von Kopf bis Fuss in Käsefäden einwickeln, um auch fern von Rom orgienmässig auf ihre Kosten zu kommen, putzen ihnen die eifrigen Helvetier dauernd hinterher. «Und dann ihr Sauberkeitsfimmel! Eine Orgie hat schmutzig zu sein! Hört auf zu schrubben, beim Jupiter!». René⌐**Goscinny** und Albert Uderzo,⌐**Astérix chez les Helvètes**, Dargaud, Paris 1970, deutsch bei Delta, Stuttgart 1973.

«Et quand tu auras trois Bentley, comme ton père maintenant, nul, à part ton garagiste, ne devra être au courant de la chose: c'est pourquoi tu achèteras trois fois le même modèle.»: «Und wenn du drei Bentleys haben wirst, so wie dein Vater heute, darf niemand, ausgenommen dein Werkstattleiter, darüber im Bilde sein: Darum wirst du dreimal das gleiche Modell kaufen.» Schriftsteller Ivan⌐**Farron** trifft mit diesem kurzen Satz, den ein altersmüder Genfer Banquier seinem Neffen brieflich mitteilt, eine Schweizer Eigenart: Geld hat man, aber man zeigt es nicht. Multimillionäre sind im Schweizer Strassenbild selten von Kleinverdienern zu unterscheiden. Zitiert aus *Lettre au neveu*, publiziert nur auf deutsch: *An den Neffen*, in: *Die Schweiz erzählt*, hrsg. von Plinio⌐**Bachmann**, Fischer Taschenbuch Verlag, Frankfurt A/M 1998, s. 58.

«Euch noch mein Lob hier reinzuschreiben | Es nützt sich ab, ich lass es bleiben | Ein reines Glück gibt's nicht hienieden | Auf Wiedersehen. Ich war zufrieden.»: Am 16.3.1984 verabschiedete sich Friedrich⌐**Dürrenmatt** mit diesen Versen im Gästebuch vom Hotel Waldhaus in Sils-Maria im Engadin. Das Hotel gehört zu den grossen Alpenklassikern der Hotellerie der Jahrhundertwende und wurde wohl selten mit solch angemessenem Understatement bedacht. Nachzulesen ist das Gedicht auch in der Ausstellung des⌐**Nietzsche-Hauses** in Sils-Maria.

Eugène: *1969 in Bukarest, Schriftsteller. Kam 1975 in die⌐**Schweiz** und lebt in Lausanne. Hat bis 1994 französische Literatur, Philosophie und

Kunstgeschichte studiert. Schreibt Theaterstücke und Kurzge-
schichten, aufgeführt wurden bisher *Le Dé à une Face, Cent pas et
la passerelle* und *Portraits de Familles*. Seine erste Erzählsammlung
Quinze Mètres de Gloire erschien 1995, die zweite, *L'ouvre boîte,*
im Jahr darauf, 1998 die längere Erzählung *mon nom,* alle bei Editions
de l'Aire, Vevey, zuletzt *La mort à vivre,* Edition La Joie de Lire, 1999.
Im Auftrag des Kantons Waadt verfasste er *A l'Ouest des Légendes,*
ein Stück anlässlich der kantonalen 200-Jahr-Feier. Eugène recher-
chierte für die →**Lichtschriften** Zitate aus der frankophonen Literatur.
→**Recherche**

Expo 2000: Die erste →**Weltausstellung** in Deutschland findet während 153
Tagen vom 1. Juni bis zum 31. Oktober 2000 in Hannover statt. Unter dem
Leitthema *Mensch-Natur-Technik – eine Welt entsteht* präsentieren sich
über 190 Länder und Organisationen. Neben der *Weltreise in einem Tag*
bietet sie auch einen Themenpark. Elf Einzelausstellungen sind dort unter
dem Leitthema der *nachhaltigen Entwicklung* zusammengefasst. →**Nachhaltigkeit** heisst aber beispielsweise auch, dass erstmals in der Geschichte
der Weltausstellungen bestehende Messeflächen ins Gelände integriert
sind. Es wird also keine neue Expostadt aus dem Boden gestampft, sondern die bestehende ausgebaut. Zudem: Die Ausstellung findet nicht nur in
Hannover statt. Sie ist mit den *Weltweiten Projekten* überall, wo Menschen
Ideen für die Zukunft entwickeln und umsetzen. Zum Beispiel in Berlin,
wo eine ökologische LKW-Waschanlage als Projekt registriert ist, oder in
Israel, wo eine umweltverträgliche Technik für eine Kamelmilch-Molkerei
eingesetzt wird. Weitere Informationen unter: *www.expo2000.de*

Exportzeugnis: Um den →**Käse** aus der →**Schweiz** in den →**Klangkörper**
exportieren zu können, braucht jede Sorte ein Zeugnis. Dafür waren nötig:
Lieferantenangabe und EU Zulassungsnummer, genaue Artikelbezeichnung,
Produktebeschrieb (z.B. Fettanteil), Verpackungseinheit, Lieferfristen,
Mindestmengen und Auszeichnung mit EU-Mindesthaltbarkeits-Etikette.

Fachingenieure: Am →**Klangkörper** haben folgende Fachingenieure mitgearbeitet: →**Conzett, Bronzini, Gartmann,** Bauingenieure, Chur; Hans Hermann,

Chur, Sanitärplanung, Mitarbeit Hans Ryffel; IBG Chur, Elektroplanung, Christian Mittner, Bertrand Pernollet, Josef Wildhaber, Dumeng Tönett, Franco Thalmann. Die sichtbaren Leitungsführungen der elektrischen Installation im Pavillon wurden vom Architekturbüro Peter_,**Zumthor** koordiniert und geplant.

Famos, Luisa: *1930 in Ramosch (Unterengadin); †1974 in Ramosch, Dichterin. Luisa Famos war Lehrerin an Schulen im Unterengadin und Kanton Zürich. 1960 arbeitete sie nebenberuflich als Ansagerin der ersten Fernsehsendung in_,**Rätoromanisch**. 1964 heiratete sie den Tunnelbauingenieur Jürg Pünter, mit dem sie Jahre im Ausland, u.a. in Venezuela und Honduras lebte. Aus der Ehe gingen zwei Kinder hervor. Seit den 50er Jahren veröffentlichte Famos Gedichte, 1960 erschien ihr erster Lyrikband *Mumaints* (Momente). Von ihr stammen die Gedichte in den_,**Lichtschriften**:_,«**Trais randulinas...**» und_,«**Tuots sun passats**».

Farkas, Rósza: *1971 in Budapest, Hackbrett. Spielt seit ihrem zehnten Lebensjahr. Sie schloss ihre Studien an der Musik-Akademie *Liszt Ferenc* in Budapest ab. Sie interpretiert moderne Musik ungarischer Komponisten.

Farron, Ivan: *1971 in Basel, Schriftsteller. Besuchte als Kind von Eltern aus der Romandie eine französische Schule in Basel. Gymnasium in Lausanne, ab 1991 Studium französischer und deutscher Literatur sowie Philosophie in Lausanne und Tübingen. Arbeitet als Lehrer und als Assistent am romanischen Seminar der Universität Zürich. Sein Roman *Un après-midi avec Wackernagel* erschien 1995 bei Edition Zoë (Deutsch 1998 im Lenos-Verlag) und wurde 1996 mit dem Prix Michel Dentan ausgezeichnet. Von Farron stammt das Zitat_,«**Et quand tu auras trois Bentley...**». Farron unterstützte die Recherchen für die französischen Zitate._,**Recherche**

Federstahl: Besteht aus dem Werkstoff 60 SiCr 7, 1.7108, DIN 17221 für Warmverformung zur zylindrischen_,**Schraubenzugfeder**.

Fenjuk, Pawel: *1964, Akkordeon. Studierte in seiner Heimatstadt Kiew. Doziert dort am staatlichen Konservatorium und ist mehrfacher Preisträger internationaler Wettbewerbe.

Fenster:_,Bullaugen

Fingerfood: Am Rüsttisch jeder der drei →Bars und auch in der Klang-körper-Küche werden die Spezialitäten in mundgerechte Stücke geschnit-ten. Kleine Schnipsel Trockenfleisch, ein eingelegter Pilz und ein Stück Käse werden auf einem kleinen Teller an die Gäste verkauft. Die Besucher essen diese Produkte mit den Fingern oder mit Hölzchen.

Fischer, Erich: *1955, Hackbrett. Studierte klassisches Schlagzeug und Trompete in Zürich und hat sich in Boston auf dem Vibraphon weiter-gebildet. Heute ist *Joey Oz* als Musiker, Komponist und Arrangeur in ver-schiedenen Jazz-, Latin- und Rockbands aktiv.

Fischer, Simeon: *1982, Akkordeon. Studiert im zweiten Jahr am Kon-servatorium Basel.

Flankenhöfe: Bezeichnung für diejenigen Innenhöfe, in denen die spiral-förmigen →Versorgungseinheiten stehen. Die Flankenhöfe entstehen dort, wo jeweils vier Flanken eines →Stapels windradartig eine Hoflücke fassen. Im Gegensatz dazu liegt der →Kreuzhof dort, wo die Stirnseiten von vier Stapeln aufeinandertreffen. ⊙ Strukturskizze mit Kreuz- und Flankenhöfen

Fleece: Flauschgewebe. Die →Jacken der →Klangkörperkleidung sind aus *Husky Swisspile*, einem hochwertigen Faserfleece aus feinstem Polyester-Garn. Gute Wärmeisolation und optimale Atmungsaktivität sorgen bei cash-mereähnlichem Griff für ein körperfreundliches Mikroklima. Diese High-Tech-Entwicklung für den Spitzensport ist eine Exklusivität des Schweizer Textilunternehmens Eschler.

Fleisch: Alle an den →Bars erhältlichen Fleischprodukte sind getrocknet. Sie sind gesalzen, aber nicht geräuchert. Auch das ist eine Schweizerische Eigenart: Denn die Kamine in den hochgelegenen Tälern eigneten sich nicht zum Räuchern, doch die trockene Höhenluft, kombiniert mit einem nicht allzu heissen Sommer, garantierte bestes Reifen und Trocknen der Fleischwaren. Im →Klangkörper wird →Bündnerfleisch, →Hirschbinden, →Hirschsalsiz und →Tinezio verkauft.

75

Strukturskizze mit Kreuz- und Flankenhöfen ⌐ **Flankenhöfe**

Flükiger, Fredi: *1957, Hackbrett. Studierte an der Universität Zürich u.a. Ethno-Musikologie und an der Swiss Jazz School Bern Schlagzeug. Ist heimisch in vielen musikalischen Bereichen und am Austausch mit Musikern aus anderen Kulturen interessiert. War mehrfach auf Tournee im Ausland unterwegs, mit dem Zirkustheater *Federlos* auch längere Zeit in Afrika.

Föhre: Baumart, Pinus silvestris ‹*lat.*›. In der ⌐**Schweiz** gebräuchliche Bezeichnung für Waldkiefer. Alle Nord-Süd gerichteten ⌐**Stapel** im ⌐**Klangkörper** sind aber nicht aus der gemeinen Waldkiefer, sondern aus rund 1'310 Kubikmeter ⌐**Douglas-Föhren**-Balken gebaut. ⌐**Herkunft des Douglas-Föhren-Holzes**, ⌐**Holz**, ⌐**Lärche**

«Foeta armis regio foecundoque inclyta partu, | Et semper crescens populus patiensque laborum, | Formicae velut Aeginae, quas crescere in auras | Aeacus aspexit, relevamen plebis ademptae, | Myrmidonasque vovat nec nomina origine fraudat. | Gens nimium potum exhorrens, gens dedita sacris | Religione viret, tota est affabilis, alto | Amne sitim levat et victu contenta minuto est. | Fidum iter ostendit plebs officiosa, per Alpes | Tuta via est atque a laqueis defensa latronum: | Nullae hic insidiae raptorum, nulla tyrannos | Arx fovet, et nullam timet hic mercator eremum.»: «Reich ist an Waffen das Land und berühmt durch ergiebigen Nachwuchs, | Ständig vermehrt sich das Volk, und es ist in der Arbeit geduldig, | Gleich jenen Ameisenscharen Aeginas, die wachsen zu Menschen | Aeacus sah, als Ersatz des zu Tode getroffenen Volkes, | Und Myrmidonen benannte: der Name bezeichnet den Ursprung. | Trunksucht leidet es nicht, ist ein Volk, das, der Kirche ergeben, | Grünet im Glauben, durchaus gefällig und freundlich, am Bergbach | Löscht es den Durst, und es ist mit bescheidener Nahrung zufrieden. | Gern weist der einfache Mann dir den Pfad, durch die Alpen | Reiset man sicher, und frei ist die Strasse von lauernden Räubern: | Hier hat Gesindel kein Schlupfloch, es schützet den Ritter kein Burgstock, | Furchtlos im einsamen Land zieht hier der Kaufmann des Weges.» In Hexametern beschreibt so Henricus ⌐**Glareanus** (Heinrich der

Glarner) 1514 die →**Eidgenossenschaft**. Henricus Glareanus, *Helvetiae descriptio et in laudatissimum Helvetiorum foedus panegyricum (Beschreibung der Schweiz. Lob der dreizehn Orte)*, hrsg. und übersetzt von Werner Näf, Tschudy, Sankt Gallen 1948, v. 360 – 371.

Foscolo, Ugo: *1778 in Zante; †1827 in London, Schriftsteller. Niccolò, wie er in seiner Jugend hiess, bewegte sich im intellektuellen Umfeld von Venedig. Dort studierte er die griechischen und lateinischen Klassiker sowie die alten und modernen italienischen Dichter. Bald träumte er von einem unabhängigen Italien, von einer Umwandlung Italiens und Europas. Er schrieb 1797 *A Bonaparte liberatore*, wandte sich aber später wieder von Napoleon ab. Als Offizier der Armee lebte er auch in Milano und Bologna. 1815 flüchtete er von Milano nach Hottingen bei Zürich. Dort gab er das Werk *Ortis* heraus, eine Satire in Bibellatein gegen die italienischen Literaten. Zudem veröffentlichte er *Della servitù dell'Italia*. 1816 floh er weiter nach England. Foscolo wird als temperamentvoller Mensch beschrieben, und seine Lebenslaufbahn trägt romantisch-leidenschaftliche Züge. Er war eine widersprüchliche Persönlichkeit mit rebellischem Temperament. Von ihm stammen die Zitate →**«Gente, che non dirò mi serva...»** und →**«Le guerre imminenti...»**.

Französische Schweiz: →Landessprachen

Frauchiger, Roland: *1969, Mitarbeiter →**Trinken und Essen**. Der Student der →**Höheren Gastronomie- und Hotelfachschule Thun** war bereits an den Vorbereitungsarbeiten beteiligt. Der Schweizer präsentiert die →**Schweiz** mit Schweizer Spezialitäten in der Nicht-Schweiz.

«Freier atmet schon die Brust | Höher schlägt einsame Lust; | Friede ist es, was hier weht, | Sanft zu innerm Herzen geht, | Dass kein Schmerz da immer stürmt; | Wie sich Berg auf Berg antürmt, | Hohes Schweigen uns ergreift, | Wildes Streben nicht mehr schweift, | Hier auf stiller Alpenhöh, | Wo der fernen Gipfel Schnee, | So die Sonne golden malt, | Ernst zu uns herniederstrahlt.»: Die Fortsetzung des Gedichts lautet: «Selig, wer da Hütten baut, | Einsam der Natur vertraut, | Der Erinnerung nur lebt, | Ganz sich selbst in sie vergräbt, | Einzig auf das Lied nur denkt, | Das ihm Gott ins Herz gesenkt, | Der den Dichter auserkor, | Dass er bräch't' ans Licht hervor | Alten Heldengeistes Spur, | Stiller Schönheit Blumenflur, | Fern von jener wüsten Welt, | Die uns all in Fesseln hält. | Möcht' ich einst so glücklich sein, | Solchen Friedens mich zu freun, | Dieser schönen Berge Höhn, | Noch als Heimat wiedersehn!». Das Gedicht trägt den Titel *Eintritt in die deutsche Schweiz* und stammt von Friedrich→**Schlegel**.

«Freude herrscht!» Mit diesem launigen Gruss funkte Bundesrat Adolf→**Ogi** am 3. Dezember 1993 in den Orbit. Empfänger der frohen Botschaft von der Erde war der einzige Schweizerastronaut Claude Nicollier. Er nahm unter anderem an der Hubble-Mission der *Endeavour* teil.

Frisch, Max: *1911 in Zürich; †1991 in Zürich, Schriftsteller, Architekt. Studierte Germanistik an der Universität Zürich und Architektur an der ETH. 1941 richtete er ein Architekturbüro ein, welches er 1955 auflöste. Seither freier Schriftsteller. Er lebte in den sechziger Jahren in Rom, später in Berlin, New York und Berzona (Kanton Tessin). Krieg, Faschismus sowie 650 Tage Aktivdienst in der wohl schweizerischsten Institution, der Armee, konfrontierten Frisch unausweichlich mit bisher nicht wahrgenommenen politischen, gesellschaftlichen und das eigene Leben betreffenden Realitäten. Diese Erlebnisse politisierten ihn, und Zeit seines Lebens war er ein gleichermassen kritischer wie patriotischer Begleiter und Kommentator der Schweizer Gesellschaft.→**«Man hat Arbeitskräfte gerufen...»**

Froleyks, Stephan: *1962,→**Musikalischer Leiter**, Schlagzeug. Der Schlagzeuger, Tubist und Komponist leitet an der Musikhochschule Münster die Schlagzeugklasse und kann auf internationale Konzerttätigkeit, Radio- und CD-Produktionen, Hörstücke, Theatermusik und multimediale Arbeiten zurückblicken. Er konstruiert auch neuartige Instrumente wie Flötenmaschine, Saitenwanne und Stahlklinger.

Fuchs, Johannes: *1964 in Appenzell, Hackbrett. Der Möbelschreiner und Hackbrettbauer lernte bereits als Kind das Hackbrettspiel. Er tritt nicht nur solistisch in der→**Schweiz** auf – Konzerte haben ihn rund um die Welt geführt.

«Für uns hat das Wort Ausland immer noch den Klang von Elend.»: Etymologisch lupenrein, diese Analyse von Peter→**Bichsel**. Das althochdeutsche *elilenti* meint das Wohnen in der Fremde. Mittelhochdeutsch *daz ellende bûwen* heisst: *in fremdem Land wohnen.* Auf unser Dasein bezogen heisst das: wir sind die aus dem Paradies Vertriebenen, wohnen diesbezüglich hienieden in der Fremde, im *Elend.* Und beobachtet man, wie sich Schweizer jenseits ihrer Landesgrenzen verhalten oder wie sie über jene Gebiete ausserhalb der Landesgrenzen sprechen, bestätigt sich die Aktualität des Satzes. Peter Bichsel, *Des Schweizers Schweiz.* Aufsätze, Suhrkamp Verlag, Frankfurt A/M 1989, S. 9.

Gabriel, Rita: *1979, Akkordeon. Die Innerschweizerin ist in Ausbildung zur Akkordeonlehrerin.

Gadzina, Krzysztof: *1973 in Polen, Akkordeon. Schon der Grossvater, Vater und der ältere Bruder spielten Akkordeon. Er selbst begann im Alter von fünf Jahren zu spielen. Studierte in Warschau und schloss das Aufbaustudium bei Elsbeth ↪**Moser** an der Hochschule für Musik und Theater in Hannover ab. Er war Preisträger des Deutschen Musikpreises in Baden-Baden.

Gang: ↪Labyrinth

Gantert, Christoph: *1963, Trompete. Absolvierte am Konservatorium Zürich das Lehrdiplom für Trompete. Er bildete sich autodidaktisch auf den Instrumenten Posaune, Tuba, Hörner, Schlagzeug und Klavier weiter. Er unterrichtet, tritt in diversen Bands und Orchestern auf und engagiert sich musikalisch in den Bereichen Theater, Tanz, Zirkus sowie Film.

Gartmann, Patrick: *1968, aus Tenna, projektleitender Bauingenieur. Lernte Tiefbauzeichner und studierte dann Bauingenieurwesen und Architektur an der Fachhochschule Chur. Diplomierte bei Jürg ↪**Conzett** und Valerio Olgiati. Seit 1997 Partner von Conzett und Gianfranco Bronzini. Hat einen Hang zum unermüdlichen Arbeiten. Erstellte die 350 Seiten starken handschriftlichen statischen Berechnungen für den ↪**Prüfstatiker.** Organisierte die Kontrollmessungen und Ausschwingversuche am ↪**Musterstapel.** Er war verantwortlich für die Bauingenieurpläne und führte die periodischen Baukontrollen während der Montage in Hannover durch.

Gastgeber: ↪Gastlichkeit, ↪Schweiz

Gastlichkeit: Gastgeber sein und Besuch empfangen waren wichtige Stich-
wörter bei der Entwicklung der →Idee. Für die Besucher der →Expo 2000
sollte ein sinnliches und unvermitteltes Angebot bereitstehen. Es sollte zur
Erholung und Entspannung, vielleicht auch zur Anregung dienen: →Musik,
→Trinken und Essen, spielerisch gesetzte →Lichtschriften, duftende Räume
(→Duft) und eine Architektur, die Klänge moduliert und verführt. Im →Klang-
körper gibt es keine medial vermittelten Botschaften und keine Werbung.
→Gesamtkunstwerk, →Präsenz, →Wie im Wald

Generalkommissärin: Ruth →Grossenbacher-Schmid ist die Vertreterin des
→Bundesrates an der →Expo 2000 und ist verantwortlich für die Führung des
→Klangkörpers. Sie empfängt Gäste aus der →Schweiz und der ganzen Welt,
schafft Kontakte zu Vertretern anderer Länder und nimmt an den Reprä-
sentationsanlässen teil. Werner →Sutter und Heinrich Schneider sind ihre
Stellvertreter.

«Gente, che, non dirò mi serva, ma che neppur mi soccorra, non ne trovo
qui, e non ne troverei quand'anche abitassi un secolo tra gli Svizzeri,
ed avessi le virtù tutte di Socrate: e le sono anime fredde.»: «Menschen, die
mir, ich sage nicht dienen, aber wenigstens helfen würden, finde ich hier
nicht, und ich fände sie selbst dann nicht, wenn ich ein Jahrhundert lang
unter den Schweizern lebte und sämtliche Tugenden des Sokrates besässe:
Denn sie sind kalte Seelen.» (Übersetzung: Evelyne und Samuel Vitali).
Der grosse italienische Klassiker Ugo →Foscolo weiss, wovon er spricht; hat
er doch selber einige Zeit in der →Schweiz gelebt. Aus einem Brief an
Mocenni Magiotti vom 31. Mai 1816.

Gerber, Christian: *1976, Akkordeon. Studiert an der Hochschule für
Musik *Hanns Eisler* in Berlin.

Gerüst: Während des Aufrichtens sicherten Stahlrohrgerüste mit dem
Raster 1.50 x 1.50 Meter die Holzstapel vor dem Umkippen. Speziell ange-
fertigte, wiederverwendbare Schablonen sorgten für die präzise Lage der

→Stapelhölzer und das Lot der →Stapelwände.

Gesamtkonzept: →Gastlichkeit, →Gesamtkunstwerk, →Idee, →Inszenierung, →Präsenz, →Regie

Gesamtkunstwerk: Verbindung von Kunst und (Messe)-Alltag, von Entspannung und Anregung, in einer vom ersten bis zum letzten Tag der Ausstellung in →Spannung gehaltenen Aufführung. Der →Klangkörper orientiert sich an der Idee des kultivierten Gastgebers (→Gastlichkeit), der sich aus dem Nationenmarketing ausklinkt und mit dem Pavillon einen besonderen Rastort bietet. Künstlerisch eigenständige Autorenarbeiten in den Bereichen Architektur, →Musik, →Lichtschriften, →Trinken und Essen und →Klangkörperkleidung werden in einer besonderen →Inszenierung zu einem Gesamtereignis, zu einer Art installativen Performance zusammengeführt. Der Versuch der Vereinigung von Dichtung, Musik, Tanz und bildender Kunst in einem einheitlichen Kunstwerk hat in Deutschland Tradition (Beispiele: Bauhaus, Ivan Goll, Erwin Piscator, Max Reinhard oder Richard Wagner).
→Seine eigene Zeit..., →Regie

Geschirr: Bei der Auswahl waren massgebend: die Schlichtheit, weil sie die Schönheit der Produkte auf dem Teller unterstreicht, die mittlere Grösse, weil sie dafür sorgt, dass die Speisen auf der grossen Porzellanfläche nicht verloren wirken. Die →Gläser, das →Besteck und das Geschirr werden nach der →Expo 2000 der Firma Banholzer zurückgegeben. Banholzer, Derendingen, Tel +41 / 32 / 681 33 60, *www.bahnholzer.ch*. →Klang der Gastronomie, →Nachhaltigkeit

Gide, André: *1869 in Paris; †1951 in Paris, Schriftsteller. Als einziges Kind von Paul Gide, Rechtsprofessor, und Juliette Rondeaux entstammte er einer reichen bürgerlichen Familie. War sehr temperamentvoll und wurde wegen schlechten Betragens zeitweilig von der Schule ausgeschlossen. 1880 starb sein Vater. Die Liebe zu seiner Cousine Madeleine führte 1895 zur Heirat. 1894 schrieb er in La Brévine *Paludes*. Das Schweizer Dörfchen La Brévine, ein schweizerisches Sibirien im Juragebirge, tauchte in der *Symphonie pastorale* (1919) wieder auf. Das Werk erschien in der von Gide

mitgetragenen *Nouvelle Revue française* und brachte Gide einen über-
wältigenden Erfolg ein: das Werk verkaufte sich bis zu seinem Tod bereits
mehr als eine Million Mal und ist in mehr als 50 Sprachen übersetzt
worden. 1916 begann Gide seine Liebesbeziehung zu Marc Allégret, die
über mehrere Jahrzehnte anhielt. Gide war fasziniert vom Sozialismus,
trat 1934 ins *Comité de vigilance des écrivains antifascistes* ein und
besuchte 1936 die Sowjetunion. Allerdings war er vom Sozialismus, wie er
dort umgesetzt wurde, schwer enttäuscht und kehrte nach Frankreich
zurück. Nach Ferien in Ascona und Ponte Stresa (Tessin) wurde Gide 1947
zum Ehrendoktor der Universität Oxford ernannt. Er erhielt im selben Jahr
den Literaturnobelpreis. Als vielgereister, vielbeachteter und berühmter
Schriftsteller starb er 1951 in Paris. Seine Diagnose:_,«**Chaque Suisse a
un glacier dans son coeur.**».

Ginzburg, Natalia: *1916 in Palermo, italienische Schriftstellerin. 1938
heiratete sie Leone Ginzburg, Professor für russische Literatur und Leiter
einer geheimen antifaschistischen Verschwörung. 1943 starb Leone
Ginzburg an den Folgen der Folter. Natalia Ginzburg zog nach Rom, dann
nach Turin, wo sie Gabriele Baldini heiratete. Heute lebt sie in Rom. Mit
Ti ho sposato per allegria wurde sie berühmt, ihr Werk gehört heute schon
zu den italienischen Klassikern. Von ihr stammt der Satz:_,«**Ora Mario
era in Svizzera...**».

Girenbaderli: Bezeichnung für einen kleinen Weissschimmelkäse aus dem
Zürcher Oberland. Der Schimmelmantel schützt sein rahmiges Inneres
und prägt seinen Geschmack. Erhältlich bei Natürli, Bichwil, Tel. +41 / 71 /
950 07 50.

Glareanus, Henricus: *1488 in Mollis; †1563 in Freiburg i. Br., Humanist
und Musiktheoretiker. Glarean (Glareanus), eigentlich Heinrich Loriti,
stammte aus einer angesehenen Glarner Bauernfamilie. Seine Ausbildung
genoss Heinrich in Rottweil am Neckar und an der Universität Köln, wo
er Philosophie, Theologie, Mathematik und Musik studierte. Ab 1510 lehrte
er dort als Magister der freien Künste, und 1512 wurde er von Kaiser
Maximilian zum Dichter gekrönt. 1514 liess sich Glarean in Basel nieder,
freundete sich mit Erasmus von Rotterdam an und leitete ein Studenten-
heim. In seinem 1514 erschienenen Werk *Helvetiae descriptio et in
laudatissimum Helvetiorum foedus panegyricum* wollte Glarean zeigen,
dass sein Vaterland nicht nur auf der Höhe des Waffenruhms stand,
sondern auch den Musen diente. Nach Aufenthalten in Pavia, Mailand und

Paris kehrte Glarean 1522 nach Basel zurück. Als Reformationsgegner zog Glarean 1529 nach Freiburg im Breisgau, wo er bis zu seinem Tod als Professor für Poetik und Theologie wirkte. Einer seiner bekanntesten Schüler war der Schweizer Chronist Aegidius Tschudi. Von Glareanus findet sich in den →Lichtschriften ein Ausschnitt aus der *Descriptio*: →«Foeta armis regio foecundoque inclyta partu...».

Glarner, Alexander: *1978, Mitarbeiter →Trinken und Essen. In einem Hotel aufgewachsen, hat er sich schon früh mit der Gastronomie befasst. Um deren Feinheiten zu erlernen und zu vertiefen, besucht er nun die →Höhere Gastronomie- und Hotelfachschule Thun; er und war bereits an den Vorbereitungen beteiligt.

Gobo: Bedampfte Glasschablone, durch die das gebündelte Licht der →Projektoren im →Klangkörper fällt. Diese so genannten Konturenstrahler arbeiten mit einem speziellen Linsensystem. So können die Zitate ohne Verzerrung an die →Stapelwände des →Klangkörpers projiziert werden. →Beleuchtung, →Licht, →Lichtschriften, →Wo Licht ist..., →Zumtobel Staff

Goethe, Johann Wolfgang von: *1749 in Frankfurt am Main; †1832 in Weimar, Dichterfürst. Reiste dreimal in die →Schweiz: 1775, 1779 und 1797. Jedesmal besuchte Goethe den Rheinfall und bestieg den Gotthard, was ihm in starker Erinnerung blieb. Bei den ersten beiden Besuchen ging es Goethe hauptsächlich um ein Zusammentreffen mit Johann Kaspar Lavater in Zürich und Stäfa. Lavater war es auch, der die Lustpartie am Zürichsee veranstaltete, wo das Gedicht *Auf dem See* (1779) entstand (→«Und frische Nahrung, neues Blut...»). Goethe äusserte sich meist positiv zur Schweiz, auch wenn er einen «stieren Blick der Schweizer, besonders der Zürcher» in seinem Tagebuch vermerkte. Er staunte über Ordnung und Sauberkeit und das hohe kulturelle Niveau in Zürich, trotz des Fehlens von Hof und Adel: «Die Cultur ist um den Züricher See wirklich auf dem höchsten Punct». Auch war Goethe fasziniert vom Freiheits- und Gründungsmythos der Schweiz. Den Gotthard begriff er als symbolischen Höhe- und Wendepunkt, auf dem er 1797 eine geplante Italienreise abbrechen musste. Auf seiner dritten Reise sammelte Goethe eifrig Gesteinsproben in den →Alpen.

Gomringer, Eugen: *1925 in Cachuela Esperanza, Bolivien, Lyriker, Essayist. Lebt in Wurlitz. Ist bekannt als Vertreter der Konkreten Poesie.

Von ihm in den →**Lichtschriften** das Gedicht *schwiizer* aus *worte sind schatten – die konstellationen 1951–1968*, erstmals erschienen 1969. Das Gedicht beginnt mit den Versen →**«luege | aaluege | zueluege…»**.

Gordon-Lennox, Ian: *1958 in Ottawa, Trompete, Tuba, Alphorn. Spielt Trompete, Euphonium, Tuba und Alphorn. Er studierte klassische Musik und Jazz in Genf und doziert am Konservatorium für Jazz in Montreux. Er konzertierte in verschiedensten Formationen in ganz Europa, Russland, Westafrika, Madagaskar und den USA und nahm an den renommiertesten internationalen Jazzfestivals teil. Er komponiert für mehrere Bands und schreibt auch Theater- und Filmmusik.

Goscinny, René: *1926 in Paris; †1977 in Paris, Zeichner und Texter. Goscinny war Mitbegründer und Chefredaktor des Jugendmagazins *Pilote* und Förderer des französischen Comic. Ab 1951 arbeitete er nur noch als Texter. Sempé illustrierte sein Kinderbuch *Le petit Nicolas*. Sein grösster Erfolg als Texter war die Comicserie *Asterix* mit Albert Uderzo. →**Astérix chez les Helvètes**. Daraus in den →**Lichtschriften**, →**«C'est quoi une fondue…»**, →**«Et puis, leur manie de propreté!…»** und →**«Orgie locale»**.

Gotthelf, Jeremias: *1797 in Murten; †1854 in Lützelflüh, Pfarrer, Schriftsteller. Der Pfarrerssohn wuchs unter dem bürgerlichen Namen Albert Bitzius im Emmental auf und studierte in Bern Theologie. Der ‹vortreffliche Maler des Volkslebens, der Bauerndiplomatik, der Dorfintrigen, des Familienglücks und Familienleids›, so Gottfried Keller 1849, stellte in aufklärerischem Realismus die bäuerliche Welt des Berner Landes dar. Seine monumentalen Romane lesen sich wie homerische Epen und sind durch den bilderreich eifernden Tonfall des Predigers geprägt. Zu seinen berühmtesten Werken gehören *Der Bauernspiegel*, *Geld und Geist, Uli der Pächter* und die Erzählung *Die Schwarze Spinne*, aus der das Zitat →**«Allemal, wenn ich dieses Holz…»** stammt.

Graf, Albert: *1966, Hackbrett. Lehre als Möbelschreiner in Appenzell. Ist Gründer von und Mitspieler in verschiedenen Volksmusikensembles und mittlerweile hauptberuflich als Hackbrettlehrer tätig.

Graf-Bezzola, Cilgia: *1960, Beraterin →**Trinken und Essen** Sie hat eine reichhaltige Erfahrung in der Selektion und Schulung von Mitarbeitern aus dem Gastgewerbe. Für das Team von Trinken und Essen moderierte sie mehrere →**Assessments**. Darin wurden die Teamfähigkeit und andere wichtige Fähigkeiten für die Mitarbeit am →**Klangkörper** abgeklärt. Auch

für die Planung und Durchführung der→**Schulung** lieferte sie wichtige
Impulse.

Graff, Uta J.: *1970 in Kiel, projektleitende Architektin. Studium
an der TU Braunschweig und ETH Zürich. Hat an der Entwicklung der
→**Struktur** des→**Klangkörpers** mitgearbeitet und war für die
Planungsfreigaben, den Grundbau, die→**Stapelwände**, die→**Spannstellen** und die Einrichtung der→**Versorgungseinheiten** zuständig.
Während der→**Expo 2000** ist sie im Klangkörper als Gastgeberin
an einer der drei→**Bars** anzutreffen.

Grafik: Für die Konzeption des grafischen Erscheinungsbildes des→**Klang-
körpers** hat die→**Eidgenossenschaft** 1999 mehrere Designagenturen zum
Gestaltungswettbewerb eingeladen. Das Büro→**Set** war Gewinner der
Ausschreibung und ist seither für die visuelle Gestaltung der Drucksachen,
des→**Klangkörperbuches** und der Website→**www.expo2000.ch** zuständig.
Der grafische Auftritt imitiert die→**Grundstruktur** des Klangkörpers nicht.
Set hat ein eigenständiges, offenes, allseitig kompatibles und variables
Gestaltungsrepertoire entworfen. Formal-ästhetisch basiert es auf den
Themen Orthogonalität, Bewegung und Transparenz: Orthogonalität, weil
die Gestaltung auf einem rechtwinkligen Raster basiert. Bewegung, weil
sie durch den Raster möglich wird. Sie verbindet die horizontale mit
der vertikalen Ordnung. Am besten ist der Bewegungsaspekt auf der Website erkenntlich: Die Navigationselemente machen dort die horizontale
und vertikale Bewegung direkt sichtbar. Damit entsteht im Rahmen der
typografischen Lösung die erwünschte Dynamik. Und zuletzt Transparenz,
weil der Raster durch gezielte Öffnung zugänglich und dynamisch wird.
Diese Beziehungen wirken überall im Hintergrund, ohne dass sich beispielsweise der orthogonale Raster aufdrängt.→**Schrifttyp**

Grant, Paul: *1951, Santur (→**Hackbrett**). Ist Interpret und Lehrer
traditioneller indischer und iranischer Musik. Ursprünglich Perkussionist,
tritt er heute hauptsächlich mit Hackbrett, Santur, Sitar und Tabla auf.
Unterrichtet in Genf im Rahmen des Weltmusikprogramms am ethno-
musikologischen Institut.

gratis: Hin und wieder bahnt sich ein →**Mitarbeiter** der →**Bar** seinen Weg durch die Menge. In den Händen hält er einen Korb mit frischen Äpfeln oder mit schweizerischen Bonbons gefüllt. An anderen Tagen reicht er ein Brett mit Wurstaufschnitt herum. Gute Gastgeber verteilen solche *Probiererli* gratis.

Grauert, Susann: *1976 in Wippra, Akkordeon. Studiert an der Hochschule für Musik *Hanns Eisler* in Berlin.

Grenz, Daniela: *1968, Akkordeon. Schloss mit der künstlerischen Reifeprüfung bei Elsbeth →**Moser** an der Hochschule für Musik und Theater Hannover ab. Konzertiert als Solistin und Kammermusikerin und war mehrfach auch an Uraufführungen beteiligt.

Gretler, Lisa: *1967, Hackbrett. Die diplomierte Pianistin hat sich auch in Rhythmik, Modern Dance und Akrobatik ausgebildet. Sie arbeitet mit diversen Theatergruppen und macht bei Musik- und Tanztheaterprojekten für Kinder und Jugendliche mit.

Greyerzer: Deutsche Bezeichnung für Gruyère. Früher nannte man alle runden Hart- oder Schnittkäse aus den →**Alpen** so. Heute darf man nur den Käse aus dem Städtchen Gruyère so bezeichnen. Der Gruyère oder Greyerzer im →**Klangkörper** wurde ein Jahr lang höhlengereift, →**Höhlenreifung.** Erhältlich bei Emmi Schweiz AG, Luzern, Tel. +41 / 41 / 227 27 27.

Grossenbacher-Schmid, Ruth: *1936, →**Generalkommissärin.** War von 1991 bis 1999 Nationalrätin. Sie präsidierte von 1996 bis 1997 die Kommission Wissenschaft, Bildung, Kultur (→**WBK**). Anlässlich der →**Abstimmungen** 1998 empfahl die WBK im →**Nationalrat** und →**Ständerat** die Botschaft des →**Bundesrats** für einen Bundesbeschluss über die Teilnahme der →**Schweiz** an der →**Expo 2000** zur Annahme. Ruth Grossenbacher-Schmid wurde 1999 vom Bundesrat zur Generalkommissärin ernannt. In dieser Funktion stellt sie →**Le Club** als Treffpunkt und Dienstleistungsort für Institutionen, Gruppen, Firmen und Verbände aus der Schweiz zur Verfügung. Die engagierte Gastgeberin möchte hier aber auch Begegnungen mit Gesprächspartnern aus anderen Ländern ermöglichen. Mit der sorgfältigen und kreativen Gästebetreuung im und ausserhalb des →**Klangkörper Schweiz** sollen gute innen- und aussenpolitische Signale gesetzt und wichtige Kernbotschaften über die Schweiz vermittelt werden.

Gruber, Karoline: *1965, Regisseurin. Die Österreicherin ist schweizer-probt durch jahrelanges Engagement am Theater Basel. Sie war tätig an vielen Opernhäusern in Europa und immer wieder auf der Suche nach neuen Herausforderungen und unkonventionellen Musiktheater-Projekten. Sie studierte Theater- und Musikwissenschaft, Kunstgeschichte und Philosophie an der Universität Wien. Lehrzeit als Regieassistentin an der Wiener Staatsoper, der Bayerischen Staatsoper München und an der Deutschen Oper Berlin. Anschliessend freie Assistentin und Spielleiterin bei den Regisseuren Achim Freyer, Harry Kupfer und Peter Zadek. Mit 23 Jahren Debut als Regisseurin mit einer Inszenierung von Bibalos *Frl. Julie* in Bregenz. Nach einer erfolgreichen Inszenierung von Massenets *Werther* am Linzer Landestheater (1994) wurde sie dort Oberspielleiterin und brachte von 1994–1996 Puccinis *Il Trittico*, Verdis *La Traviata* und *Die Weise von Liebe und Tod des Cornet Christoph von Rilke* von S. Matthus heraus. Nach ihrer auch international viel beachteten *Lohengrin*-Inszenierung von 1997 an den Städtischen Bühnen Augsburg wurde sie als Chefregisseurin an das Staatstheater Kassel engagiert. Seit September 1999 arbeitet Karoline Gruber wieder als freie Regisseurin mit Wohnsitz Berlin. Mit Beginn des Sommersemesters 2000 übernimmt sie einen Lehrauftrag an der Hochschule für Musik Würzburg.→**Drei-mal-drei-Punkte-katalog**,→**Regie**,→**Inszenierung**

Grundklang: Setzt sich aus 153 Klängen und 23 Ausbrüchen zusammen (→**Zahlen in der Musik**). Die Klänge sind eher flächig, weit – durch den Raum wandernde Klangfarben. Die Ausbrüche sind laut, grell, rhythmisch, ungerade, aperiodisch – überraschend also. Grundklang und Ausbrüche wechseln sich immer anders ab. Grundlage ist ein täglich neuer Plan. Die bestehenden oder vorkomponierten Klänge wurden während Klangproben im Frühjahr 2000, an denen fast alle Musiker teilnahmen, auf den→**Klangkörper** massgeschneidert. An den Proben reagierten die Musiker auf den Grundklang mit eigenen szenischen Ideen und Klangimprovisationen. Die Musiker sind also in gewisser Weise Mitkomponisten.→**Musik**,→**Musiker als Mitkomponisten**

Grundriss:→**Grundstruktur**

Grundstruktur: Gebildet aus vier→**Stapeln**, aus parallelen→**Stapelwänden**

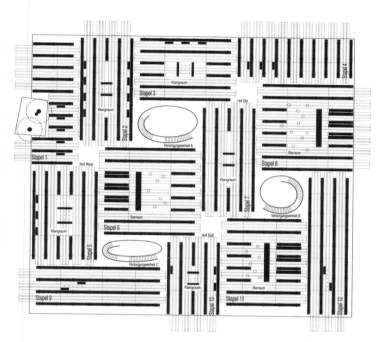

Grundriss Klangkörper→Grundstruktur

bestehend, die windradartig um einen offenen quadratischen Kern gruppiert sind. Diese Grundfigur zu einem regelmässigen Gewebe erweitert, ergibt das Regelprinzip und generiert den Grundriss des →**Klangkörpers**. Der Besucher erlebt ihn räumlich als →**Labyrinth**, als Folge von längs- und quergestellten Wandreihen und freibleibenden kleinen Innenhöfen (→**Kreuzhöfe** und →**Flankenhöfe**). Das Gewebe aus Stapelwänden erinnert an Schuss und Zettel eines textilen Gewebes: Alle Stapelwände in Ost-West-Richtung sind aus →**Lärche**, alle in Nord-Süd-Richtung aus →**Douglas-Föhre** gebaut. ⊙ Grundriss Klangkörper ⊙ Skizze Grundstruktur

Gschwind, Anita: *1969, Mitarbeiterin →**Trinken und Essen**. Nach einer Lehre im Gastgewerbe studiert sie nun an der →**Höheren Gastronomie- und Hotelfachschule Thun**. Sie war bereits an den Vorbereitungsarbeiten beteiligt. Der →**Klangkörper** ist für sie ein ausserordentliches Projekt in einer aussergewöhnlichen Umgebung.

Gubler, Rico: *1972, Saxophon. Der Saxophonist aus Zürich hat sich auf zeitgenössische Musik, freie Improvisation und live-elektronische Aufführungen spezialisiert. Nach Kompositionsstudien bei Balz Trümpy und Salvatore Sciarrino arbeitete er in den elektronischen Studios der Musik-Akademie Basel und des Schweizerischen Zentrums für Computermusik. Er wurde u.a. mit einem Preis des Kompositionswettbewerbs des Kammersprechchores Zürich ausgezeichnet.

Gut, Ida: *1964, →**Kuratorin** →**Klangkörperkleidung**, Modeentwerferin. Zu ihrem Leben und Label gehört der eigene Laden in Zürich. Ihre Stoffe wählt die Gewinnerin aller wichtigen Schweizer Designpreise wie erlesene Zutaten aus: von langstapliger ägyptischer Baumwolle bis zu neustem High-Tech-Gewebe. Alle Textilien werden so sorgfältig verarbeitet, dass die Eigenart der Materialien erhalten bleibt. Wäre Ida Gut nicht Designerin geworden, dann wohl Naturforscherin in der Arktis. Ihre Handschrift ist dem Schnitt verschrieben, der Linienführung eines Ärmels, dem Fall eines Saumes, der Art und Weise, wie ein Kleid um den Körper fliessen soll. Die Anatomie ist das Koordinatensystem von Ida Guts Mode, die →**Zeitflüssigkeit** ihr Ziel.

Hackbrett: Mehrsaitige griffbrettlose Kastenzither, die mit Schlegeln (Hämmern, Klöppeln, Löffeln usw.) gespielt wird. Meist ist das Instrument

Regel muster = Hartenhof / kverhof

Skizze → Grundstruktur

flach und trapezförmig, sein Kasten dient als Resonanzkörper. An der linken und rechten Seite sind die vertikalen Stimmwirbel befestigt. Die Seitenwände stehen zur Vorderwand in einem Winkel von etwa 60 Grad. Die zahlreichen Hackbrettarten weisen im Schnitt etwa 25 Saitenchöre auf, mit durchschnittlich je vier Metallsaiten. In der Regel werden die Saiten durch zwei lange Stege (Diskant- und Bassteg) unterteilt, die jeweils die Hälfte der Saiten abwechselnd über die eine Brücke und durch Löcher in der anderen führen. Dadurch ergeben sich mehrere Spielebenen. Das Verhältnis der Saitenunterteilung durch den Diskantsteg beträgt 2 : 3, somit liegt der kürzere Saitenteil eine Quinte höher als der längere. Die älteste bekannte Darstellung eines Hackbretts befindet sich auf einem aus Elfenbein geschnitzten Bucheinband, der im 12. Jahrhundert in Byzanz hergestellt wurde. Als mögliche Herkunftsregion der Kastenzither kommt Westasien in Frage, von wo aus sich das Instrument nach Süd- und Südostasien sowie nach Südosteuropa verbreitete. Heute gibt es im asiatischen Raum zahlreiche Hackbrettarten. Der aus dem Sanskrit stammende Begriff yangqin für das chinesische Hackbrett ist für das Instrument in ähnlich klingenden Wörtern auch in der Mongolei, in Japan, Korea und Thailand zu finden. In persischer Sprache wird das Hackbrett santur genannt. In der ⌐, **Schweiz** resp. im Appenzellerland ist der Gebrauch des Hackbretts als Tanzmusikinstrument in Verbindung mit Fidel und Schalmei seit dem 16. Jahrhundert belegt. Später breitete es sich auch im weiteren germanischen Sprachraum aus. In der Schweizer Volksmusik gibt es heute zwei unterschiedliche Stilrichtungen: eine eher schlichte im Wallis und eine kunstvollere im Appenzell und Toggenburg. Im 18. Jahrhundert wurden in Europa komplexe und prachtvolle Hackbretter gebaut, teilweise mit bis zu fünf Stegen und sieben- bis achtsaitigen Chören. Sie erfreuten sich in der höfischen Gesellschaft grosser Beliebtheit. Ausserdem wurden kleine metallene Hebel zwischen Resonanzboden und Chor geschoben, um die Saiten um einen Halbton zu erhöhen. Wahrscheinlich wurde dieses Hilfsmittel, das heute u.a. noch im Wallis gebräuchlich ist, um 1750 von einem florentinischen Abt

Grundklang-Spieler → Hackbrett

erfunden. Im 19. und frühen 20. Jahrhundert war das Instrument vor allem auf dem Land und in der städtischen Arbeiterschicht beliebt. Die aufkommende Industrialisierung ermöglichte die Produktion neuer Modelle in sehr hohen Stückzahlen. Das Hackbrett verbreitete sich damit vor allem in England und in den USA rasant: Dulcimer-Schulen (engl. für Hackbrett) und -Bauanleitungen wurden veröffentlicht, und in der Zeit zwischen den beiden Weltkriegen überschwemmten dort Grammophonaufnahmen den Markt. In den 1870er Jahren entwickelte ein gewisser Schunda in Budapest das Cimbalom (ungar. für Hackbrett), ein Konzert-Hackbrett auf Standbeinen mit Dämpfungspedalen, Chromatik und vier zusätzlichen Oktaven Umfang. In Ungarn und Westrumänien (teilweise auch in Russland, Polen, der ehemaligen Tschechoslowakei und Jugoslawien) sind diese Instrumente, neben den tragbaren älteren Hackbrettern, heute überall gebräuchlich. Ungarische Komponisten wie Zoltan Kodály oder Béla Bartók, aber auch Igor Strawinsky schrieben Werke für Cimbalom. In den 60er Jahren unseres Jahrhunderts setzten renommierte Komponisten wie Pierre Boulez, Heinz Holliger und György Kurtág das Hackbrett in ihren Partituren ein.⇢Harmonie,⇢Kompositions-Verfahren,⇢Musiker als Mitkomponisten,⇢Resonanzkörper,⇢Zahlen in der Musik ⊙ Grundklang-Spieler

Häfeli, Roman: *1979, Mitarbeiter⇢Trinken und Essen. Als angehender Audio-Designer hat er einen starken Bezug zur⇢Musik und ist daher vom ⇢Klangkörper fasziniert.

Hägler, Martin: Perkussion, Schlagzeug. Ist Musiker, Perkussionist und Cartoonist. Mit der Erfindung der perkussiven Tafelmusik und seinem neu entwickelten Fassinstrument Tschempan kreiert er eine erzählende, bildhafte Musik. Er wirkte an Inszenierungen der Volksbühne Berlin und dem Theater Neumarkt in Zürich mit und trat mit namhaften Musikern auf. Er hat eine eigene Trommelschule in Bern und unterrichtet an der Musikschule des Konservatoriums Biel.

Häusermann, Ruedi: *1948, Klarinette. Hat als Flötist, Saxophonist und Leiter von Musikprojekten für Jazzmusiker und Kinder begonnen. Im Lauf der Jahre rückte seine Tätigkeit als Theaterschaffender immer mehr ins

Zentrum. Heute blickt er auf eine über 25 Jahre lange Praxis zurück und arbeitet vor allem als Autor und Regisseur verschiedener Theaterprojekte, u.a. immer wieder an der Volksbühne in Berlin und am Theater Neumarkt in Zürich.

Halbach, Ulrich: *1944, Berater → **Trinken und Essen.** Der Delegierte für Deutschland des Verbands Schweizer Weinexporteure → **SWEA** hat mit seinem feinen Gespür viele Impulse bei der Auswahl der → **Weine** gegeben. Zu allen Weinen und Winzern lieferte er wichtige Hinweise, damit diese an der → **Bar** des → **Klangkörpers** weitergegeben werden können. Er hat auch alle → **Mitarbeiter** des Bereiches Trinken und Essen in Weinfachkunde geschult.

Hallauer Silberkelch, 1998: Weisswein. Wenige Autominuten westlich vom Rheinfall bei Schaffhausen öffnet sich der Talkessel des Klettgaus. In der Ebene wird Ackerwirtschaft betrieben und an den Südhängen auf einer Länge von zehn Kilometern Rebbau. Hallau liegt im Herzen des Klettgaus und ist mit seinen 150 Hektaren bestockter Rebfläche das grösste Weinbau-Dorf der deutschsprachigen → **Schweiz.** Die → **Riesling x Sylvaner** Trauben für diesen Wein wachsen auf tiefgründigen, fruchtbaren Keuperböden, welche ihm seinen typischen Charakter verleihen. Erhältlich bei Weinbau Hans Schlatter, Hallau, Tel. +41 / 52 / 681 32 04.

Harmer, Margaret: *1974, Hackbrett. Die Schweizerin mit englischen Wurzeln kennt sich auf Congas, Djembé, Marimbaphon und Vibraphon aus und hat am Konservatorium Genf ihr Schlagzeugdiplom erhalten.

Harmonie: Auszug aus dem musikalischen Skizzenbuch des → **Kurators** → **Musik** Daniel → **Ott:** «In der Musik, die ich für den → **Klangkörper** schreibe und aussuche (→ **Musikalisches Fenster**), beziehungsweise für deren Improvisation ich Regeln erfinde, strebe ich *Harmonie* im weitesten Sinne an. Aber keine billige Harmonie, sondern ein ständiges Ringen um ein Gleichgewicht, das immer wieder gestört und wieder neu gefunden werden muss. Die barocke Tonalität (Tonika und die vielsagenden Begriffe *Dominante* bez. *Subdominante*) hat in ihrer reinen Form etwas mit dem politischen Absolutismus (und dessen Dominatoren) zu tun, der aus etwa derselben

95

Zeit stammt, und für mich heute nicht mehr in Frage kommt...wobei schon eine *nichtzentrierte Tonalität* ungeheuer spannend sein kann (und mit dem Verlust einer klaren *Dominate* ihren absolutistischen Charakter verliert). 100 Jahre nach dem ersten Infragestellen der Tonalität, nach 100 Jahren Experimenten mit autonomen Klängen, gleichmächtigen Tönen/Geräuschen/Klängen und dem Einbeziehen von Alltagsgeräuschen und elektronisch erzeugten Klängen in musikalischen Strukturen empfinde ich es als Herausforderung, nach...*Harmonie* zu suchen. Und zwar nicht im Sinne von *anything goes* – sondern als Konsequenz aus Klangerfahrungen, die in der Neuen Musik gemacht wurden, und hinter die ich nicht zurückgehen will: Das Untersuchen von vorgefundenem musikalischem Material (z.B. Volksmusiken) nach seinem verborgenen anarchistischen, störenden (*aus-dem-Gleichgewicht-bringenden*) Potential. Oder das Entwerfen von Klangstrukturen, die nicht tonal sind, aber nach einem mühsam errungenen Gleichgewicht streben, das immer abzustürzen droht: Das Finden einer neuen, zeitgemässen (in der Zeit stehenden) Tonalität/Harmonie.» ↳**Musiker als Mitkomponisten,** ↳**Zahlen in der Musik**

Hassler, Hans: *1945 in Chur, Akkordeon. Studierte Klavier, Klarinette und Schulmusik an der Musikhochschule Zürich sowie Akkordeon bei Mogens Ellegaard in Kopenhagen. Ist Musiker in den Bereichen E-Musik, Neuer Jazz, Volks- und Ethnomusik. Er komponierte für Klarinette, Akkordeon, Chor und Streicher, schrieb eine Ballettmusik für grosses Sinfonieorchester sowie zahlreiche Theater- und Hörspielwerke.

Hauser, Peter: *1964, Mitarbeiter ↳**Trinken und Essen**. Der Rektor einer Schule in der Nähe von Zürich nimmt fröhlich und weltoffen die Herausforderung ↳**Klangkörper** für vier Monate an.

«Health food is comprised of two categories: Food Supplements (usually consisting of a single ingredient like garlic, vitamins or herbal plants) and Functional Foods (foods enhanced through the addition of vitamins, minerals or enzymes enabling them to prevent illness and improve health)»: Die Definition von Gesundheits-Nahrung stammt von der Home-

page *www.novartis.com* des Schweizer Pharma- und Agrochemie-Riesen
→**Novartis**: «Gesundheits-Nahrung beinhaltet zwei Kategorien: Nahrungs-
zusätze (üblicherweise aus einer einzelnen Zutat wie Knoblauch, Vitaminen oder Kräuterpflanzen) und funktionelle Nahrung (Nahrung, die
durch den Zusatz von Vitaminen, Mineralien oder Enzymen in ihrer krank-
heitsvermeidenden und gesundheitsfördernden Wirkung verbessert
wurde).» →**Trinken und Essen**

Hecht, Pitti: *1965, Hackbrett. Der Multiperkussionist aus Deutschland
hat privat und an der *Freddy Santiago* Percussion Academy studiert.
Er ist über 2000 Mal aufgetreten und hat sich neben internationalen Auszeichnungen auch einen Eintrag ins Guiness Buch der Rekorde für Unter-
wasserperkussion geholt.

Heer, Jakob Christoph: *1859 in Töss bei Winterthur; †1925 in Zürich,
Romanschriftsteller. Erwarb nach dem Besuch des Gymnasiums in Winterthur und des Seminars Küsnacht 1879 das Lehrerdiplom. Mit seinem Erst-
ling *Ferien an der Adria* (1888) erlangte er eine gewisse Bekanntheit. 1892
wurde er Nachfolger von Carl →**Spitteler** als Chefredaktor der NZZ. Sein
1897 erschienener Roman *Der König der Bernina* war erfolgreich und galt
zusammen mit *An heiligen Wassern. Roman aus dem schweizerischen
Hochgebirge* (1898) als wichtiger Heimatroman. Im Bergroman wird eine
alpin-pittoreske, von urtümlichen Menschen bevölkerte Szenerie dar-
gestellt. Diese Heimatromane erreichten sehr hohe Auflagenzahlen und
wurden später mehrfach verfilmt. Seit dem Ersten Weltkrieg galten sie
aber nur noch als Unterhaltungsliteratur und wurden von Literaturkritikern nicht mehr ernst genommen. Heer lebte später als freier Schriftsteller in Ermatingen am Bodensee, in Rüschlikon bei Zürich und in Ober-
rode bei Hersfeld. →**«Wir sind kein Volk von Dichtern...»**

Hegner, Ulrich: *1759 in Winterthur; †1840 in Winterthur, Richter
und Romanautor. Der Arztsohn studierte gegen seinen Willen zwischen
1776 und 1781 Medizin in Strassburg. Als er nach Winterthur zurückkam, arbeitete er bis 1814 in verschiedenen Richterpositionen sowie als
Stadtrat. Zwischen 1814 und 1829 war er Mitglied des Winterthurer
Kantonalrates. Hegners Werke, meistens Reisebeschreibungen, wurden
gerne gelesen, und der Roman *Die Molkenkur,* eine witzig-ironische
Hommage an die →**Schweiz** und ihre Bewohner, war beliebt. Hier entwickelte Hegner das Bild einer Schweiz zwischen ländlicher

Bodenständigkeit einerseits und weltläufiger Geschäftigkeit andererseits. Mit seinen Romanen ist Hegner einer der wichtigsten Vertreter des Schweizer Biedermeier. Von ihm:_,«Zu Mittag, auch zu Nacht...».

Heidi: Romanfigur von Johanna_,**Spyri** in *Heidis Lehr- und Wanderjahre* 1880 und *Heidi kann brauchen, was es gelernt hat* 1881. Heidi ist Waisenkind, das von der Tante zum Grossvater auf eine Alp ob Maienfeld gebracht wird. Der bislang im Dorf als Griesgram gefürchtete Alpöhi taut in Gesellschaft des fröhlichen Naturkindes auf. Heidi schliesst Freundschaft mit dem Geissenpeter und wächst glücklich heran. Auf Wunsch der Tante muss Heidi nach Frankfurt, um der kranken Klara Gesellschaft zu leisten. Trotz der innigen Freundschaft zum feinen Bürgermädchen und des mondänen Lebensstils hat Heidi nur einen Gedanken im Kopf: Heimgehen (_,««Wie? Was? Heimgehen...?»»). Heidi droht physisch und psychisch einzugehen und wird deshalb zurück zum Alpöhi gebracht, der seit Heidis Abreise in tiefste Verbitterung gestürzt ist. Auf der Alp wird alles wieder gut, und selbst die lahme Klara, die ein Jahr später zu Besuch kommt, erlernt in der gesunden Luft und bei Ziegenmilchdiät wieder das Gehen. Mit dem Heidi setzte Johanna Spyri dem helvetischen Natur- und Heimatmythos ein unauslöschliches Denkmal. Das Alpenidyll, die Figuren Alpöhi, Geissenpeter, Grossmutter und die Konstruktion des Gegensatzes zur grauen, deutschen, lebensfeindlichen und krankmachenden Grossstadt mit ihren erstarrten Zivilisationsritualen sind zur Erkennungschiffre des Schweizerischen Heimatdiskurses geworden. Heidi, immer als Neutrum, niemals *die Heidi* genannt, ist zum weltweiten Exportartikel geworden. Naive Einfalt, Naturliebe, Gesundheit in reiner Luft – der Entzug dieser Grundwerte lässt in Heidi jene Krankheit ausbrechen, die man geradezu als Schweizer Erfindung bezeichnen muss: Heimweh oder _,**Maladie Suisse**. Sie scheint eine Grundkonstante der schweizerischen Befindlichkeit auszumachen, ist im Extremfall lebensgefährlich und hat in Heidi ihr gültiges Symbol gefunden._,**Alpen**

Heimweh: →Maladie Suisse, →Heidi

Heinitz, Maxim: *1973 in Kasachstan, Akkordeon. Erlangte in Russland das Diplom als Musikschullehrer und Orchesterleiter. Übersiedelte nach Deutschland und studierte an der Hochschule für Musik und Theater Hannover bei Elsbeth →**Moser**. Maxim Heinitz ist freiberuflicher Musiklehrer in München.

Helvetia: Das Staatssymbol für die →**Schweiz** ist 1854 in einem Briefmarkenwettbewerb entstanden. In der Ausschreibung der schweizerischen Postverwaltung stand: ‹Republiken brauchen ein Symbol, irgendeine schöne weibliche Figur mit entsprechendem Wappen.›

Henning, Ina: *1978, Akkordeon. Studiert an der Musikhochschule Trossingen bei Hugo →**Noth**.

Herencsár, Viktória: Hackbrett. Spielt seit dem Alter von dreieinhalb Jahren. Sie ist mittlerweile Solistin der Ungarischen Staatsoper und des Ungarischen Rundfunks. Sie tritt weltweit in Konzerten mit klassischen, aber auch mit volksmusikalischen Programmen auf und hat verschiedene CDs eingespielt. Sie hat 1991 in Ungarn den ersten Hackbrett-Welt kongress organisiert. Heute ist sie Präsidentin der Cimbalom World Association.

Herkunft des Douglas-Föhren-Holzes: Kanton Bern: Büren an der Aare, Burgdorf, Köniz, Krauchthal, Langenthal, Oberbipp, Roggwil; Kanton Aargau: Buchs, Suhr, Zetzwil, Zofingen; Kanton Luzern: Dagmersellen, Meggen, Meierskappel, Root, Willisau; Kanton Solothurn: Härkingen, Neuendorf, Solothurn; Kanton Zug: Risch; Kanton Zürich: Uhwiesen, Winterthur; Kanton Schaffhausen: Diessenhofen, Hemishofen; Kanton Thurgau: Schlatt; Kanton St. Gallen: Eichberg, Marbach; Kanton Freiburg: Belfaux, Freiburg; Bodenseegebiet.

Herkunft des Lärchen-Holzes: Kanton Bern: Burgergemeinde Bern, Burgdorf, Biel, Grafenried, Hindelbank, Interlaken, Kirchberg, Krauchthal, Langenthal, Lotzwil, Meielisalp, Meinisberg, Münchenbuchsee, Niesenwald, Schwarzhäusern, Seedorf, Steffisburg; Kanton Aargau: Baden, Birmensdorf, Bremgarten, Brugg, Buchs, Egliswil, Endingen, Frickthal, Gränichen, Härkingen, Lengnau, Lenzburg, Mettau, Muri, Obersiggenthal, Reinach, Seon, Untersiggenthal, Veltheim, Würenlingen, Zofingen; Kanton Schwyz: Merlischachen, Küssnacht; Kanton Solothurn: Balsthal, Fulenbach, Neuendorf, Solothurn; Kanton Zürich: Elgg, Herrliberg; Kanton Luzern: Pfaffnau; Kanton Wallis: Chandolin, Ergisch, Grimentz, Leytron, Oberems, Riddes, St. Luc, Saxon, Orsières.

Hermann, Sven: *1974, Akkordeon. Studierte an der Folkwang-Hochschule Essen bei Mie Miki und studiert nun dort Komposition bei Nicolaus A. Huber.

Hersche, Hansueli: *1964, Hackbrett. Die Musik, insbesondere das Hackbrettspiel, ist die Leidenschaft des Zimmermanns. Er spielt solistisch und in Ensembles.

«**Heute drehte der Wind** | Staubspiralen auf den | Fabrikhöfen | Zukünftige Halbstarke | zäumten heimlich ihre | Steckenpferde | Einige verwechselten Fernweh | mit ganz gewöhnlicher | Müdigkeit bei Südwind»: Das Gedicht *Eintragung* stammt von Gerhard Meier, dem grossen lyrischen Erzähler der Schweizer Literatur und Proustliebhaber. Zitiert aus: Gerhard Meier, Einige *Häuser nebenan. Gedichte,* Zytglogge Verlag, Gümligen 1973, S. 33.

«**Heute umhülle ihn, sagt man** mir, der Alkohol mit einer unzerbrechlichen Privatsphäre, wo immer er sei, was immer er tue; manchmal öffne er in Unterhosen die Wohnungstüre oder bestätige dem PTT-Beamten mit der Flasche in der Hand den Erhalt eines eingeschriebenen Briefes, und er begreife nicht, warum die Mieter der Ferienwohnungen mit ihren defekten Glühbirnen in der Hand vor ihm zurückwichen, sich entschuldigten, sich hastig verabschiedeten.»: Der Satz stammt aus einer Erzählung von Ruth Schweikert, in der mit wenigen Strichen das gescheiterte Leben eines Ehepaares skizziert wird. Hauptfiguren sind Fabrizio, Kind italienischer Einwanderer in einem Schweizer Ferienort, und Almut, als Au-

Pair-Mädchen dahin geraten. Sie ist als deutsches Kind vor den sowjetischen Truppen aus ihrer Heimat östlich der Oder geflüchtet. Beide sind eigentlich nie zusammengekommen. Umso beiläufiger, ja beinahe schmerzhaft stumm vollzieht sich ihre Trennung. Ruth Schweikert, *Fabrizio, geb. 1926; Almut, geb. 1933*, in: *Die Schweiz erzählt*, hrsg. von Plinio ⟶**Bachmann**, Fischer Taschenbuch Verlag, Frankfurt A/M 1998, S. 178.

«Hier sass ich, wartend, wartend, – doch auf nichts, | jenseits von Gut und Böse, bald des Lichts | geniessend, bald des Schattens, ganz nur Spiel, | ganz See, ganz Mittag, ganz Zeit ohne Ziel.»: Die Fortsetzung lautet: «Da, plötzlich, Freundin, wurde Eins zu Zwei – | – und Zarathustra ging an mir vorbei...» Das Gedicht heisst *Sils-Maria* und stammt von Friedrich ⟶**Nietzsche.**

Hip-Bag: Kunstledertasche. Um die Hüften tragen alle Guides, Musiker und Gastronomen eine von Ida ⟶**Gut** entworfene Tasche. Sie hat vier praktische Unterteilungen: z.B. für Musiknoten, Handy oder Taschentücher. Der Hip-Bag macht die Mitwirkenden des ⟶**Gesamtkunstwerks** für den ganzen Tag mobil. Für persönlichen Tragkomfort sorgt ein spezieller Reissverschluss, mit welchem man den Hip-Bag so trennen kann, dass die Hand bequem in die Hosentasche greift. Individuell zum ⟶**Outfit** ausgewählt, wird die Kunstledertasche in bordeaux oder schwarz getragen. Den Hip-Bag kann man im ⟶**Klangkörper** auch kaufen.

Hirschbinden: Diese Form von Hirschtrockenfleisch wird ähnlich hergestellt wie ⟶**Bündnerfleisch,** das heisst gesalzen und anschliessend in der Höhenluft gereift und getrocknet. ⟶**Fleisch.** Erhältlich bei Natura, P. Peduzzi, Tinizong, Tel. +41 / 81 / 684 27 27.

Hirschsalsiz: Die Rohesswurst besteht aus Hirsch- und Schweinefleisch, das durch eine ziemlich grobe Scheibe des Wolfs gedreht, dann gesalzen, gewürzt und anschliessend an der Luft getrocknet wird. ⟶**Fleisch.** Erhältlich bei Natura, P. Peduzzi, Tinizong, Tel. +41 / 81 / 684 27 27.

Hirt, Susanne: *1959 in Bern, Hackbrett. Bildete sich im In- und Ausland musikalisch aus, besonders in westafrikanischer Perkussion, aber auch in Gesang und auf dem Schweizer Hackbrett. Die lange Liste ihrer Projekte reicht von Auftritten mit der Frauenband *atropa belladonna* über die Mitarbeit an Theater- und Tanzprojekten bis zu Hörspielvertonungen beim Schweizer Radio DRS.

Höfe: →Kreuzhöfe, →Flankenhöfe

Höhere Gastronomie- und Hotelfachschule Thun: Die Fachschule ist im →**Klangkörper** mit sechs Frauen und Männern vertreten. Die Schüler befassen sich im Vorfeld mit den Warenfluss und dem Controlling der Esswaren und Getränke. Während der →**Expo 2000** arbeiten sie an den →**Bars** und abwechselnd auch in leitenden Funktionen. Das Ausbildungsprojekt leitet Martin →**Steffen**, Vizedirektor der Höheren Gastronomie- und Hotelfachschule Thun. Weitere Informationen unter: *www.hgfthun.ch*

Höhlenreifung: Früher liess man den Käse oft in Höhlen reifen. In Kaltbach wird die Art der Reifung von der Firma Emmi Käse AG wieder praktiziert. Die Höhle besteht aus Sandstein-Gewölbegängen von insgesamt 1000 Metern Länge. Jeder der Gänge ist nach einem der 26 Schweizer →**Kantone** benannt. Die gesunde, mineralisierte Luft mit ihrer hohen Luftfeuchtigkeit und die vergleichsweise hohe Temperatur lässt die Laibe gut trocknen. Nur Käse von bester Qualität lässt man in einer Höhle reifen.

Hönig, Roderick: *1971, Herausgeber und Redaktor des →**Klangkörperbuchs**. Ist dipl. Architekt ETH, freier Schreiber und Architekturkritiker mit Lebensmittelpunkt Winterthur. Nach dem Studium in Zürich, Barcelona und Berlin war er ein Jahr Volontär bei der Illustrierten für Gestaltung und Architektur *Hochparterre*. Er organisierte und gestaltete dort die Ausstellung ‹La Romandie existe› und ist Autor des gleichnamigen Architekturführers. Heute ist er freier Mitarbeiter bei der *NZZ* und beim *Hochparterre.* Roderick Hönig erwies sich bei seinem ersten journalistischen Besuch bei Peter →**Zumthor** in Haldenstein als planlesefähig und konstruktionsverständig, was ihm dessen Vertrauen erwarb. Auf Zumthors Frage hin, ob er dieses Buch machen wolle, sagte er ja! Damit wurde er Herausgeber des Klangkörperbuches.

Hofer, Petra: *1980 im Kanton Luzern, Akkordeon. Ist im vierten Ausbildungsjahr zur Akkordeonlehrerin.

Hofer, Polo: *1946 in Interlaken, Mundartrocker. Begann seine musikalische Karriere 1961 als Schlagzeuger und Sänger bei *The Jetmen*. 1968 Gründung der Dancingband *Polo's Pop Tales*. Auflösung der Band zwei Jahre später. Einmonatiger Knastaufenthalt, weil er ein liegengebliebenes Schlagzeug verhökerte. 1971 Wahlkampf mit den *Härdlütli*: Alle vier Parteimitglieder nackt auf dem Wahlplakat. Ein Sitzgewinn. Mit der 1971 gegründeten Band *Rumpelstilz* beginnt die Geschichte der Rockmusik in Berner Dialekt. In der Tradition des Troubadours Mani ↳**Matter** stehend wird Hofer zum Wegbereiter von Musikern und Gruppen wie *Züri West*, *Patent Ochsner*, Stéphane Eicher und *Stiller Haas*. Mit der zweiten *Rumpelstilz*-LP *Füüf Narre im Charre* holt Hofer die erste goldene Schallplatte mit dem Hit *Kiosk*. 1978 gründet er *SchmetterDing*. Die zweite *SchmetterDing*-LP *Tip-Topi-Type* – ist die erfolgreichste, auf ihr der *Radio-24*-Song, ganz oben in der SRG-Hitparade: Gold-LP. Gründung der *SchmetterBand* 1984. Artikel *Mein Hang zum Hanf* in *Team* – Bekenntnis zum Haschischkonsum. Hofer gewinnt die Prozesse. Bewegtes Rocker-Leben, Reisen *Im Wilde Weste*, zu den Wurzeln von *Rütmus, Bluus & Schnälli Schue*. Die Gemeinde Interlaken ehrt den ehemaligen Mitbürger Hofer für seine kulturelle Tätigkeit. Seine Forderung in einem Interview auf Radio DRS, das Alter für die politische Mitbestimmung auf siebzig Jahre zu beschränken, wirbelt einigen Staub auf. Seither erfolgreiche Plattenproduktionen und Konzerttourneen, Hofer ist das quicklebendige Monument des Schweizer Rock: ↳**«Drum bring mer es Glaas...»**, ↳**Musik**.

Hoffmann, Sandra Ellen: *1960, *Nomadic designer* zwischen Vancouver, Bern, Darmstadt und Basel. Mitinhaberin des Gestaltungsbüros ↳**Set**. Professur für Gestaltung in Darmstadt, Deutschland. Lebt in Bern. ↳**Grafik**

Hofmann, Albert: *1906 in Baden, Chemiker, Entdecker des LSD. Studierte Chemie an der Universität Zürich und arbeitete 1929–1971 als Forschungschemiker bei Sandoz AG in Basel. Hofmann wurde bekannt durch seine Versuche mit Wirkstoffen von Arzneipflanzen wie Mutterkorn, Meerzwiebel, Rauwolfia und mexikanischen Zauberdrogen. Daraus sind wertvolle Medikamente und psychoaktive Substanzen hervorgegangen. Weltweit bekannt wurden seine Arbeiten mit LSD, das er 1938 synthetisierte und dessen psychische Wirkung er 1943 zufällig entdeckte. LSD wurde nie verkauft, wurde aber bis 1966 von Sandoz der medizinischen Forschung zur Verfügung gestellt. Dann wurde die Herstellung und Anwendung von LSD verboten. Die Selbstversuche sind in Hofmanns Buch *LSD – mein Sorgenkind. Die Entdeckung einer ‹Wunderdroge›* (Cotta'sche Buchhandlung 1979) dokumentiert. Daraus:→**«Das Ei, gross, pulsierend...»**.

Hofmann, Sebastian: *1977, Hackbrett. Bereitet sich am Konservatorium Zürich auf das Konzertdiplom für Schlagzeug vor.

Hohler, Franz: *1943 in Biel, Lyriker, Erzähler, Kinderbuch-, Theater-, Drehbuch- und Hörspielautor, Kabarettist, Musiker. Studierte in Zürich Germanistik und Romanistik, brach aber sein Studium ab, da er mit seinem ersten Soloprogramm *pizzicato* (1965) grossen Erfolg hatte. Hohlers zeitkritische Haltung eckte zuweilen an, vor allem in der Satiresendung *Denkpause* im Schweizer Fernsehen. Er prangerte dort beispielsweise die Atomkraftwerke an. Darauf verweigerte ihm 1982 die Zürcher Kantonsregierung einen Literaturpreis – auf Druck der Energielobby. 1983 trat Hohler aus der Sendung *Denkpause* aus, weil sein Lied zensiert wurde. Das *Kabarettbuch*, eine Sammlung von früheren Kabarettnummern, erschien 1987. Darauf war Hohler für die *NZZ* der ‹vielleicht künstlerisch vielfältigste und literarisch interessanteste Kabarettist›. 1989 veröffentlichte Hohler seinen ersten Roman *Der neue Berg*. 1994 ging er nach mehrjähriger Pause mit dem Programm *Drachenjagd* wieder auf Tournee. Hohler erhielt bisher mehrere Preise, darunter den Deutschen Kleinkunstpreis (1973), den Alemannischen Literaturpreis (1987) und den Schweizerischen Kinder- und Jugendbuchpreis (1994). Hohler ist verheiratet, Vater von zwei erwachsenen Söhnen und lebt in Zürich. Auf den Magen geschlagen hat ihm der Schweizer Käse: →**«Und s Schlimmschten isch...»**.

Holden, William: Tuba, Alphorn. Der Amerikaner studierte Musik und Geschichte. Seit 1969 spielt er als professioneller Musiker in unterschiedlichen Formationen der Bereiche rhythm'n' blues, Soul und Jazz. Seit 1979 ist er in der→**Schweiz** und wirkt als Trompeter, Perkussionist und Sänger, in der Pädagogik u.a. als Lehrer und mit Projekten für Kinder und schliesslich im Bereich Theater als Musiker und Schauspieler.

«Holdio duridu»: Die Fortsetzung lautet: «holdio duridu, | holdio duriduridio hoduridu. | Holdio duridu, | holdio duridu, | holdio duriduridioho. | Juch!»: Dieser langsame Jodel in einfacher Dur-Melodik wurde vom Volksliedforscher Alfred Leonz Gassmann nach mündlicher Überlieferung für seine

Arbeit über *Das Volkslied im Luzerner Wiggertal und Hinterland* (1906) gesammelt und aufgezeichnet. Aus: *Die schönsten Schweizer Volkslieder*, hrsg. von Max Peter Baumann, Mondo-Verlag, Vevey 1994, s. 106.

Hollmach, Anne-Maria: *1979 in Weimar, Akkordeon. Erhielt mit sieben Jahren den ersten Unterricht. Studiert an der Staatlichen Hochschule für Musik Trossingen bei Hugo→Noth.

Holm, Susanne: *1976, Akkordeon. Studiert Akkordeon, Cello und Musiktheorie an der Hochschule für Musik *Franz Liszt* in Weimar.

Holz: Sagt man Holz, denkt man das Holz des gefällten Baumes: Stamm, Ast, Balken, Brett, Leiste, Latte, Bohle, Planke, Furnier, Scheit, Klotz usw. Das Wort stammt aus dem Altgermanischen und bedeutet soviel wie *Abgehauenes* (→**Holz schlagen,**→**Holzgüteklassen,**→**Materialien, die sich gegenseitig aufladen**...). Holz ist wie Stein oder Erde ein elementarer Kulturwerkstoff des Menschen. Es bestimmt unseren Lebensraum in den unterschiedlichsten Verarbeitungs- und Erscheinungsformen, z.b. als Haus, Zaun, Möbel, Gerät oder Papier. Es löst sich mit der Zeit langsam auf, wächst aber wieder nach (→**Nachhaltigkeit,**→**Holzlager**). Der→**Klangkörper** ist aus frisch geschnittener→**Douglas-Föhre** und→**Lärche** gebaut. Die→**Balken** sind zu →**Stapelwänden** aufgeschichtet und zu zwölf→**Stapeln** gefügt. Zusammen bilden sie einen grossen→**Resonanzkörper** für die darin aufgeführte Life-Musik.→**Batterie,**→**Energie,**→**Musik** ⊙ Durchgang zwischen Stapel 8 und 4

Holz isch heimelig: Schweizerdeutsch für: «Holz verbreitet eine gemütliche Atmosphäre». Der Slogan zeigt die grosse Liebe der Eidgenossen zum →**Holz.** Sie schreiben dem Material gefühlsmässige Werte wie Natürlichkeit und Wärme zu. Der→**Klangkörper** zeigt Holz jedoch nicht als Abbild oder Zitat, also beispielsweise mittels Furnier oder einer vorgetäuschten Holzkonstruktion, sondern als Substanz: Die→**Stapelwände** bestehen aus massivem, unbehandeltem Holz der→**Lärche-** oder der→**Douglas-Föhre.** Es ist in offen sichtbaren Konstruktionen zusammengefügt. Die biologische Masse riecht (→**Duft**), schwindet unter der Einwirkung der Witterung oder quillt

Durchgang zwischen Stapel 8 und 4 , Holz

($\rightarrow$**Schwinden und Quellen**) und wird nur durch Pressung und $\rightarrow$**Reibungs-**
widerstand zusammengehalten.

Holz schlagen: Fachausdruck für das Fällen von Bäumen. Als Schlag bezeichnet man in der Forstwirtschaft die kleinste Einheit oder auch den Ort,
an dem Bäume gefällt werden. Schlag oder Hieb heisst auch das Fällen
selbst.

Holzgüteklassen: Das $\rightarrow$**Holz** entspricht der Festigkeitsklasse I/II (Schweizer
Norm SIA 164) sowie der Klasse S 10 (deutsche DIN-Norm 4074 – 1). Nach
dem Eurocode EC 5 ist es Massivholz der Klasse C 24.

Holzlager: Die Erinnerung an riesige Holzlager, das Umherstreifen zwischen den Stapelmassen und der Holzduft haben den Entwurf inspiriert.
Im Verlaufe der Arbeit ist das Bild des Holzlagers wieder in den Hintergrund gerückt. Der $\rightarrow$**Klangkörper** hat seine eigene Architektur gefunden.
Das Grundprinzip jedoch, das einer temporären Ausstellungsarchitektur
sehr gut entspricht, ist geblieben: Die $\rightarrow$**Balken** werden zum Trocknen
aufgestapelt, um sie nachher wiederzuverwenden. Nach der $\rightarrow$**Expo 2000**
werden die $\rightarrow$**Stapelwände** abgebaut und wiederverwertet. $\rightarrow$**Nachhaltigkeit**,
$\rightarrow$**Holz**

Hose: Damit hat die Designerin Ida $\rightarrow$**Gut** der $\rightarrow$**Klangkörperkleidung** einen
Touch von schwarzem Glamour verliehen. Unter der leicht glänzenden
Oberfläche verbirgt sich ein hochtechnologischer $\rightarrow$**Stoff**, der nicht umsonst
$\rightarrow$**Climaguard** heisst. Der schlichte Schnitt endet an den Hosenbeinen mit
einem raffinierten Detail: Die Hosenweite lässt sich per Klettverschluss in
der Weite individuell verstellen. ⊙ **Schnittmuster Hose**

Hottmann, Paul: *1975, Akkordeon. Übersiedelte 1993 aus Kasachstan
nach Deutschland und studiert heute an der Hochschule für Musik und
Theater Hannover.

Huelsenbeck, Richard: *1892 in Frankenau; †1974 in Minusio, Dadaist. In
gutbürgerlichen Verhältnissen als Sohn eines Apothekers aufgewachsen,

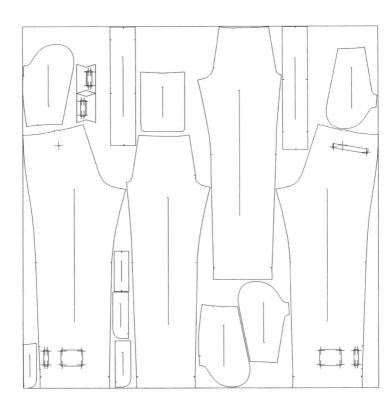

Schnittmuster →Hose

studierte Huelsenbeck zunächst Literatur und Kunstgeschichte in München. Nach einem Aufenthalt in Paris zog er 1914 nach Berlin und begann Medizin zu studieren. 1916 wurde er von Hugo Ball für ein Jahr in die →**Schweiz** eingeladen. Im Cabaret Voltaire in Zürich begründeten sie zusammen mit weiteren Künstlern →**Dada**. Im *Voltaire* richtete Huelsenbeck 1916 eine Erklärung ans Zürcher Publikum, die Dada vorstellte: →**«Edle und respektierte Bürger Zürichs...».** Als Huelsenbeck von Zürich nach Berlin zurückkehrte, verlas er im *Graphischen Kabinett* das von den Zürcher und Berliner Dadaisten unterzeichnete *Dadaistische Manifest*. 1920 erschienen Huelsenbecks Dada-Chroniken *Dada siegt: Eine Bilanz des Dadaismus, En avant Dada: Eine Geschichte des Dadaismus* und *Dada-Almanach*. In seinem 1921 erschienenen satirischen Roman *Doctor Billig am Ende* zeigte er den Untergang der bürgerlichen Welt. Zwischen 1923 und 1933 arbeitete Huelsenbeck publizistisch und versuchte gleichzeitig, eine Existenz als Arzt aufzubauen. So reiste er zwischen 1924 und 1927 als Schiffsarzt nach Ostasien und Afrika. Huelsenbecks Werke wurden 1933 verboten, und 1936 emigrierte er in die USA und liess sich unter dem Namen Charles R. Hulbeck als Psychiater und Psychoanalytiker nieder. Erst 1952 erschienen wieder Gedichte von ihm. 1964 schrieb er *Dada. Eine literarische Dokumentation*. Nach seiner Rückkehr aus den USA 1969 lebte er bis zu seinem Tod im Tessin.

Hug, Dieter: *1952, Berater →**Trinken und Essen.** Ist Rechtsanwalt bei Bruppacher Hug & Partner in Zollikon. Er erarbeitete die Verträge und begleitete die Vertragsverhandlungen für die Max →**Rigendinger** GmbH. Dank seines Interesses für die Gastronomieszene brachte er das nötige Verständnis und die Begeisterungsfähigkeit mit, um alle Spezialfälle rund um die Organisation des →**Gesamtkunstwerks** →**Klangkörper** praxisnah zu lösen. Dieter Hug ist Mitorganisator der Kyburgiade, einem internationalen Kammermusikfestival auf Schloss Kyburg bei Winterthur.

Hug, Dodo: Stimme. Die Sängerin, Musikerin, Schauspielerin und Komödiantin hat sich in Jazztanz, Pantomime, Steptanz und circus skills ausgebildet, bevor sie mit Bruno Brandenberger das Duo *Mad Dodo* gründete. Mit diesem komödiantischen Musikprogramm waren sie jahrelang weitherum erfolgreich zu hören und zu sehen. 1994 ging sie *Weg von Mad und Klamauk – hin zu Dodo und Musik*. Das Ergebnis dieser Neuorientierung ist auf der CD *Hugability* zu hören.

Humagne Rouge de Leytron Valais AOC, 1998: Rotwein. Zwischen den Flüssen Salentze und Losentze im Wallis liegt oberhalb Saillon ein Tal. In

der farbenprächtigen Ebene bei Leytron wachsen die Reben für diesen
→**Humagne rouge**. Erhältlich bei Imesch-Vins, Sierre, Tel. +41 / 27 / 455 10 65.

Humagne Rouge: Rebsorte. Die alte Sorte kam ursprünglich aus dem Aosta-
tal in die →**Schweiz**. Im Wallis umfasst die Fläche heute knapp 60 Hektar
Anbau, was einer Produktion von etwa 400'000 bis 450'000 Flaschen pro
Jahr entspricht.

Hussong, Stefan: *1962 in Köllerbach, Akkordeonist. Studierte bei
Eugen Tschanun, Hugo →**Noth**, Joseph Macerollo und Mayumi Miyata an
den Musikhochschulen Trossingen, Toronto und Tokio. Er war mehrfacher
erster Preisträger internationaler Wettbewerbe. Sein ausgesprochenes
Interesse für Neue Musik führte in zur Zusammenarbeit mit renommierten
Komponisten, z.B. Sofia Gubaidulina, Klaus Huber, Toshio Hosokawa,
Adriana Hölszky. Er spielte bereits zahlreiche CDs ein und trat in Konzerten und bei Rundfunkaufnahmen in ganz Europa, in Korea, Japan und
Übersee auf. Seit 1990 ist er Dozent für →**Akkordeon** und Kammermusik
am Konservatorium Würzburg und seit 1993 Professor an der Internationalen Sommerakademie des Mozarteums Salzburg. Stefan Hussong spielt
selbst nicht im →**Klangkörper**, dafür viele seiner Studenten. →**Musik**

«I don't intend to live in Switzerland. In spite of the beautiful aspects
one can't tolerate the peasants. They are so ugly, such bores, so heavy.»:
Katherine →**Mansfield** kommt bei siebenmonatigem Kuraufenthalt in der
→**Schweiz** zu diesem Schluss: «Ich möchte nicht in der Schweiz leben. Trotz
der schönen Seiten, die Bauern kann man einfach nicht aushalten. Sie sind
so hässlich, so langweilig, so schwerfällig.» Zitiert nach: Jeffrey Meyers,
Katherine Mansfield. A Biography, Hamish Hamilton, London 1978, s. 220 f.

‹‹I want a name›, Bond said. Lachaise smiled much too warmly. ‹Dis-
cretion, Mister Bond. I'm a Swiss banker. Surely you can understand my
position…› – ‹Which is what?› Bond snapped. ‹Neutral? Or just pretending
to be?› – ‹I am merely a middle man. I'm just doing the honourable
thing and returning the money to its rightful owner.› – ‹And we know how
difficult that can be for the Swiss,› Bond said.»: «‹Ich will einen Namen
hören.› – Lachaise lächelte viel zu herzlich: ‹Diskretion, Mr. Bond. Ich bin

ein Schweizer Banker, und sie verstehen sicher meine Postion…› – ‹Und die wäre?› fauchte Bond. ‹Neutral? Oder nur zum Schein neutral?› – ‹Ich bin eher ein Vermittler, der sich ehrenhaft verhält und dem rechtmässigen Eigentümer das Geld zurückgibt.› – ‹Und wir wissen ja, wie schwer das den Schweizern fällt,› sagte Bond.»: Bei der Vorführung des neusten James-Bond-Films *The World is not enough,* reagierten die Schweizer Kinosäle auf diese Pointe im Vorspann mit Kichern. Der durch den New Yorker Senator Alfonse D'Amato geführte Streit um die nachrichtenlosen Vermögen war immerhin schon eine Bond-Zeile wert. Schweizer durften stolz sein. Zitiert aus dem Buch zum Film: Raymond Benson, *The World is not enough,* Danjac LLC und United Artists Corporation, 1999, s. 15.

«Ich besuchte nochmals all die Orte, an denen ich Teile meiner selbst hinterlassen hatte.»: Der Satz von Michel→**Mettler** stammt aus einer Geschichte, in der das erzählende, ins Übermenschliche expandierende Subjekt permanent zwischen Selbstauflösung und Restrukturierung oszilliert. Aus: Michel Mettler, *Die Tode des O,* in: *Die Schweiz erzählt,* hrsg. von Plinio→**Bachmann**, Fischer Taschenbuch Verlag, Frankfurt A/M 1998.

«Ich bleibe draussen»: Auf der Glastür vieler Geschäfte klebt in einem roten Kreis das Porträt eines Hundekopfs. Das liebe Antlitz ist, wie bei einem Verkehrssignal, von einem roten Balken durchgestrichen. Darunter steht fast fröhlich der Satz: «Ich bleibe draussen». Würden sie es doch selber merken, diese begehrlichen Geschöpfe, dann müssten wir sie nicht so kalt vor der Tür abweisen. Denn das tun die Schweizer nur äusserst ungern!

«Ich hoffe, dass Ihnen kein körperliches Unheil widerfahren wird, aber was wir Ihnen jetzt zu sagen haben, wird Sie wie eine Kugel treffen. Wir haben beschlossen, unsere mannigfaltigen Aktivitäten unter dem Namen Dada zusammenzufassen. Wir fanden Dada, wir sind Dada, und wir haben Dada. Dada wurde in einem Lexikon gefunden, es bedeutet nichts. Dies ist das bedeutende Nichts, an dem nichts etwas bedeutet. Wir wollen die Welt mit

Nichts ändern, wir wollen die Dichtung und die Malerei mit Nichts ändern und wir wollen den Krieg mit Nichts zu Ende bringen. Wir stehen hier ohne Absicht, wir haben nicht mal die Absicht, Sie zu unterhalten oder zu amüsieren.»: Fortsetzung von⌐,«**Edle und respektierte Bürger Zürichs...**». Richard⌐,**Huelsenbeck** stiess 1916 im frischgegründeten *Cabaret Voltaire* in der Zürcher Altstadt das verschreckte Kulturbürgertum mit *Nichts* vor den Kopf. Forthin hatte die Avantgarde einen Namen:⌐,**Dada**. Zitiert aus: *Dada. Eine literarische Dokumentation,* hrsg. von Richard Huelsenbeck, Rowohlt Verlag, Reinbek bei Hamburg 1964, s. 33 f.

Idee: Der Schweizer Auftritt an der⌐,**Weltausstellung** in Hannover ist ein Ereignis der sinnlichen Art. Architektur,⌐,**Musik**,⌐,**Lichtschriften**,⌐,**Trinken und Essen** und⌐,**Klangkörperkleidung** verbinden sich zu einem⌐,**Gesamtkunstwerk**. Es wird durch eine unsichtbare⌐,**Inszenierung** (⌐,**Regie**) geordnet und in⌐,**Spannung** gehalten. Diese Aufführung verändert und erneuert sich über die gesamte Dauer der Ausstellung ständig und reagiert beispielsweise auf Besucherströme, Jahreszeit, Wind und Wetter. Architektur und musikalische Komposition, literarische Texte, Musiker und Gastgeber, Gastronomie und die Kleidung, all dies kommt aus der⌐,**Schweiz** oder hat etwas mit der Schweiz zu tun. Die Gäste des⌐,**Klangkörpers** können diese Bezüge vor Ort erkennen, im Gespräch in Erfahrung bringen und ihnen nach Bedürfnis auch vertieft nachgehen, zum Beispiel mittes dieses⌐,**Klangkörperbuches**. Aber nicht nur dies und dies nicht vor allem. Im Vordergrund steht die Schweiz als kultivierte Gastgeberin (⌐,**Gastlichkeit**). Ihr Auftritt soll nicht belehrend sein: er verzichtet auf Werbebotschaften, Selbstkritik und Eigenlob, will sich nicht selbst anpreisen und soll sich nicht anbiedern. Der Schweizer Beitrag an die⌐,**Expo 2000** ist ein Angebot an den reizüberfluteten Besucher und die ausstellungsmüde Besucherin, die sich einen Moment der Erholung gönnen wollen. Er ist ein Ort der Entspannung. Er soll verführen, zum Schlendern, Loslassen, Geniessen, Entdecken.
◉ Ideenskizze Klangkörper

Ideenskizze Klangkörper→ Idee

«If Switzerland is arguably the most beautifully developed landscape in the world, this is so, to some extent, through necessity, because Switzerland is so small.»: «Wenn die Schweiz erwiesenermassen die schönste Landschaft der Welt besitzt, dann bis zu einem gewissen Grad auch aus Notwendigkeit: weil die Schweiz so klein ist.» Der Satz stammt aus John ⌐**McPhees** hellsichtiger Analyse der Schweizer Armee aus den frühen achtziger Jahren. John McPhee, *La Place de la Concorde Suisse,* Farrar, Straus and Giroux, New York 1984, s. 21.

«Il est fort singulier qu'un pays si rude et dont les habitants sont si enclins à sortir leur inspire pourtant un amour si tendre, que le regret de l'avoir quitté les y ramène presque tous à la fin, et que ce regret donne à ceux qui n'y peuvent revenir une maladie quelquefois mortelle, qu'ils apellent, je crois, le *Hémvé*. Il y a dans la Suisse un air célèbre appelé le *Ranz des vaches* que les bergers sonnent sur leur cornets et don't ils font retentir tous les coteaux du pays. Cet air, qui est peu de chose en lui-même, mais qui rapelle aux Suisses mille idées relatives au pays natal, leur fait verser des torrents de larmes quand ils entendent en terre étrangère. Il en a même fait mourir de douleur un si grand nombre qu'il a été defendu par ordonnance du roi de jouer le *Ranz des vaches* dans les troupes suisses. Mais [...] vous savez peut-être tout cela mieux que moi. Je ne puis m'empêcher de remarquer seulement que la France est assurément le meilleur pays du monde où toutes les commodités et tous les agréments de la vie concourent au bien-être des habitants. Cependant il n'y a jamais eu, que je sache, de *Hémvé* ni de *Ranz des vaches* qui fit pleurer et mourir de regret un Français en pays étranger, et cette maladie diminue beaucoup chez les Suisses depuis qu'on vit plus agréablement dans leur pays.»: «Es ist überaus einzigartig, dass ein rauhes Land, dessen Bewohner es so willig verlassen, ihnen dennoch eine so zärtliche Liebe einhaucht, dass das Bedauern, es verlassen zu haben, sie am Ende beinahe alle zurückführt, und dass dieses Bedauern bei jenen, die nicht zurückkehren können, eine manchmal tödliche Krankheit ausbrechen lässt, die sie, wie ich glaube, *Emweh* nennen. In der Schweiz gibt es ein berühmtes Lied; es heisst *Ranz des vaches* und wird von den Hirten auf ihren Hörnern gespielt, die es auf allen Hügeln des Landes ertönen lassen. Dieses Lied, das für sich nichts besonderes vorstellt, den Schweizern jedoch tausend Ideen bezüglich ihrer Heimat erinnert, entlockt ihnen Sturzbäche von Tränen, wenn sie es in fremdem Land hören. Darob ist sogar eine so grosse Zahl vor Schmerz gestorben, so dass es durch königlichen Erlass verboten wurde, in den Schweizer Einheiten den *Ranz des vaches* zu spielen. Aber [...] dies alles wissen Sie vielleicht besser als ich. Ich kann mich nicht enthalten, einzig noch zu bemerken, dass Frankreich gewiss das beste Land der Welt ist, wo alle Annehmlichkeiten des Lebens zum Wohle seiner Bewohner zusammenwirken. Und dennoch gab es, soweit ich weiss, nie *Emweh* und auch keinen *Ranz des vaches*, die einen Franzosen im Ausland hätten weinen oder gar an Bedauern zugrunde gehen lassen, und die Krankheit schwindet auch bei den Schweizern, seit man in ihrem Land angenehmer lebt.» Die Geschichte der ⌐**Maladie Suisse** (Heimweh) wird hier von einem Zeitzeugen erzählt, der eine überraschende Logik des Phänomens aufstellt: Je schöner das Zuhause, desto kleiner die Sehnsucht danach. Jean-Jacques ⌐**Rousseau** in seiner *Lettre au Maréchal de Luxembourg*.

«Il est urgent d'attendre»: Oft bringt's der Volksmund auf den Punkt: «Man muss dringend warten.» So sagt man im Westschweizer Kanton Waadt.

«Il solipsismo non è il tuo forte, come si dice. | Se fosse vero saresti qui, | insabbiato | in questa Capri nordica dove il rombo | dei motoscafi impedisce il sonno | fino dalla primalba. Sono passati i tempi | di Monte verità, | dei suoi nudisti, | dei kulturali jerofanti alquanto | ambivalenti o peggio. | Eppure, inorridisci, | non so che sia, | ma qui qualcosa regge.»: «Der Solipsismus ist nicht deine Stärke, wie man sagt. | Wenn es wahr wäre, wärest du hier, versandet | in diesem Capri des Nordens, wo das Dröhnen der Motorboote einem den Schlaf raubt | vom ersten Morgengrauen an. Vorbei sind die Zeiten | des Monte Verità, | seiner Nudisten, | der kulturellen Gralshüter, | ziemlich zwiespältig oder schlimmer. | Und dennoch, du erschauerst, | ich weiss nicht, was es ist, | aber etwas stimmt hier.» Eugenio →**Montale** schrieb dieses Gedicht mit dem Titel *Lettera da Ascona* (Brief aus Ascona) 1968. Der Monte Verità bei Ascona, ehemals Zentrum verschiedener Nudisten-, Sonnenanbeter- und Künstlerbewegungen, war zu jener Zeit verwaist. Heute erinnert ein Museum auf dem Hügel an die bewegten Zeiten. Zitiert aus: Eugenio Montale, *L'opera in versi*, hrsg. von R. Bettarini und G. Contini, Einaudi, Turin 1980, s. 346.

Imbriani, Vittorio: *1840; †1886, Schriftsteller. Schweizer und Deutsche – das war für den ungestümen Sprachkünstler Imbriani ein- und dasselbe. Zu seiner Zeit begegnete man ihnen überall, standen doch bei jedem der zahllosen Kriege Schweizer auf der einen oder anderen, mitunter auch auf beiden Seiten. Und in Rom, wo er wohnte, hatte er sie sogar vor seiner Nase, diese ‹hässlichen Schweizer in ihren Papageienkostümen›. Zwanzig Jahre bevor er→**«In oltre gli alemanni...»** schrieb, hatte er als Siebzehnjähriger noch bei Professor de Sanctis Schriften von Petrarca studiert – am Polytechnikum in Zürich.

Improvisierte Passagen: Zusätzlich zu den zwölf Grundklang-Musikern treten täglich drei improvisierende Musiker auf. Diese reagieren mit verschiedensten Instrumenten auf den→**Grundklang**: sie improvisieren, steigen auf ihn ein, stören oder denunzieren ihn, kommentieren, ergänzen, befragen ihn... Ziel ist die Erweiterung des musikalischen Horizonts. Der →**Klangkörper** soll immer wieder anders klingen, sich verändern. Die improvisierenden Musiker reagieren sowohl auf die→**Musikalischen Fenster** als auch auf die Klänge und Ausbrüche.→**Kompositions-Verfahren,**→**Musik,** →**Musiker als Mitkomponisten**

«In oltre gli alemanni vivon precipuamente pel ventre. Non mangiano per isfamarsi, non beono per dissetarsi; anzi diluviano, s'impinzano, trincano, cioncano, ingollano. E poi cascan cotti come monne per le terre; o s'alzan barcollando di tavola, pieni che sel toccherebbono col dito, e si buttano in un cantuccio a pipare. E rimangon lì inebetiti, come il boa, che abbia trangugiato senza masticarlo un intero agnello od un cavallo sano sano, tutti intesi a concuocere, a chilificare, a smaltire, a digerire, a far merda del manducato; il che stimano forse la più alta funzione fisiologica, il più degno ufficio dell'ente uomo!»: Alemanni: Das sind bei Vittorio→Imbriani gleichermassen Schweizer wie Deutsche: «Ausserdem leben die Alemannen hauptsächlich für den Bauch. Sie essen nicht, um den Hunger zu stillen, sie trinken nicht, um den Durst zu löschen; nein, sie fressen, verschlingen, saufen, kippen in sich hinein, stopfen sich voll. Und dann fallen sie stock-besoffen auf den Boden; oder sie erheben sich schwankend vom Tisch, so voll, dass sie den Finger hineinstecken könnten, und werfen sich in eine Ecke, um an ihrer Pfeife zu ziehen. Und da bleiben sie dann benommen liegen, wie die Boa, die ohne zu kauen ein ganzes Lamm oder ein voll-ständiges Pferd verschluckt hat, alle darauf bedacht, zu verdauen, zu re-sorbieren, zu zermahlen, zu verbrennen, das Einverleibte in Kot zu ver-wandeln – was sie vielleicht für die höchste physiologische Funktion halten, die würdigste Aufgabe des menschlichen Wesens!» (Übersetzung: Evelyne und Samuel Vitali). Imbriani lässt in seinem Text von 1877 den Urner Offizier Guglielmo→Tell und den Marbacher Soldaten Federigo→Schiller aufeinandertreffen. Das Ganze spielt in Neapel und entwickelt sich zu einer derb grotesken Mentalitätsstudie. Vittorio Imbriani, *Il vivicomburio*, hrsg. von A. Palermo, Vallecchi, Firenze 1977, s. 162.

Infothek: Erdgeschossiger Raum im schlänksten der drei→Versorgungs-körper. Hier betreibt das Schweizerische Generalkommissariat eine Infor-mationsstelle, wo man auf Fragen zum Thema→Schweiz rasch und kom-petent Antwort erhält. Dazu wird auch die Homepage→www.expo2000.ch genutzt. Die Infothek steht unter der Leitung von Claire→Schnyder Lüdi. Auch kleine Kaufgelüste können hier befriedigt werden.

Innenleben: Die drei→Versorgungseinheiten in den→Flankenhöfen des →Klangkörpers sind Meisterwerke der (→Holz-) Baukunst: Die tragende

Konstruktion, die gleichzeitig die Wände bildet, besteht aus 225 gefrästen, verleimten Bindern (Balken) von je neun Metern Länge. Weil der Grundriss dieses Baukörpers ellipsenförmig (→**Ellipse**) ist, besitzt jeder Binder einen anderen Radius. Ähnlich komplex ist die Konstruktion der Treppen-Spirale. Verglichen mit ihr war der Einbau der 800, aus Glas gegossenen und neun Zentimeter dicken→**Bullaugen** schon fast ein Kinderspiel für die Firma→**Nüssli.**→**Bauen,**→**Wie baut man eine neun Meter hohe Spirale aus Holz?**→**Zimmerleute**

Inszenierung: Die→**Musik** soll immer wieder anders klingen, in anderem Licht erscheinen und die Architektur neu beleuchten. Ein wichtiges Mittel dafür ist die Inszenierung. Sie lässt die Musiker während ihres Spielens einerseits die Positionen im Raum, andererseits aber auch die Haltung beim Spiel wechseln. Das führt zum einen zu ständig neuen Raumaufstellungen und -aufteilungen und zum anderen variiert es den Klang. Eine Aufführungseinheit für einen Musiker beträgt drei Stunden (zwei pro Tag). Ein zeitlicher Ablaufplan ist der äussere Rahmen für die Freiheiten des →**Drei-mal-drei-Punktekatalogs.** Ausgangspunkt ist immer die→**Versorgungseinheit,** in der sich die Garderoben und die Aufenthaltsräume befinden. Dort ist für jedes Team auch der Treffpunkt, wo das für jeden Musiker wichtigste Requisit, die Stoppuhr, gestellt wird. Die ersten sechs Musiker verlassen bei Öffnung des→**Klangkörpers** in einer Reihe die Versorgungseinheit, in der sie den ersten Klang der Komposition spielen, um sich dann langsam im Pavillon zu verteilen. Jetzt tritt der zeitlich genau festgelegte Plan von drei Stunden in Kraft. Er wird vor allem durch zwei Elemente bestimmt: die Raumstruktur und die Zeitstruktur. Das bedeutet, dass der Musiker anhand seines Planes weiss, ob er sich vorrangig an der zeitlichen oder an der räumlichen Struktur orientieren soll: z.B. gilt in den ersten 14 Minuten, dass er sich frei im Pavillon bewegen kann, aber nach fünf Minuten von Klang A auf Klang B wechselt und in der 14. Minute treffen sich die Musiker in Stapel drei und wechseln auf Klang C. In der 31. Minute findet dann ein Zusammentreffen im →**Stapel** 7 statt, um gemeinsam zu musizieren (das sogenannte Volksmusikfenster). Danach wechselt man auf Klang E und in der 36. Minute erfolgt die Auflösung der Gruppe, und die Musiker bewegen sich wieder frei im Raum. Bei dieser freien →**Bewegung** gelten die Grundsätze des Drei-mal-drei-Punktekatalogs. In der 39. Minute gibt es für alle Beteiligten am Klangkörper ein Freeze, ein Innehalten, einen Stillstand. Das Uhrwerk durchbricht für einen Moment sein Prinzip. Ein grosser Ruck geht durch den Pavillon. Ein neues Spannungsmoment entsteht. Nach 60 Sekunden löst der Stillstand sich auf, arbeitet das Räderwerk wieder. Ab der 40. Minute gilt nun das Prinzip der eigenen Gesetze. Im Zeitraum von 20 Minuten werden vier Stapel neu definiert: 1. Der Zeitlupenstapel: Wenn der Musiker diesen Stapel betritt, verändern sich an der Schwelle seine Bewegungen in ein Zeitlupentempo. Jede Bewegung, die er ausführt, verlangsamt sich. Auch seine Musik erklingt nun anders. 2. Der Rückwärtsstapel: Wenn der Musiker diesen Stapel betritt, geht er plötzlich rückwärts. 3. Der Abbruchstapel: Der Musiker betritt die Schwelle mit Volksmusik aus seiner Heimat, doch plötzlich bricht er ab. Er versucht es nochmals, aber jedesmal, wenn er diese Schwelle überschreitet, bricht die Musik wieder ab. 4. Der Hieronymus Bosch Stapel: Wie in der Welt des Malers passieren den Musikern hier auch eigentümliche Dinge: Sie betreten diesen Stapel und beginnen, ihr Hackbrett mit dem Mund zu spielen, sie können sich plötzlich in ihrem Akkordeon spiegeln und sich genau betrachten, es tun sich tiefe Gräben vor ihnen auf, über die sie springen müssen, von oben tropft es plötzlich, sie müssen ausweichen... Durch diese Vorgaben entsteht ein Art Choreographie, die in ähnlicher Weise auch für die übrigen Mitwirkenden des Pavillons gilt. →**Regie** ⊙ **Ablaufskizze Klangversuch** ⊙ **Kompositionsbeispiele Grundklang**

Isler, Andi: *1969, Hackbrett, Schlagzeug. Trommelte schon als Kleinkind auf ‹Legokisten, Abfalleimern und Kuchenblechen›. Seither absolvierte er diverse musikalische Ausbildungen u.a. an den Jazzschulen in Bern bei Billy Brooks (Schlagzeug) und in Luzern bei Peter →**Schärli** (Trompete).

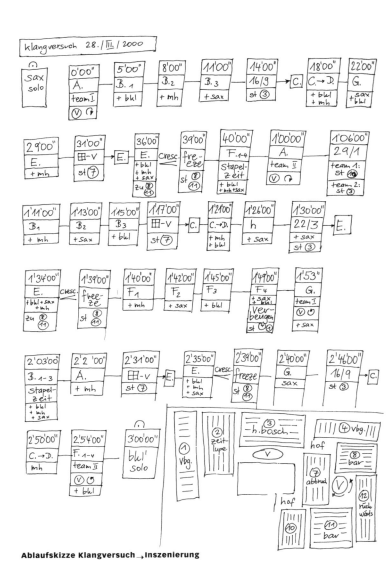

Ablaufskizze Klangversuch → Inszenierung

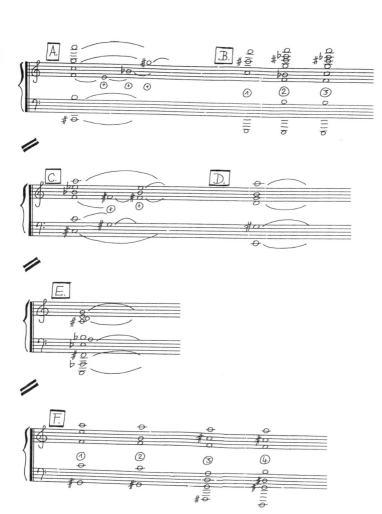

Kompositionsbeispiele Grundklang →, Inszenierung

Als Trompeter und Drummer spielt er auf CDs, bei Performances zeitgenössischer und improvisierter Musik sowie bei Theaterproduktionen mit. Er war u.a. mit der *Cîrqu'enflex-Show* unterwegs.

«It's a good name, Jungfrau – Virgin. Nothing could be whiter; nothing could be purer; nothing could be saintlier of aspect.»: Berge und vermeintliche Unschuld… Nicht ohne Ironie betrachtet hier Mark_→**Twain** die Berner _→**Alpen**: «Ein guter Name, Jungfrau. Nichts könnte weisser, nichts könnte reiner, nichts könnte heiliger aussehen.» Das Zitat stammt aus: *Switzerland, the Cradle of Liberty, The Complete Essays of Mark Twain*, hrsg. von Charles Neider, Garden City, NY, 1963, S. 112.

Iten, Pascal: *1978, Hackbrett. Studiert Schlagzeug an der Hochschule für Musik in Freiburg i. Br.

Jacke: Weil die_→**Grundstruktur** des Pavillons nach allen Seiten offen ist (_→**50 Eingänge, 50 Ausgänge**), gehört zur_→**Klangkörperkleidung** eine wetterfeste Jacke. Sie spielt mit dem Beuys'schen Charme des Filzes, besteht aber aus futuristisch anmutendem High-Tech_→**Fleece**. Die Designerin Ida _→**Gut** hat sie so geschnitten, dass sie deckend auf den Hüftknochen sitzt. Das winddichte Futter schützt auf der Innenseite vor Zug, nach aussen strahlt ein eigens komponierter goldwarmer Farbton das Wohlbefinden des Trägers aus._→**Aussentemperatur** ☉ Schnittmuster Jacke

Jaeggy, Fleur: geboren in Zürich, Schriftstellerin. Ist ursprünglich Schweizerin, aber nach einigen Jahren in Locarno nach Mailand gezogen, wo sie regelmässig neue Geschichten schreibt. Ihren Ruhm begründeten ihre bei Adelphi publizierten Romane: *Il dito in bocca, L'angelo custode, I beati anni del castigo*. Ingeborg Bachmann sagte über sie: ‹Die Autorin hat einen beneidenswerten ersten Blick für Menschen und Dinge, bei ihr verbinden sich zerstreute Leichtigkeit und ehrwürdige Weisheit.› Ihr neuester Roman *La paura del cielo* war sehr erfolgreich und wurde in diverse Sprachen übersetzt. Von Jaeggy in den_→**Lichtschriften** das Zitat: _→**«Se si guardano le piccole finestre…».**

Jaggi, Manuel: *1958, Hackbrett. Stiess über sein Interesse an keltischer und traditioneller Schweizer Volksmusik auf das Hackbrettspielen. Hat ein

Schnittmuster → **Jacke**

Lehrdiplom als Flötist des Schweizerischen Musikpädagogischen Verbands und der Swiss Jazz School, wo er heute unterrichtet. Er kann auf Konzerte und CD-Produktionen im Jazz- und Fusionbereich zurückblicken.

Jaggi, Tatjana: *1974, Mitarbeiterin →**Trinken und Essen**. Als Studentin der →**Höheren Gastronomie- und Hotelfachschule Thun** war sie bereits an den Vorbereitungsarbeiten beteiligt. Die überzeugte Gastgeberin schätzt die Herausforderung und das Abenteuer →**Klangkörper**. Sie zeigt die Liebe zu ihrem Beruf.

Janett, Domenic: →**Musikalischer Leiter**. Als Interpret klassischer Konzerte wie auch als musikantisch-virtuoser Ländlerklarinettist besticht er mit musikalischer Integrität, stilsicherer Versiertheit und spieltechnischem Können. Er studierte Klarinette am Konservatorium Zürich und wirkt seither als freischaffender Musiker, Dirigent, Komponist und Lehrer. Er verfügt über ein breitgefächertes Repertoire für Klarinette und Saxophon. Domenic Janett ist eine Ausnahmeerscheinung im gängigen Konzertbetrieb. →**Musik**

«Je pense donc je suisse.» – «La Suisse n'existe pas»: Vor allem der Satz «Die Schweiz existiert nicht» führte im Parlament zu grösserem Aufruhr, als es die gleichzeitige Ausrufung von Anarchie und die Umwandlung von Bergbauernhöfen in Kolchosen vermocht hätten. Wortkünstler Ben →**Vautier** schrieb die beiden Sätze an die Wand des Schweizer Pavillons an der Weltausstellung in Sevilla, den Harald Szeemann künstlerisch gestaltete. Die schlaue und prägnante Formulierung brachte Chance und Problem einer nicht kulturell oder topographisch zur Nation zusammengegossenen, sondern durch politischen Willen zusammengehaltenen *Schweiz* auf den Punkt. Während jedoch der provokative Satz von in- und ausländischen Intellektuellen mit Anerkennung aufgenommen wurde, geriet er innerhalb des parlamentarischen Diskurses zum Skandal. Wie konnte diese Nestbeschmutzung nur passieren? Bis heute wirkt das Trauma nach, und der damalige Bundesrat Flavio Cotti soll später dem →**Klangkörper** nur eines mit auf den Weg gegeben haben: Machen Sie, was sie wollen, aber machen Sie kein zweites Sevilla. Dabei hätte es damals genügt, den zweiten Satz mitzulesen: «Ich denke, also bin ich (Schweizer)».

Jean Paul: →Richter, Johann Paul Friedrich *1763 in Wunsiedel im Fichtelgebirge; †1825 in Bayreuth, Schriftsteller. Sohn eines fränkischen Pastors und Schulmeisters. Das Einkommen des Vaters war nicht gross, und Jean Paul erlebte eine Kindheit in dürftigen Verhältnissen, was er nie vergass und weswegen er sich immer für die Armen einsetzte. Der Familientradition folgend, studierte er Theologie. Der Wunsch, Schriftsteller zu werden, begleitete ihn von Anfang an. Aus Geldnot musste er sein Studium abbrechen, es folgten Hungerjahre als erfolgloser Schriftsteller. Eine Todesvision 1790 brachte Jean Paul weg von den Satiren hin zu erzählender Prosa, die ihm mit *Hesperus oder 45 Hundsposttage* einen ersten grossen Erfolg bescherte. Jean Paul ist der erste Schriftsteller, der es ohne einen Mäzen zu finanzieller Unabhängigkeit gebracht hat. In den folgenden Jahren wurde er heftig von Frauen umworben, heiratete schliesslich Karoline Meyer. Er lebte in Weimar, Berlin, Meiningen und Coburg, bevor er sich 1804 in Bayreuth niederliess. In dieser Zeit entstand auch das berühmte vierbändige Werk *Titan* (1800–1803), aus welchem das Zitat →«Welch eine Welt!...» stammt. Johann Wolfgang von →Goethe, nicht eben bekannt durch Treffsicherheit bei der Beurteilung von Kollegen, nannte Jean Pauls Kunstgeschmack *krank*.

Jeger, Ben: *1953, Akkordeon. Studierte Klavier an der Akademie für Schul- und Kirchenmusik Luzern. Daneben autodidaktische Studien im Jazz- und Rockmusikbereich auf Piano, Orgel, Akkordeon, Glasharfe und Violine. Komponiert rastlos u.a. für Theater, Film und Fernsehen. Spielt regelmässig in Orchestern, konzertiert mit Jazzbands und ist als Komponist und Interpret auf rund zwanzig Tonträgern zu hören.

Jörg, Toni: *1954, Hackbrett. Tritt in klassischen Konzerten sowohl mit anderen Musikern als auch als Konzertsänger auf.

«jolifanto bambla ô falli bambla | grossiga m'pfa habla horem | égiga goramen | higo bloiko russula huju | hollaka hollala | anlogo bung | blago bung blago bung | bosso fataka | ü üü ü | schampa wulla wussa olobo | hej tatta gôrem | eschige zunbada | wulubu ssubudu uluwu ssubudu | tumba ba- umf | kusagauma | ba- umf»: Von Hugo→**Ball** stammt dieses Lautgedicht mit Titel *Karawane*, das er selbst am 23.6.1916 einem erstaunten Zürcher Publikum vortrug. Es war das erste Jahr des legendären *Cabaret Voltaire*, der Wiege von→**Dada**. Ball schreibt in seinen Tagebüchern *Die Flucht aus* *der Zeit* 1927 über den Abend: «Ich habe eine neue Gattung von Versen erfunden, ‹Verse ohne Worte› oder Lautgedichte, in denen das Balancement der Vokale nur nach dem Werte der Ansatzreihe erwogen und ausgeteilt wird. Die ersten dieser Verse habe ich heute abend vorgelesen. Ich hatte mir dazu ein eigenes Kostüm konstruiert. Meine Beine standen in einem Säulenrund aus blauglänzendem Karton, der mir schlank bis zur Hüfte reichte, so dass ich bis dahin wie ein Obelisk aussah. Darüber trug ich einen riesigen, aus Pappe geschnittenen Mantelkragen, der innen mit Scharlach und aussen mit Gold beklebt, am Halse derart zusammengehalten war, dass ich ihn durch Heben und Senken der Ellbogen flügelartig bewegen konnte. Dazu einen zylinderartigen, hohen, weiss und blau gestreiften Schamanenhut.» Zitiert aus: *Dada. Eine literarische Dokumentation*, hrsg. von Richard ⌐,**Huelsenbeck**, Rowohlt Verlag, Reinbek 1964, s. 213.

Jung, Carl Gustav: *1875 in Kesswil; †1961 in Küsnacht, Begründer der analytischen Psychologie. Wuchs als Sohn eines Theologen in Laufen bei Schaffhausen, von 1879 an in Kleinhüningen bei Basel auf. Wurde 1900 Assistenzarzt, dann Oberarzt (1905–1909) an der damals weltberühmten Psychiatrischen Universitätsklinik Burghölzli in Zürich. Ab 1906 stand er in einem Briefwechsel mit Sigmund Freud, galt Jung doch als Kronprinz der internationalen Psychoanalyse. 1913 kam es jedoch zum Bruch, und Jung wurde zum kreativen Gegenspieler von Freud. Jung war zusätzlich Privatdozent an der Universität Zürich (1905–1913), Titularprofessor an der ETH Zürich (1935–1942) und Ordinarius in Basel (1943–1944). Seit 1909 hatte er eine eigene psychotherapeutische Praxis in Küsnacht. Immer wieder reiste Jung zu Forschungszwecken nach Paris und vor allem in die USA, zu den Pueblo-Indianern und nach London, Nord- und Ostafrika und Indien. Jungs Forschung hat noch heute einen grossen Einfluss auf die westeuropäische Bildung. Von Jung geprägte Begriffe wie *Extroversion* oder *archetypisch* sind in den allgemeinen Wortschatz eingegangen. Der Spezialist für kollektive psychische Phänomene machte sich auch Gedanken über die ⌐,**Schweiz** und Europa: ⌐,**«Sollte es so sein, dass...».**

Junker, Andreas: *1936, Berater ⌐,**Trinken und Essen**. Als Betriebsplaner des Hoteliervereins in Bern vom ⌐,**Kurator** Trinken und Essen Max ⌐,**Rigendinger** engagiert. Er hat entscheidend zum Optimieren von Betriebsabläufen beigetragen. Er plazierte jeden Kühlschrank und jede

Kühlschublade am bestmöglichen Ort, liess Strom und Wasser an den richtigen Stellen und in der richtigen Menge fliessen. Mit viel Ideenreichtum bewegt er sich im Spannungsfeld zwischen Betriebsabläufen und ästhetischen Ansprüchen der Architektur.

Jurčo, Róbert: *1969 in der Slowakei, Akkordeon. Studierte Akkordeon an der Musikhochschule Bratislava.

Kägi, Jonas: *1980, Hackbrett. Der Schreiner spielt seit Kindesalter.

Käse: Im→**Klangkörper** werden→**Girenbaderli,**→**Dallenwiler Alpkäse,** →**Emmentaler,**→**Greyerzer,**→**Kuhfladen,** Rohmilchbrie,→**Sbrinz** und→**Tête de Moine** aufgeschnitten.

Kaffee-Luz: Der Schnapskaffee aus Obstschnaps, schwarzem Kaffee und Zucker sorgt vor allem an kälteren Tagen im→**Klangkörper** für die nötige Wärme. Die Zutaten: 2 – 3 Würfelzucker mit einer Tasse schwarzem Kaffee gut verrühren, 4 cl Obstschnaps dazugeben und mit heissem Wasser auffüllen.

Kaffeemaschine: Kaffee ist zwar nicht ursprünglich schweizerisch, dennoch gehört das Getränk auch zum Leben der Schweizer. An jeder→**Bar** gibts Kaffee, mal mit Rahm obenauf, mit Obstschnaps (→**Kaffee-Luz**) oder ganz einfach ein feiner Espresso, aus einer La Cimbali, zur Verfügung gestellt vom italienischen Unternehmen Cimbali SpA. Cimbali wurde 1912 gegründet und ist heute weltweit führend in der Herstellung von professionellen Espressokaffeemaschinen. Cimbali SpA., Binasco, Italien, Tel. +39/2/90 04 91 oder *www.cimbali.it.*→**Klang der Gastronomie**

Kafka, Franz: *1883 in Prag; †1924 in Kierling bei Klosterneuburg, Schriftsteller. Der Sohn eines tschechisch-jüdischen Geschäftsinhabers und einer wohlhabenden Deutschen unternahm zeit seines Lebens Fluchtversuche. Doch Heirat, Assimilation, Zionismus, Ortswechsel und eine Existenz als freier Schriftsteller scheiterten. Kafka arbeitete bis zu seiner vorzeitigen Pensionierung in leitender Stellung in einer grossen Versicherungsanstalt. Sein Vater übte einen wichtigen und erdrückenden

Einfluss auf ihn aus. Kafka versuchte diesen Druck in so berühmten Werken wie *Das Urteil* (1912), *Brief an den Vater* (1919), *Die Verwandlung* (1916) zu verarbeiten. In Kafkas Werken steht oft der Mensch ohnmächtig anonymen Mächten gegenüber. In *Der Process* (1925) erfährt der Protagonist bis zum Schluss nicht, weswegen er angeklagt ist und von wem. Kafkas literarisches Vermächtnis stellt eine absurde Welt in präziser Unheimlichkeit und slapstickartiger Lächerlichkeit dar. Eine Reise durch die ⌐**Schweiz**, die unter anderem nach Erlenbach, Zürich und Lugano führte, schlug sich in Kafkas Tagebüchern in Form kurzer, prägnanter Beobachtungen nieder: ‹Schweizerisch: in Blei gegossenes Deutsch›, ‹Deutsches Lugano›, ‹Zu sehr eingesperrt von Bergen› oder eben, wie in den ⌐**Lichtschriften** zitiert: ⌐**«Luftreservoir des Sees, nicht zu bebauen.».**

Kahl, Urla: *1966, Horn, Alphorn. Lebt und arbeitet in Basel. Sie ist u.a. Mitglied der *basel sinfonietta,* wirkt aber als Improvisatorin und Komponistin solistisch und in Zusammenarbeit mit Künstlern verschiedener Bereiche. 1997 erschien ihre erste Solo-CD.

Kantone: Seit der Gründung des Kantons Jura 1978 besteht die ⌐**Schweiz** aus 26 Kantonen. Davon sind drei in je zwei Halbkantone geteilt. Die Kantone, auch Stände genannt, sind die ursprünglichen Staaten, die sich 1848 zum ⌐**Bund** zusammenschlossen. Jeder Kanton und jeder Halbkanton hat eine eigene Verfassung, ein eigenes ⌐**Parlament**, eine eigene ⌐**Regierung** und eigene Gerichte. Es sind dies: Zürich, Bern, Luzern, Uri, Schwyz, Obwalden, Nidwalden, Glarus, Zug, Freiburg, Solothurn, Basel-Stadt, Basel-Landschaft, Schaffhausen, Appenzell Ausserrhoden, Appenzell Innerrhoden, St. Gallen, Graubünden, Aargau, Thurgau, Tessin, Waadt, Wallis, Neuenburg, Genf, Jura.

Kartoffelbrot: Es enthält neben Weizenmehl noch einen Anteil gekochter Kartoffeln. Es bleibt lange feucht und passt ausgezeichnet zu ⌐**Fleisch** und ⌐**Käse**. Es wird je nach Bedarf in der ⌐**Backstation** aufgebacken. Erhältlich bei A. Hiestand AG, Schlieren, Tel. +41 / 1 / 738 43 10 oder *www.hiestand.ch*

Kehricht: Von den ⌐**Mitarbeitern** des ⌐**Klangkörpers** wird er im Abfallraum deponiert. In der Nacht stellt der Nachtportier dann die Container vor den

Pavillon. Sie werden vom *Expokehricht* geleert. Der sammelt jede Nacht von allen Nationen den Abfall und fährt ihn in eine Verbrennungsanlage.

Keist, Aldo: *1966, Stylist ⟶**Klangkörperkleidung.** Hat die stylistische Planung koordiniert und war Ida ⟶**Guts** Consultant in Fach- und Produktionsfragen. Er entwirft Männermode, die er und sein Partner Robert ⟶**Zähringer** überzeugt und überzeugend auch selber tragen. *Zähringer + Keist* steht für Persönlichkeit statt Image. Je normaler die Kleider daherkommen, desto weniger lenken sie vom Träger ab – und desto stärker kommt das Spezielle jedes Einzelnen zur Geltung.

Keller, Franziska: *1977, Akkordeon. Studiert an der Musikhochschule Trossingen bei Hugo ⟶**Noth.**

Keller, Stefan: *1960, Berater ⟶**Trinken und Essen.** Sein Urgrossvater war Käser, der Grossvater Bäcker: Stefan Keller ist kulinarisch vorbelastet. Nach seiner Ausbildung zum Volksschullehrer arbeitete er zehn Jahre in der Gastronomie, danach sechs Jahre als Redaktor der internationalen Weinfachzeitschrift *Vinum* in Zürich. Stefan Keller ist auch an der Weinproduktion eines kleinen Unternehmens im Veltlin beteiligt. Heute ist er freiberuflich tätig in den Bereichen Projektberatung, Publizistik und Public Relations. An den Degustationen für den ⟶**Klangkörper** brachte er sein Wissen um die Feinheiten zum ⟶**Wein** ein.

Kelterborn, Hans: *1945, Projektdelegierter. Ist verantwortlich für das Programm am Schweizerischen ⟶**Nationentag** vom 9. Juni 2000. Er ist Abkömmling eines hannoverischen Schuhmachermeisters.

«**Kembs 900 GWh** | Ryburg-Schwörstadt 715 GWh | Albbruck-Dogern 542 GWh | Birsfelden 534 GWh | Laufenburg 500 GWh | Säckingen 476 GWh | Verbois 415 GWh | Lavey 371 GWh | Wildegg-Brugg 296 GWh | Gösgen 286 GWh | Rheingau 237 GWh | Eglisau 235 GWh | Reckingen 234 GWh | Klingnau 230 GWh | Rupperswil-Auenstein 213 GWh | Chancy-Pougny 200 GWh»: Aufgelistet sind hier Niederdruck-Laufkraftwerke, also Stromerzeugungsanlagen, welche die Fliesskraft von Flüssen mittels Kaplanturbinen in Elektrizität umwandeln. Die Zahl daneben beziffert die mittlere Jahresleistung der einzelnen Kraftwerke in Gigawattstunden. Die Angaben stammen vom Verband Schweizerischer Elektrizitätswerke (VSE).

Klangraum Stapel 3 → Klangräume

Khlopine, Guerman: *1973, Akkordeon. Erste Studien in seiner russischen Heimatstadt Severodwinsk. Erlangte das Musiklehrerdiplom am Rimsky-Korsakow-Konservatorium St. Petersburg. Heute studiert er an der Hochschule für Musik und Theater Hannover bei Elsbeth →Moser.

Kiefer, Andrea Carola: *1976, Akkordeon. Studiert am Hermann-Zilcher-Konservatorium Würzburg bei Stefan →Hussong. War mehrfache erste Preisträgerin bei *Jugend musiziert* und beim *Deutschen Akkordeon Musikpreis* in Solo- und Kammermusikwertung.

Kienberger, Jürg: *1958, Stimme. Ist in einer Schweizer Hotelierfamilie aufgewachsen, wo er täglich Live-Musik hörte. Er arbeitet ausschliesslich als Theatermusiker, u.a. viele Jahre mit Christoph Marthaler in Zürich.

Klang: →Musik, Daniel →Ott

Klang der Gastronomie: Die →Inszenierung bezieht auch die Klänge und Geräusche der →Bars mit ein. Dazu gehören klingelnde Gläser, klappernde Teller und die Zischgeräusche der Kaffeemaschine. Die Kassen zirpen elektronisch, der Kaffeekolben knallt auf den Satzbehälter und der Deckel der Abwaschmaschine rastet ein. Dazu singt das Blatt der Aufschnittmaschine, Kühlschubladen und Türen rumpeln beim Schliessen und das Mahlwerk der Kaffeemühle dröhnt. Das Telefon klingelt, Tabletts schleifen auf ihren Halterungen, der Wasserhahn rauscht und das Kleingeld klingelt in der Kasse.

Klangkörper Schweiz: Offizielle Bezeichnung des von der Schweizerischen →Eidgenossenschaft errichteten Ausstellungspavillons auf der →Expo 2000 in Hannover. Den Pavillon bespielen während der gesamten Dauer der Ausstellung insgesamt annähernd 350 Musiker. Sie bringen den →Resonanzkörper nach einem Konzept des Komponisten Daniel →Ott zum Klingen. Doch nicht nur die komponierten und improvisierten Klänge, sondern auch die Alltagsgeräusche vom Pavillon sind Teil der lebendigen Klanginstallation, Teil der Aufführung. →Idee, →Inszenierung, →Klang der Gastronomie, →Lichtschriften, →Musik, →Regie, →Resonanzkörper, →Trinken und Essen

Klangkörperbuch: Das Begleitbuch gibt Auskunft auf Fragen des Besuchers. Etwa: Woher kommt das‿**Holz**? Wer hat den‿**Grundklang** komponiert? Woher stammen die Zitate der‿**Lichtschriften**? Warum trocknet man Fleisch in der Höhenluft? Was versteht die Modedesignerin Ida‿**Gut** unter ‿**Zeitflüssigkeit**? Was heisst‿**Inszenierung**? In einem Wort: Die 928 alphabetisch geordneten Stichworte erzählen die Geschichten hinter dem Gezeigten, Gelesenen, Gegessenen, Gehörten, Gerochenen, also dem Erlebten. Die‿**Grundstruktur** des Buches entspricht dem‿**Klangkörper**: Die Stichworte sind wie seine‿**Balken** übereinandergestapelt, Querverweise eröffnen immer wieder neue Gassen und ermöglichen lustvolles Schmökern in den Bereichen Architektur,‿**Musik**,‿**Trinken und Essen**,‿**Wort** und‿**Inszenierung**. Die Autoren sind Plinio‿**Bachmann** (Lichtschriften), Jürg Conzett (‿**Statik**), Karoline‿**Gruber** (Inszenierung und‿**Regie**), Daniel‿**Ott**, Sandra‿**Koch**, Katrin‿**Marti** (‿**Musik**), Ginette‿**Pernet**, Max‿**Rigendinger** (‿**Trinken und Essen**), Pascal Schaub (‿**Klangkörperkleidung**) und Peter‿**Zumthor** (‿**Gesamtkonzept** und Architektur). Typografische Buchgestaltung von‿**Set**. Herausgeber und Redaktor ist Roderick‿**Hönig**.

Klangkörperkleidung: Die Musiker, Guides und Gastronomen tragen‿**Outfits** der Modedesignerin Ida‿**Gut**. Sie hat die Kollektion speziell für den ‿**Klangkörper** entworfen. Jedes Kleidungsstück ist ein Dialog-Element im ‿**Gesamtkunstwerk**. Die unifarbenen Stoffe kontrastieren die‿**Stapelwände** und die‿**Lichtschriften**. Das einheitliche Design für Frauen und Männer ist reduziert und doch aussergewöhnlich, eben‿**zeitweit**. Durch die‿**Bewegung** setzt die Klangkörperkleidung immer wieder neue grafische Zeichen im Pavillon. Die funktionalen Schnitte unterstützen die‿**Mitarbeiter** in ihrer Arbeit,‿**Ausstrahlung** und ihrem Wohlbefinden. Für die Begegnung mit den Besuchern der‿**Expo 2000** verleihen die Outfits den Gastgebern Kraft, Selbstbewusstsein und Offenheit. Zudem vermitteln die‿**Hosen**,‿**Shirts** oder‿**Jacken** auch ein Stück textile Schweiz:‿**Schweizer Mode**, vorwiegend aus Schweizer‿**Stoffen** in der‿**Schweiz** hergestellt. ◉ Bekleidung Männer

Bekleidung Männer→**Klangkörperkleidung**

Klangkörperspieldose: Die Komposition mit 18 Tönen, der Klang 16/9 der Klangkörpermusik wurde von Daniel ⌐,**Ott** für die 18 Zungen der Klangkörperspieldose eingerichtet. Das Gehäuse stammt von Peter Zumthor, das Spielwerk von Firma Reuge SA in St. Croix. ⌐,**Kompositionsverfahren**

Klangkörper-Hackbrettwagen: Zweirädriges Gefährt aus Rundstahl, eigens für den ⌐,**Klangkörper** entworfen und in acht Exemplaren gefertigt. Es erlaubt den Musikern, sich mit ihren Hackbrettern im Pavillon frei zu bewegen. ⌐,**Inszenierung,** ⌐,**Musik** ⊙ **Entwurfsskizze**

Klangräume: Bezeichnung für die unterschiedlich grossen Lücken im Inneren von fünf ⌐,**Stapeln.** Sie dienen als Orte der musikalischen Bespielung und des Aufenthalts der Musiker. Mit zunehmender ⌐,**Spannweite** nimmt die Anzahl der Dachbalken zu, welche die Klangräume überspannen. ⌐,**Dachkonstruktion,** ⌐,**Musik,** ⌐,**Resonanzkörper** ⊙ **Klangraum Stapel 3**

Kleidung: ⌐,**Klangkörperkleidung,** Ida ⌐,**Gut**

Klimpel, Franziska: *1977 in Leipzig, Akkordeon. Studiert an der Hochschule für Musik *Hanns Eisler* in Berlin.

Kloster Sion, 1998: Rotwein. Im Jahr 1269 hat Walther von Klingen, Sohn des damaligen Statthalters, dem Orden der Wilhelmiten eine kleine Kapelle geschenkt. Er nannte sie Sion, abgeleitet vom hebräischen Wort Zion für Gott. Später wurde der Rebberg in Klingnau von Adelbert Meier gekauft. Er und später auch sein Sohn Albert haben mit dem Ersetzen der damaligen Bestockung mit Pinot Noir und mit der Klonenselektion begonnen. Erhältlich bei Weingut zum Sternen, Würenlingen, Tel. +41 / 56 / 281 14 12 oder unter: *www.weingut-sternen.ch*

Kluser Riesling x Sylvaner, 1998: Weisswein. 1935 übernahm Fritz Nussbaumer in Aesch den Klus Hof als Landwirt und Weinbauer. Die Familie hat den Bestand der Reben auf 5,22 Hektaren erweitert. Den Hof hat der Sohn verkauft und dafür das Restaurant *Vordere Klus* erstanden, das von

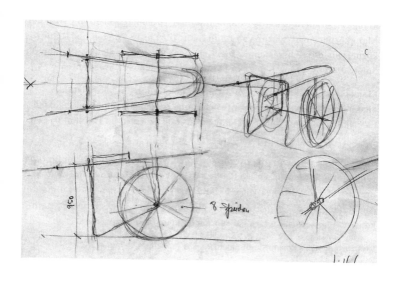

950

8 Speichen

Entwurfsskizze → **Klangkörper-Hackbrettwagen**

Rebbergen umgeben ist. Auf 360 Meter über Meer gedeihen die Reben des →Riesling x Sylvaners und werden mit sehr viel Sonne verwöhnt. Erhältlich bei Domaine Kurt und Josy Nussbaumer, Aesch, Tel. +41 / 61 / 751 16 85.

Kneubühler, Nadja: *1969, Hackbrett. Erwarb das Lehrdiplom für Schlagzeug an der Musik-Akademie Basel und war Mitglied des Schlagzeugensembles *Metraxa* unter der Leitung von Sylwia →**Zytynska.**

Koch, Hans: *1948, lebt in Biel, Bassklarinette, Saxophon. Spielt Tenor-, Sopransaxophon, Klarinette, Bass- und Kontrabass-Klarinette und komponiert. Nach einem absolvierten klassischen Musikstudium wandte er sich dem Jazz und frei improvisierter Musik zu. Er spielt in verschiedenen internationalen Formationen und war auf Tourneen mit Fred Frith und Paul Lovens. Seit 1990 ist er Mitglied von Koch-Schütz-Studer (Martin →**Schütz**). Das Trio wurde durch seine kompromisslose und radikale Hardcore Chambermusic international bekannt. Er erhielt verschiedene Werkbeiträge und Stipendien sowie 1985 die Auszeichnung als bester Solist am Jazzfestival Lugano und 1986 den Kulturpreis der Stadt Biel. Neben seiner internationalen Konzerttätigkeit komponiert er Film- und Hörspielmusik.

Koch, Sandra: *1968, Mitautorin →**Klangkörperbuch** Bereich →**Musik.** Studierte Germanistik und Musikwissenschaft an der Universität Bern. Sie ist Verantwortliche für Öffentlichkeitsarbeit an der bernischen Hochschule für Musik und Theater und absolviert derzeit ein Aufbaustudium in Kulturmanagement an der Pädagogischen Hochschule Ludwigsburg. Sie spielt und spielte u.a. Klavier, Orgel, Alphorn und Trompete. Sandra Koch tritt als Mezzosopranistin sowohl solistisch als auch in Ensembles auf.

Kocher, Jonas: *1977, Akkordeon. Studiert bei Teodoro →**Anzellotti** an der bernischen Hochschule für Musik und Theater in Biel.

KoKo: Die Koordinationskommission für die Präsenz der →**Schweiz** im Ausland, ist u.a. die ‹Weltausstellungskommission› des →**Bundes**. Neu heisst sie →**PRS**.

Kompositions-Verfahren: Der →**Kurator** →**Musik** Daniel →**Ott** suchte nach einem Kompositions-Verfahren, das ihm erlaubte, über einen längeren Zeitraum an der Klangkörper-Musik zu schreiben – und diese Arbeit immer wieder zu unterbrechen, um diese Klangkörper-Klänge zu organisieren, Musiker zu kontaktieren, mit ihnen über dieses verrückte Vorhaben zu sprechen. Er lotete mit ihnen Klänge aus, führte Klangversuche im →**Musterstapel** und später im Rohbau des→**Klangkörpers** durch. Die dabei entstehende Klangkörpermusik soll aus verschiedenen Versatzstücken, heterogenen Bausteinen, bestehen, die während der 153 Tage dauernden Aufführung (→**Zahlen in der Musik**) täglich neu zusammengesetzt werden können. Er begann, einzelne Teile, sogenannte *Tages-Werke* (z.B. 22/3 oder 16/9) in einem Tag zu komponieren. Während der letzten zwei Jahre entstanden so die verschiedenen *Ausbrüche* und *Interventionen*. Durch die täglich wechselnde Gesamtstruktur werden sie auch täglich durch ihre wechselnde Umgebung, durch ihren wechselnden Aufführungsort im Pavillon und die ändernde Aufführungszeit im Ablaufplan neu erklingen, neu wahrgenommen. Dazu zwei Einträge aus dem musikalischen Skizzenbuch von Daniel Ott: *Tages-Werk* vom 22.3.1996: ‹In Buenos Aires hatte ich die Idee zu einer Raummusik mit mobilen Musikern in einem sich verändernden riesigen Klangraum – und mit schnellen aperiodischen Klangketten auf Zupfinstrumenten – später habe ich diese Idee für die→**Hackbretter** des Klangkörpers ausgearbeitet und für die→**Klangräume** *massgeschneidert.*› *Tages-Werk* vom 16.9.1999: ‹An diesem Tag schrieb ich für eine Klangprobe zum Klangkörper in Zürich eine Musik mit dem Umfang des Appenzeller Hackbretts. Dabei wollte ich versuchen, auf die *Volksmusik-Aura* des Hackbretts anzuspielen, ohne in reaktionäre Fettnäpfchen zu treten. Also nicht in erster Linie bestätigende, affirmative Musik – sondern Klänge, die etwas in Frage stellen, Brüche zeigen, – die durchaus einen Moment Identität stiften, sich wiederholen und im nächsten Moment ihr Gesicht ändern, aus dem bereits sicher gewährten Klangrahmen entgleisen. Wenn ich die Reise des Appenzeller Hackbretts rückwärts über Ungarn, den Balkan, Iran nach Indien zu seinen Ursprüngen verfolge, streife ich verschiedene Volksmusik-Kulturen mit ungeraden, unregelmässigen Rhythmen. Wenn ich diese zur Appenzeller Musik dazu denke,

Komposition 22/3 → Kompositions-Verfahren

Komposition 16/9 →**Kompositions-Verfahren**

bin ich musikalisch schon beinahe da, wo ich sein wollte. Unregelmässig-
keit/Aperiodizität als Mittel, um einfache Hörgewohnheiten zu durch-
kreuzen, spielten beispielsweise bei Hanns Eisler (*die Kunst zu erben*) eine
Rolle und waren durchaus politisch gemeint: Als Aufforderung, sich ins
Gerade/Glatte des Vorherrschenden einzumischen. Im Klangkörper,
wo sich die Musikstile und Volksmusiken der verschiedensten Richtungen
treffen und in Dialog treten sollten, geht es u.a. in den ⌐**Musikalischen
Fenstern** darum, Musikfluss zu ergänzen/durchkreuzen, eben *sich einzumischen* und konstruktiv zu stören.› ⌐**Harmonie**, ⌐**Musiker als Mitkomponisten**
⊙ Komposition 22/3 ⊙ Komposition 16/9

Konfektion: Rund 1200 Shirts, 600 Hosen, 500 Jacken, 500 Hip-Bags und
500 Caps wurden für die ⌐**Klangkörperkleidung** in der ⌐**Schweiz** in verschiedenen Kleinbetrieben hergestellt. Nach der seriellen Fabrikation fand eine
individuelle ⌐**Anpassung** der einzelnen Kleidungsstücke an die Träger statt.

Kowacevic, Goran: *1971 in Schaffhausen, Akkordeon. Studierte am
Konservatorium Winterthur und absolvierte das Aufbaustudium bei Hugo
⌐**Noth** an der Staatlichen Hochschule für Musik Trossingen. Lehrt am
Landeskonservatorium Feldkirch Akkordeon und Kammermusik. Er veröf-
fentlichte 1998 seine erste Solo-CD.

Kowalczyk, Andrea: *1972, Akkordeon. Studierte an der Musikhochschule
Dortmund. Arbeitete als Instrumentalpädagogin und Musikerin. Studiert
heute Wirtschaft an der Universität Dortmund.

Krähenbühl, Heinz: *1944, Mitglied Projektbegleitungsteam ⌐**Bauherrschaft.** Der Architekt arbeitet für das Bundesamt für Bauten und Logistik.
Er war zuständig für das Controlling beim ⌐**Klangkörper.**

Krautz, Katrin: *1977, Akkordeon. Schloss Instrumentalpädagogik an der
Hochschule für Musik *Hanns Eisler* Berlin ab.

Krebs, René: *1941, Posaune, Muschelhorn. Der Hochbauzeichner studierte Trompete an der Jazzschule Bern. Inzwischen hat er sich als Autor
einer Trompetenschule, mit Konzerten, Radio- und Fernsehauftritten und
eigenen Kompositionen im Bereich Neuer und improvisierter Musik einen

Namen gemacht. Er experimentiert auch auf Tritons- und umgebauten Flügelhörnern.

Kreisler, Miguel: *1968 in Madrid, Architekt. Studium an der Escuela Técnica Superior de Arquitectura de Madrid. Arbeitete nach dem Studium für Victor López Cotelo. Ist ein feinfühliger Entwerfer und der körperhaften Substanz der Architektur samt ihrer Ausstrahlung verfallen. Seit 1996 arbeitet er mit Peter →**Zumthor** im Büro und als Assistent an der Accademia di architettura in Mendrisio. Der →**Klangkörper** verdankt ihm unter anderem die spielerische Reaktion der →**Stapel** auf die flache →**Schieflage** des →**Asphaltkissens**.

Kreuzhöfe: Im Gewebe der zwölf abwechselnd längs- und quergestellten →**Stapel** liegen drei nicht überdachte Kreuzhöfe. Sie befinden sich dort, wo die Stirnseiten von jeweils vier Stapel aufeinandertreffen. Im Gegensatz zu den →**Flankenhöfen** läuft der Raum hier kreuzförmig auseinander. →**Grundstruktur** ⊙ Ideenskizze Batterie

Kriechen: Bezeichnung für die langfristige Zunahme einer elastischen Verformung bei →**Holz** oder Beton. Wegen des Kriechens senkt sich das obere Ende eines →**Stapels** mit der Zeit um bis zu 60 mm – zusätzlich zum →**Schwinden**.

Krohn, Tim: *1965 in Nordrhein-Westfalen, Theater- und Romanautor. Wuchs in Glarus in den Schweizer →**Alpen** auf und lebt heute in Zürich. Er ist Präsident des Schweizer Schriftstellerverbandes. Für seine bisherige literarische Arbeit erhielt er zahlreiche Preise und Stipendien, unter anderem den Conrad-Ferdinand-Meyer-Preis und 1998 für seinen Roman *Dreigroschenkabinett* den Preis der Schweizerischen Schillerstiftung. Auch der Roman *Quatemberkinder* (→**«Und da meinte der Hörelimaa...»**) wurde von der →**Pro Helvetia** mit einem Stipendium ausgezeichnet.

Kross, Erik: *1956, Hackbrett. Studierte Komposition an der Hochschule für Musik in Dresden. Beschäftigt sich mit zeitgenössischer Musik und mit Volksmusikforschung. Er spielt neben anderen Instrumenten auch Sanduri und ist als Produzent mit eigenem Tonstudio, als Arrangeur und Komponist sowie als musikalischer Leiter zahlreicher Theaterproduktionen vor allem in Nordhausen und Zittau tätig.

Ideenskizze Batterie_,Kreuzhöfe

Kruzig, Martin: *1966, Hackbrett. Studierte Schlagzeug an der Hochschule für Künste in Bremen. Lebt und arbeitet ebenda. Begeisterte sich für Jazz, Funk und Fusion und wirkt an Projekten von Musical bis traditionelle japanische Trommelmusik mit.

Kühn, Sindy: *1977, Akkordeon. Studiert an der Hochschule für Musik *Hanns Eisler* Berlin.

Küng, Mirena und Roland: *1988 und *1982, Hackbrett. Die Geschwister aus Appenzell haben zusammen mit ihren sechs Schwestern bereits eine Volksmusik-CD aufgenommen.

Künstlercafé: Ein Aufenthalts- und Essraum der besonderen Art. Hier werden die zwischenmenschlichen Beziehungen der →Mitarbeiter und Musiker gepflegt. Durch die einzigartige →Atmosphäre sollen sie sich entspannen und wohlfühlen können. Hitzige Diskussionen, persönliche Gespräche und schallendes Gelächter sind erwünscht.

Kuhfladen: Den Namen erhielt der Käse wegen seiner Form. Irgendwann hat der Käser den Fladen aber in eine Schachtel gesperrt, damit er nicht zu gross und zu dünn wurde. Zum Essen tunkt man am besten ein Stück Brot hinein. Erhältlich bei Barmettler Molkerei AG, Stans, Tel. +41 / 41 / 628 19 06.

Kurator: →Kuratorium, Plinio →Bachmann (→Lichtschriften), Ida →Gut (→Klangkörperkleidung), Karoline →Gruber (→Inszenierung und →Regie), Daniel →Ott (→Klang), Max →Rigendinger (→Trinken und Essen) und Peter →Zumthor (→Gesamtkonzept und Architektur)

Kuratorium: Personengruppe, mit der der künstlerische Leiter und Architekt Peter →Zumthor das mit der Schweizerischen →Eidgenossenschaft abgesprochene →Gesamtkonzept konkret entwickelt und ausgeführt hat. Die Kuratorinnen und Kuratoren Plinio →Bachmann (→Lichtschriften), Karoline →Gruber (→Inszenierung und →Regie), Ida →Gut (→Klangkörperkleidung), Daniel →Ott (→Musik) und Max →Rigendinger (→Trinken und Essen) haben

143

ineinandergreifende und gleichzeitig in sich stimmige Konzepte erarbeitet, für die sie als Autoren verantwortlich zeichnen. →**Gesamtkunstwerk**

«L'ancienne Suisse, c'était une belle et pudique vierge, solitaire et sauvage, dont les appas, ignorés des foules, faisaient battre le coeur de quelques vrais amants.»: «Die Schweiz von früher, das war eine schöne und keusche Jungfrau, einsam und wild, deren Reize, von der Menge verkannt, das Herz einiger wahrer Verehrer höher schlagen liess.» Leider hat man, statt das Geheimnis für sich zu behalten, von ihrer Schönheit erzählt. Und schon stehen die Engländer Schlange bei der Dame, «so dass die keusche Jungfrau, allen Blicken ausgesetzt, zwar ihre Schönheit behalten, aber all ihren Charme verloren hat.» Rodolphe →**Töpffer,** *De la partie pittoresque des voyages de de Saussure* (1834), wiedergedruckt in: *Mélanges,* Cherbuliez, Paris/Genf 1852. →**«It's a good name, Jungfrau...»**

«L'on a dû voir que c'est encore à la nature du pays, à ses montagnes, que les Valaisans doivent leur manière d'être & de vivre: cela est si vrai qu'il est inouï de voir un Valaisan quitter son pays pour s'établir ailleurs. Heureuse cette nation, si le désir de jouer un rôle ne la tente jamais, & si le luxe, ce fléau des plus grands Etats, ne s'y introduit pas.»: Ein Naturforscher des 18. Jahrhunderts durchwanderte die Alpen von Savoyen durch die →**Schweiz** bis nach Italien und schrieb seine Beobachtungen über Gletscher nieder. Wie in jener Zeit üblich, wird das eine nicht vom anderen getrennt, und so finden sich in dem Text immer wieder Bemerkungen über die Bewohner der abgelegenen Gletscherlandschaften. Der Text lautet auf Deutsch: «Nach den moralischen Gründen, die das Glück der Allgemeinheit und des Einzelnen unterhalten, hat man einsehen müssen, dass die Walliser ihre Seinsweise und Lebensart noch der Natur des Landes, seinen Bergen verdanken: das trifft in einem Masse zu, dass man noch nie von einem Walliser gehört hat, der sein Land verlassen hätte, um woanders sein Glück zu machen. Glücklich, dieses Volk, wenn der Wunsch, eine Rolle zu spielen, es nie in Versuchung bringt, und wenn der Luxus, diese Geissel grosser Staaten, sich nicht einschleicht.»→**Bourrit, Marc-Théodore,** *Nouvelle description des glacières, vallées de glace et glaciers qui forment la grande chaîne des alpes, de Savoye, de Suisse et d'Italie,* Slatkine, Genf 1981, Original 1787, s. 103.→**Alpen**

«La bella alla finestra | la guarda in su e in giù | la spetta il fidanzato | al canto del cucù. | Cucù cucù, | l'aprile non c'è più; | e ritornato è maggio | al canto del cucù.»:** «Der Winter ist vorbei, den April gibt's nicht mehr, der Mai ist mit dem Kuckuck zurückgekehrt. Am Fenster wartet die Schöne auf ihren Geliebten. Der Wonnemonat Mai lässt die Liebe erahnen.» Dieses Tessiner Volkslied ist eines der bekanntesten und beliebtesten und wird von Schulklassen auch im Kanon gesungen. Die Melodie findet sich in: *Die schönsten Schweizer Volkslieder,* hrsg. von Max Peter Baumann, Mondo-Verlag, Vevey 1994, s. 65.

«La censure est interdite. Le secret de rédaction est garanti.»: Zitiert aus der→**Bundesverfassung,** Artikel 17, 2 und 3: «Zensur ist verboten. Das Redaktionsgeheimnis ist gewährleistet.» Zweiteres soll mithilfe der Zitatnachweise in diesem Buch offengelegt werden, erstere fand dennoch ihre Anwendung bei dem aussenpolitisch äusserst brisanten Satz von Peter →**Bichsel:** ‹Amerika gibt es nicht.›, der deshalb nicht in den→**Lichtschriften** steht. So lauten der Titel und die beunruhigende Behauptung einer der *Kindergeschichten* von Bichsel. Vor den spanischen König wird ein kleiner, bleicher dummer Junge namens Colombin geführt, den sofort alle bemitleiden und mögen. Er wird Seefahrer und berichtet, um endlich jemand zu sein, von einem Land, das er entdeckt hat. Nur er weiss, dass es nicht stimmt. Amerigo Vespucci wird ausgeschickt, um die Entdeckung zu überprüfen. Nach einer gewissen Zeit, während der er auf See unterwegs war oder sich in den Wäldern versteckt hat, kehrt er zurück und bestätigt Colombins Geschichte, um ihn nicht zu entblössen. So geht es weiter, und bis heute kann man nicht ganz sicher sein, dass es dieses Land wirklich gibt. Denn seltsamerweise erzählen alle, die dort gewesen zu sein behaupten, dasselbe. Peter Bichsel, *Amerika gibt es nicht,* in: *Kindergeschichten,* Hermann Luchterhand Verlag, Neuwied und Berlin 1969, s. 31.

«La montagna, tutta concentrata in se stessa, è un eterno problema morale. Tutti gli uomini della montagna sono moralisti; anche quando la solitudine li porta ai più stravaganti eccessi.»: Der europäische Intellektuelle und Stadtbewohner⌐**Angioletti** sieht in den⌐**Alpen** nicht nur ein Transitproblem: «Der Berg, ganz auf sich selber konzentriert, stellt ein ewiges moralisches Problem dar. Alle Berg-Menschen sind Moralisten; auch wenn die Einsamkeit sie zu den verrücktesten Exzessen treibt.» (Übersetzung: Evelyne und Samuel Vitali). Auf der Spur des homo alpinus ist hier Giovan Battista⌐**Angioletti**, *Oltre Gottardo,* in: *Ticino, Quaderno ticinese,* Collana di Lugano-Casagrande, Lugano 1984, s. 43.

«La Suisse offre l'étrange contraste d'un peuple raisonnable et prosaïque au milieu d'une nature la plus poétique du monde.»: Jules⌐**Michelet,** menschenliebender Historiker des 19.Jahrhunderts, wundert sich in seinem *Journal* über ein heute noch gültiges Paradox: «Die Schweiz offenbart den seltsamen Kontrast eines vernünftigen und prosaischen Volkes inmitten der poetischsten Landschaft der Welt.» Aus: Jules Michelet, *Journal,* hrsg. von P. Viallaneix und C. Ligeon, Gallimard, Paris, 1971.

«La Svizzera é un picolo paese dell'Europa che si afacia sulla Svizzera, l'Italia, la Germania, la Svizzera e l'Austria. A molti laghi e molte montagnie, ma il mare non bagnia la Svizzera, e soprattutta Berna. La Svizzera vende le armi a tutto il mondo per falli scannare ma lei non fà neanche una guerra picolissima. Con quei soldi costruisce le banche. Ma non le bance buone, le banche dei cattivi, specialmente i drogati. I delinguenti della Sicilia e della Cina mettono lì i soldi, i miliardi. La polizia và, dice di chi sono questi soldi, non lo so, non telo dico, sono cazzi miei, la banca é chiusa. Ma non era chiusa! Aperta, era!! La Svizzera, se a Napoli tieni il tumore, a Napoli muori, ma se vai in Svizzera muori più tardi, oppure vivi. Perchè le clinica sono belissima, il tappeto, i fiori, le scale pulite, neanche una zoccola. Però si paga molto, se non fai il contrabbando non ci puoi andare. Va bene lungo così, il tema?»: Der neapolitanische Grundschullehrer Marcello d'Orta sammelte die Aufsätze seiner Schützlinge, Schreibfehler inbegriffen, und landete damit einen Bestseller: «Die Schweiz ist ein kleines Land in Europa, das an der Schweiz, Italien, Deutschland, der Schweiz und Österreich liegt. Sie hatt viele Seen und viele Berge, aber die Meeresgestade berühren die Schweiz nicht, und vor allem Bern. Die Schweiz verkauft Waffen an die ganze Welt, damit sie niedermetzeln aber selber macht sie nicht einmal einen ganz kleinen Krieg. Mit diesem Geld baut sie die Banken. Aber nicht die guten Bancken, die Banken der Bösen, besonders die Drogensüchtigen. Die Verbrecher von Sizilien und China bringen dort ihr Geld hin, die Millionen. Die Polizei geht hin, sagt von wem ist dieses Geld, ich weiss es nicht, ich sags dir nicht, das geht dich einen Scheissdrek an, die Bank ist zu. Aber sie war nicht zu! Offen war sie!! Die Schweiz, wenn du in Neapel den Krebs hast, in Neapel stirbst du, aber wenn du in die Schweiz gehst, stirbst du später, oder du lebst. Weil die Krankenhause sind wunderschön, der Teppich, die Blumen, die sauberen Treppen, nicht einmal eine Ratte. Aber es ist teuer, wenn du nicht schmuggelst, kannst du nicht hingehen. Ist er so lange genug, der Aufsatz?» (Übersetzung: Evelyne und Samuel Vitali). Die Fortsetzung: «Il fenomeno della droga: Già quando andavo all'asilo mia mamma mi diceva non accetare mai caramelle drogate da nessuno, neanche se te le offre la maestra o il direttore», stammt aus einem anderen Aufsatz derselben Sammlung und gibt das Verbot wieder, von niemandem vergiftete Bonbons anzunehmen, auch wenn diese von der Lehrerin oder vom Rektor angeboten werden. Aus: *Io speriamo che me la cavo,* hrsg. von Marcello d'Orta, Mondadori, Mailand 1990, s. 13 f.

Labyrinth: Das Innere des→**Klangkörpers** wirkt auf den ersten Blick labyrinthähnlich. Aufgebaut in Form einer gewebeartigen→**Struktur,** fehlen durchgehende Gassen oder Korridore, klassische Elemente der architektonischen Orientierung in einem Gebäude. So gibt es keine festgelegte Wegführung, man schlendert durch die Passagen und Höfe, sucht sich seinen eigenen Weg→**wie im Wald**. Zum richtigen Irrgarten fehlen dem Klangkörper aber das Merkmal der scheinbar ausweglosen Anlage und ein Zentrum. Denn mit der Ausnahme von vier Stellen, nur wenige Quadratmeter gross, sieht man von jedem Punkt im Inneren des Pavillons direkt nach draussen.→**50 Eingänge, 50 Ausgänge,**→**Grundstruktur,**→**Sicherheitskonzept** ⊙ **Kreuzhof**

Laederach, Jürg: *1945, Schriftsteller. Lebt in Basel. Veröffentlichte Erzählungen, Romane, Übersetzungen und Poetikvorlesungen. Er ist das Grosshirn der Schweizer Literatur, Mathematiker und Musiker, sein Verhältnis zu Texten ist ein energetisches. Von ihm stammt in den→**Lichtschriften** der Satz→**«Schweizer landete Hit.».**

Lärche: Baumart. Larix decidua ‹*lat.*›. Gattung der Kieferngewächse mit etwa zehn Arten auf der Nordhalbkugel. Verliert im Winter ihre Nadeln. Das Lärchenholz des→**Klangkörpers** stammt aus der→**Schweiz**. Es wurde im Herbst 1999 in verschiedenen Gebieten geschlagen (→**Holz schlagen,** →**Herkunft des Lärchen-Holzes,**→**Herkunft des Douglas-Föhren-Holzes**). Aus insgesamt 1'210 Kubikmeter sind alle Ost-West gerichteten→**Stapelwände** gebaut. Lärchenholz ist in der Schweiz beliebtes Bau- und Werkholz. In Gebieten mit nicht allzu hoher Luftfeuchtigkeit ist es auch ohne Holzschutzbehandlung sehr wetterbeständig. Bei Verwendung im Freien bekommt es mit der Zeit eine schöne Patina: Auf der Südseite nimmt es eine tiefe schwarze, auf der Nordseite eine silbrig graue Farbe an.→**Sägereien**

Lago Maggiore: Der Langensee ist mit seinen 193 Meter über Meer der tiefste Punkt der→**Schweiz**. Der See hat eine Fläche von 210 Quadratkilometern und liegt zu 20 Prozent auf schweizerischem Hoheitsgebiet. Der restliche Teil gehört zu Italien. Der Lago Maggiore liegt nur 80 km vom höchsten Punkt der Schweiz entfernt, der→**Dufourspitze.**→**«Welch eine Welt!»**

Kreuzhof „Labyrinth"

Landessprachen: In der→**Schweiz** gibt es vier Landessprachen: Deutsch (63.3%), Französisch (19.2%), Italienisch (7.6%) und Rätoromanisch (→**Rumantsch**) (0.6%). Im Gegensatz zu ihren Nachbarstaaten ist das Grundelement schweizerischer Identität weder eine gemeinsame Nationalsprache noch eine einheitliche kulturelle oder gar ethnische Tradition. Die Schweiz ist eine politische Willensnation. Der 1996 durch Volksentscheid revidierte Sprachenartikel 70 der→**Bundesverfassung** besagt: ‹1. Die Amtssprachen des→**Bundes** sind Deutsch, Französisch und Italienisch. Im Verkehr mit Personen rätoromanischer Sprache ist auch das Rätoromanische Amtssprache des Bundes. 2. Die→**Kantone** bestimmen ihre Amtssprachen. Um das Einvernehmen zwischen den Sprachgemeinschaften zu wahren, achten sie auf die herkömmliche sprachliche Zusammensetzung der Gebiete und nehmen Rücksicht auf die angestammten sprachlichen Minderheiten. 3. Bund und Kantone fördern die Verständigung und den Austausch zwischen den Sprachgemeinschaften.› Der Unterschied zwischen Landes- und Amtssprachen ist also durch die Aufwertung des Rätoromanischen zur Teilamtssprache beinahe zum Verschwinden gebracht worden. Die Schweiz setzt sich aus 26 Kantonen zusammen. Davon sind siebzehn deutschsprachig, vier französischsprachig (Jura, Neuenburg, Waadt und Genf), einer italienischsprachig (Tessin) und vier mehrsprachig (Bern, Freiburg, Wallis, Graubünden). Drei davon sind zweisprachig (Französisch-Deutsch), während der vierte – Graubünden – dreisprachig ist (Deutsch, Rätoromanisch und Italienisch). Betrachtet man die in der Schweiz gesprochenen Sprachen, darf man die Sprachen der Gastarbeiter und anderer Zuzüger nicht vergessen. Sie sprechen oft eine andere als die vier Landessprachen. Insgesamt geben 8.9% der Bevölkerung eine andere Sprache als Muttersprache an, 1.9% Slawische Sprachen, 1.7% Spanisch, 1.4% Portugiesisch, 0.9% Türkisch, 0.9% Englisch u.a. Unterschieden wird zusätzlich noch zwischen Hoch- oder Schriftsprache und gesprochenen Dialekten. Während die Romandie (d.h. die französische Schweiz oder auch Welschland) unter dem Druck des kulturellen Anschlusses an den französischen Sprachraum ihre regionalen Dialekte, das Patois, beinahe ganz aufgegeben hat, ist im Tessin der lombardische Dialekt nach wie vor eine Alternative zum Italienischen. In der deutschen Schweiz stellen die vornehmlich alemannischen Dialekte jedoch die eigentliche Sprache der Bevölkerung dar. Dialekte wie Berndeutsch, Baseldeutsch, Walliserdeutsch, Thurgauisch, Appenzellerisch usw. markieren keinerlei soziale Wertung im Vergleich zur Hochsprache, sondern stellen quer durch alle Schichten die gesprochene dialektale Muttersprache im Gegensatz zur gelernten Schreib- und Amtssprache dar. Gesprochen wird Hochdeutsch nur in der Schule, in öffentlichen Gesprächen (z.b. Podiumsdiskussionen) und in jenem Teil der Radio- und Fernsehsendungen, die keinen volkstümlichen, geselligen oder stark ausgeprägten Live-Charakter haben. Geschrieben wiederum wird kaum Schweizerdeutsch, es sei denn im sehr persönlichen Bereich, z.b. auf Glückwunsch- oder Postkarten. Die Dialekte sind untereinander teilweise bis zur Verständnisgrenze verschieden.

Landis, Peter: *1957, Saxophon. Der Zürcher Saxophonist gibt seit bald zwanzig Jahren Konzerte im In- und Ausland. Seine besondere Liebe gilt der Improvisation. Er hat sich aber auch im Theaterbereich, als Saxophonlehrer, als Mitglied von *Billiger Bauer* und im Trio *Tresbass*, für das er Stücke schreibt, einen Namen gemacht.

Lang, Barbara: *1978, Akkordeon. Die Musikschullehrerin schloss ihre Akkordeonlehrerausbildung am Musikstudio Frey in Reinach ab.

Lange, Silke: *1979, Akkordeon. Studiert an der Hochschule für Musik *Hanns Eisler* in Berlin.

«Las linguas naziunalas èn il tudestg, franzos, talian ed il retorumantsch.»: Aus der →Bundesverfassung, Artikel 4: «→Landessprachen. Die Landessprachen sind Deutsch, Französisch, Italienisch und Rätoromanisch.». →Rumantsch

Laube, Beatrice: *1967, Mitarbeiterin →Trinken und Essen. Die Lehrerin bringt den Gästen aus aller Welt die Schweizer Spezialitäten und deren

Geschichte näher. Sie pflegt die Gastfreundschaft im →**Klangkörper** wie
bei sich zu Hause.

Le Club: Der Raum für →**besondere Gäste** befindet sich in der obersten Etage
über dem →**Künstlercafé** in einer der drei →**Versorgungseinheiten.** Darin
werden Gruppen mit maximal 40 Teilnehmern zugelassen. Empfangen wird
jedermann, nur muss man sich vor dem Besuch mit Lisa →**Boppart-Leicht**
(e-mail: *leclub@expo2000hannover.ch*) in Verbindung setzen und mit ihr
den Ablauf des Anlasses und das Menu besprechen. Wer Le Club bucht,
kann auch das Angebot der verschiedenen Schweizer Spezialitäten nutzen:
Es gibt entweder kalte Speisen von den →**Bars** oder Warmes aus der Küche,
je nach Zusammenstellung Apéro, Zwischenmahlzeit oder ergiebiges Essen.

«**Le guerre imminenti** e la tàcita dissensione fra Berna e gli altri Cantoni
indussero gli Svizzeri ad imparare da'nostri paesi la vigilanza sospetto-
sissima contro qualunque straniero.»: «Die drohenden Kriege und die un-
ausgesprochenen Differenzen zwischen Bern und den anderen Kantonen
brachten die Schweizer dazu, von unseren Ländern die äusserst misstrau-
ische Wachsamkeit jedem Fremden gegenüber zu lernen.» (Übersetzung:
Evelyne und Samuel Vitali). Zur Zeit des Wiener Kongresses stellt der
italienische Klassiker Ugo →**Foscolo** diese Diagnose. Aus seinem Brief aus
Zürich an S. Trechi vom 2. Juni 1815.

«**Le jeudi il beut de mesme;** son eau feit operation et par devant et par
derriere; et vuidoit du sable non en grande quantité; et mesme il les trouva
plus actives que autres qu'il eust essayées, soit la force de l'eau, ou que
son corps fust ainsi disposé; et si en bevoit moins qu'il n'avoit fait de nulles
autres, et ne les rendoit point si crues commes les autres. Ce jeudi il parla
à un ministre de Zuric et natif de là, qui arriva là; et trouva que leur reli-
gion premiere estoit Zvinglienne; de laquelle ce ministre luy disoit qu'ils
estoient approchés de la Calviennne, qui estoit un peu plus douce.»: Zitat
aus einem Badener Kurbericht von Michel de →**Montaigne,** dem genialen
französischen Denker, Schriftsteller und Erfinder der Essay-Form. «Am

Donnerstag trank der Herr von Montaigne wieder vom Brunnen; das Wasser hatte Wirkung, sowohl vorne wie hinten, und er entleerte Körner in nicht beträchtlicher Menge. Er fand das Wasser hier wirksamer als anderes, das er versucht hatte, sei es nun, dass der Grund wirklich in der Kraft des Wassers lag, sei es, dass sein Körper gerade so aufgelegt war; und dabei trank er hier weniger als überhaupt sonst, schied auch das Wasser nicht so unverdaut wie andernorts aus. Am gleichen Donnerstag geriet er mit einem in Zürich wohnenden und auch von da gebürtigen Geistlichen, der angekommen war, ins Gespräch und erfuhr, dass sie dort zuerst Bekenner Zwinglis gewesen waren, von dem sie sich aber Calvin zugewandt hatten, weil seine Lehre etwas gemässigter war.» Michel de Montaigne, *Journal de voyage de Michel de Montaigne,* hrsg. von François Rigolot, Paris 1992, s. 24.

«**Le Protestantisme choisit mal** le lieu et prend mal son temps quand il se place dans les monuments catholiques; on voit moins ce qu'il a réformé que ce qu'il a détruit.»: «Der Protestantismus wählt seinen Ort und seine Zeit schlecht, wenn er sich in katholischen Monumenten niederlässt; man sieht weniger, was er reformiert hat, als vielmehr, was er zerstört hat.» Der Satz stammt vom (Katholiken) François-René de⌐,**Chateaubriand,** *Mémoires d'outre tombe,* Gallimard Pléiade, Paris, 1969 – 1978.

Léandre, Joëlle: Kontrabass. Die französische Kontrabassistin und Komponistin tritt als Solistin und mit den renommiertesten Musikern des zeitgenössischen Jazz auf den grossen Jazzfestivals Europas und Nord-amerikas auf. Die ‹Dompteuse der Saiten› durchbricht künstlerische Gat-tungen und Kategorien und ‹stösst festgefügte Ordnungen um›. Ausser-dem arbeitete sie mit Theaterregisseuren, dem Plastiker Takis sowie mit Dichtern zusammen. Léandre ist nicht einfach eine Interpretin heraus-ragender Ensembles für zeitgenössische Musik, sondern auch eine Kontra-bassistin, die ihr Instrument als gleichwertigen Bühnenpartner versteht.

Leiman, Kirsi: *1964, aus Helsinki, Architektin. Die Finnin arbeitete von 1998 bis 1999 für den⌐,**Klangkörper.** Sie ist heute für das Finnische Archi-tekturmuseum tätig.

Leimgruber, Urs: *1952 in Luzern, Saxophon. Der Saxophonist weist eine langjährige Erfahrung in den Bereichen zeitgenössische Improvisation, Komposition, Jazz und Neue Musik auf. Seine Soli, so Peter Bürli, ‹wirken wie Skulpturen aus Klang: Fragile Gebilde, die sehr exakt gearbeitet sind (...)›. Auf zahlreichen Tourneen in Europa, Kanada, Kuba und den USA trat er als Solist, im Duo mit dem Schlagzeuger Fritz Hauser sowie mit namhaften Ensembles und experimentellen Musikern auf.

Lenko, Boris: *1965, Akkordeon. Studierte in Bratislava. Dann startete der Slowake seine Karriere als Solist. Er regt Komponisten zu zeitgemässen Akkordeonwerken an, die er bei Uraufführungen dem Publikum bekannt macht. Er unterrichtet an der Hochschule für Musik und Theater in Bratislava.

Les Cépages, 1998: Weisswein. Im Jahre 1858 gründete Charles-Marie Bonvin das erste Weinbau- und Weinhandelsunternehmen im Wallis, das sein Sohn Charles Bonvin weiterführte. Dessen Söhne wurden später wiederum Geschäftsleiter. Wie auch ihr Vater kauften sie zwei Rebgüter hinzu. Eines davon war das 4 Hektar grosse Brûlefer mit seinen beeindruckenden Stützmauern. An dieser sonnigen Lage wachsen die →**Petite Arvine** Trauben für diesen Wein. Erhältlich bei Charles Bonvin Fils, Sion, Tel. +41 / 27 / 203 41 31.

«Les Suisses, je vois, vont à la gare, mais ils ne partent pas.»: Der Satz «Wie ich sehe, gehen die Schweizer zum Bahnhof, aber sie reisen nicht ab.» stammt von Boris →**Vian**, Pataphysiker, Schriftsteller und Trompetist. Sein Schwiegervater und Gründer der Kulturzeitschrift *DU*, Arnold Kübler, erzählt die Anekdote, wie er mit Vian am Zürcher Bahnhof stand und ihn dieses Fazit ziehen hörte, in seinem Nachruf auf den Schwiegersohn. *NZZ* vom 20.9.1959.

Leuenberger, Moritz: *1946, →**Bundesrat** seit 1995. Vorsteher des Eidgenössischen Departements für Umwelt, Verkehr, Energie und Kommunikation. Er ist Mitglied der Sozialdemokratischen Partei (SP).

Licht: Die fünfte Dimension der Architektur. Ist wichtiges Gestaltungselement des →**Klangkörpers**. Die →**Beleuchtung** erfolgt zum grossen Teil durch Textprojektionen an die →**Stapelwände**. Nur in den →**Barräumen** und →**Klangräumen** sind herkömmliche Leuchten zu finden. →**Gobo**, →**Lichtschriften**, →**Wo Licht ist...**, →**Zumtobel Staff**

Lichtschriften: Plinio →**Bachmann** wurde von Peter →**Zumthor** eingeladen, sich Gedanken um den Auftritt des Wortes im →**Klangkörper** zu machen. Gemeinsam entwickelten sie die Idee von Lichtschriften, die sich durch den ganzen Klangkörper ziehen. Der →**Kurator** Wort formulierte darauf ein Raumkonzept, das die Orte bestimmt, wo und in welcher Grösse Schriften erscheinen (→**Schriftplatzierung**). Das Kompositionsprinzip der Schriften ist das einer Collage: Man bedient sich bestehenden Materials, gewinnt daraus Fragmente, die man gestaltend zu einem neuen Ganzen zusammensetzt. Das Material besteht aus Sätzen der Weltliteratur, die mit der →**Schweiz** und den Schweizern zu tun haben. Dazu kommen Hausinschriften, Volkslieder, Redewendungen, Zeitungsartikel, Werbesprüche und Comics. Gesammelt werden prägnante, humorvolle, schwärmerische, patriotische, kritische, skurrile, provozierende und klischierte Äusserungen in den vier Landessprachen und in Englisch (→**Recherche**). Die ausgewählten Sätze werden im Klangkörper unkommentiert, immer in Originalsprache und ohne Quellenangabe nebeneinandergestellt. Neue Zusammenhänge entstehen: Durch das Aufeinandertreffen von Meinungen, Sprachbildern, Zeiten und Gefühlslagen sollen den durch die Holzstapel definierten Räumen Assoziationsräume hinzugefügt werden. Wer im Klangkörper verweilt, kann sich verführen lassen, den Sätzen nachzugehen. Die Sätze werden mit Licht auf die →**Stapelwände** geschrieben (→**Schrifttyp**); stark gebündelt wird es durch spezielle Schablonen (→**Gobos**) gestrahlt, das →**Holz** bleibt unverletzt. Es handelt sich bei den Sätzen über die Schweiz also um Projektionen. Insgesamt ergeben sie – mit einem Augenzwinkern – eine vielstimmige Mentalitätsstudie der Schweiz. Für die technische Umsetzung der Lichtschriften zeichnet Andreas →**Löber** im Auftrag von

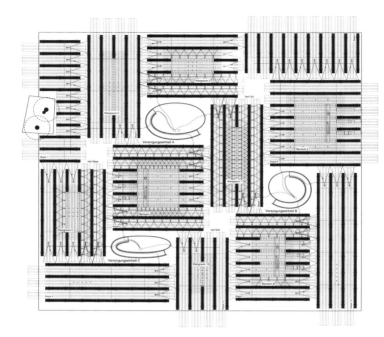

Installationsplan Lichtschriftprojektoren ⌐,Lichtschriften

2.1.W

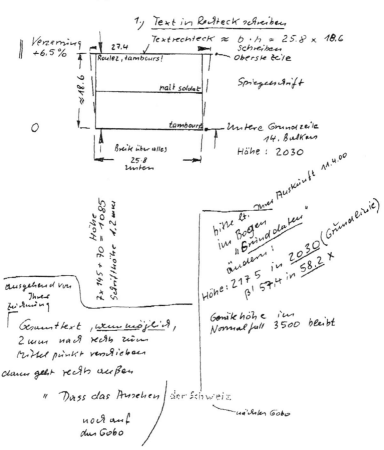

1.) Text in Rechteck schreiben

Verzerrung
+6,5%

27,4

Textrechteck ≈ b · h = 25,8 × 18,6

Roulez, tambours!

≈18,6

Schreiben
Oberste Zeile

Spiegelschrift

malt soldat

O

tambours

Untere Grundzeile
14. Balken

Höhe: 2030

Breite über alles
25,8
unten

bitte lt. Ihrer Auskunft 11.4.00
im Bogen
"Grunddaten"
ändern:

Höhe: 2175 in 2030 (Grundzeile)
Bl 57,4 in 58,2 x

ausgehend von
Ihrer
Zeichnung

2 x 145 + 70 = Höhe = 1085
Schrifthöhe 1,2 mm

Gesamttext, wenn möglich,
2 mm nach rechts zum
Mittelpunkt verschieben

dann geht rechts außen

Gesamthöhe im
Normalfall 3500 bleibt

" Dass das Ansehen der Schweiz

noch auf
dem Gobo

würden Gobo

Verzerrungsberechnung Lichtschriftprojektoren , Lieberwirth, Claus

→**Zumtobel Staff** verantwortlich. →**Klangkörperbuch** ⊙ Installationsplan Lichtschriftprojektoren

Lieberwirth, Claus: *1931 in Dresden, optische Berechnungen →**Licht-schriften**, Physiker. Um die hundert geometrischen Faktoren unter einen Hut zu bringen, durch die die Projektionen der Lichtschriften bestimmt werden, braucht es schon einen Professor. So wird Claus Lieberwirth liebevoll von Andreas →**Löber** bezeichnet, für den er im freien Auftrags-verhältnis arbeitet. Lieberwirth hat bei den grössten Optik-Betrieben gearbeitet, unter anderem bei Zeiss in Jena. Wenn auf dem Weg von der Textvorlage zum fertigen →**Gobo** niemand weiter weiss, dann hat er noch drei Trümpfe im Ärmel, zumal er über Nacht gerechnet hat: am Morgen erscheint Lieberwirth mit Blättern voller geheimer Zeichen. Seine aben-teuerlichen Skizzen mit undurchschaubaren Berechnungen dienen Matz →**Stratz** für seine Arbeit am Computer als Vorlage. ⊙ **Verzerrungs-berechnung Lichtschriftprojektion**

Lindenmaier, Heinrich Lukas: Hackbrett, Schlagzeug. Der Perkussionist improvisiert im →**Klangkörper** mit einer in Europa wohl einmaligen Bass-Marimba.

Linder, Markus: *1964 in Balsthal, Alphorn. Hat als 10-Jähriger das Alp-hornspielen von seinem Vater gelernt. Mit dem Es-Horn musizierte er in verschiedenen Brass-Bands und erlangte ein Lehrdiplom des Schwei-zerischen Musikpädagogischen Verbands. Er war Solist im Alphornkonzert von Carl Rütti und hatte Auftritte mit Orgel- und Klavierbegleitung. Er widmet sich neuerdings vermehrt der Improvisation.

Literatur: →Lichtschriften, Plinio →Bachmann

Littkopf, Kai: *1973, Hackbrett. Studiert Schlagzeug an der Hochschule für Musik in Freiburg i. Br.

Löber, Andreas: *1962 in Wetzlar, technische Projektleitung →**Licht-schriften**, Ingenieur. Er ist Inhaber der Firma Löber Veranstaltungstechnik, einem Konstruktionsbüro für optische Projektoren und Beleuchtungstech-nik. Von →**Zumtobel Staff** beauftragt, konstruierte er eigens einen Spezial-projektor für den →**Klangkörper**, mit dem die Lichtschriften projiziert werden. In sein Aufgabengebiet fällt ausserdem die Erstellung der Vorlagen für die →**Gobos** und die Einstellung der Optik am Musterstapel. Löber zeichnet dafür verantwortlich, dass das Unmögliche möglich wird. Nur die

Naturgesetze können seinen Erfindungsreichtum einschränken: ‹Die Physik können selbst wir nicht ausser Kraft setzen, auch wenn wir das ständig versuchen›, sagt der gemütsvolle Unternehmer. Dabei helfen ihm unter anderem die akribischen Berechnungen von Claus →Lieberwirth und der unermüdliche Einsatz von Matz →Stratz am Computer.

Loft: Die Personalunterkunft ist in Wirklichkeit keine Loft, hat den Arbeitstitel aber aus den Anfängen des Projekts behalten. Das Haus für die →Mitarbeiter des →Klangkörpers liegt etwa eine halbe Stunde vom Pavillon entfernt. Die ehemalige Fabrik wurde renoviert und für die Bedürfnisse des Schweizer Auftritts hergerichtet. Neben den Zimmern gibt es Probenräume, einen Wasch-, Aufenthalts- oder Frühstücksraum. Und es kann durchaus passieren, dass nach der Arbeit noch gefeiert wird. Das nötige Potential für Feste ist schliesslich in konzentrierter Form vorhanden.

Logarithmisches Dämpfungsdekrement: Mass für die sogenannte Dämpfung einer schwingenden Konstruktion. Bei einem grossen Dekrement nimmt die Schwingung rasch ab. Die Dämpfung ist somit auch ein Mass für die Fähigkeit einer Konstruktion, Energie zu absorbieren. Eine grosse Dämpfung mindert die Resonanzgefahr im →Klangkörper. →Resonanzkörper

Logistik: Fast alles im →Klangkörper wird aus der →Schweiz nach Deutschland transportiert. Ob →Bündnerfleisch, →Pinot Noir oder →Girenbaderli, die Kleinsendungen aus allen Teilen der Schweiz werden im Lager Niederhasli einer Speditionsfirma gesammelt. Von dort können jede Nacht Sendungen in den Pavillon abgerufen werden. Von dort fahren die Lastwagen zum sogenannten Wendehammer direkt beim Pavillon. Für die gesamte Logistik ist die Speditionsfirma T-Link, Dübendorf, Tel. +41 / 1 / 822 00 32, verantwortlich. →Nachtarbeit

Lombardisch: →Landessprachen

Lucas, George: *1944 in Modesto, Kalifornien, Filmemacher und Produzent. George Walton Lucas Jr. wuchs auf einer Walnussfarm auf. 1973 schrieb und inszenierte er den halb-autobiografischen Film *American Graffiti*.

Damit gewann er den Golden Globe und erhielt fünf Oscar-Nominationen. Von 1973 bis 1974 arbeitete er am Drehbuch für *Star-Wars*, zu dem ihn die Filme *Flash Gordon* und *Planet der Affen* inspiriert hatten. 1975 gründete er die Firma Industrial Light & Magic, um die Trickeffekte für den Film zu entwickeln. Mehrere Studios lehnten die Produktion des Films ab, bis Twentieth Century Fox ihm eine Chance gewährte. Lucas verzichtete auf sein Honorar, sicherte sich dafür 40 Prozent der Kasseneinnahmen und alle Merchandising-Rechte. Der Film hatte 1977 Premiere, brach alle Kassen-Rekorde und holte sieben Oscars. Lucas produzierte die *Star-Wars*-Fortsetzungen *The Empire Strikes Back* (1980), *The Return of the Jedi* (1983) und *Star Wars: Episode I – The Phantom Menace* (1999). Mit Steven Spielberg erarbeitete er die *Indiana-Jones*-Trilogie. George Lucas hat mit der →**Schweiz** wenig zu tun, inspiriert hat sie ihn aber, schenkt man entsprechenden Gerüchten Glauben, zu dem Satz: →**«A long time ago in a galaxy far, far away...».**

Luchsinger, Jürg: *1962, Akkordeon. Erlangte das Solistendiplom an der Staatlichen Hochschule für Musik Trossingen bei Hugo →**Noth.** Neben dem Unterricht an Musikschulen im Kanton Bern konzertiert er als Solist und Kammermusiker. Er spielt Volks- und Salonmusik sowie barocke, klassische, romantische oder zeitgenössche Werke.

Lüdi, Werner: *1936 in Poschiavo, Saxophon. Der Bündner spielt seit seiner Jugend Alt- und Baritonsaxophon. Seine musikalische Karriere hat er erst mit 45 Jahren am Jazzfestival Willisau richtig begonnen. Danach war er mit verschiedenen Formationen kreuz und quer in Europa und auch in Übersee unterwegs. Er spielte als Solist mit dem Bündner Kammerorchester und ist gefragter Theater- und Filmmusiker.

«**luege** | **aaluege** | **zueluege** | nöd rede | sicher sii | nu luege | nüd znäch | nu vu wiitem | ruig bliibe | schwiizer si | schwiizer bliibe | nu luege»: Gedicht von Eugen →**Gomringer** mit dem Titel *schwiizer*. Das Gedicht bringt eine Schweizer Mentalität auf den Punkt, die ihre politische Entsprechung wohl im Begriff *Neutralität* findet. Deutsch: «schauen | anschauen | zuschauen | nicht reden | sicher sein | nur schauen | nicht zu nahe | nur von weitem | ruhig bleiben | schweizer sein | schweizer bleiben | nur schauen». Zitiert aus *worte sind schatten – die konstellationen 1951–1968,* Rowohlt Verlag, Reinbek 1969, s. 133.

«Luftreservoir des Sees, nicht zu bebauen.»: Im August und September 1911 war Franz→Kafka mit seinem Freund Max Brod in der→Schweiz, in Mailand, Stresa und Paris auf Ferienreise: Zürich – Luzern (im Casino) – Flüelen – 1 Woche in Lugano (Hotel Belvedere au Lac). Kafka und Brod verbrachten die meiste Zeit mit Tagebucheintragungen. Obiger Eintrag beginnt mit: «Seeanblick. Starkes Sonntagsgefühl bei der Einbildung, hier Bewohner zu sein.» Reise Lugano-Paris-Erlenbach, in: Franz Kafka: *Tagebücher 1910 – 1923*, hrsg. von Max Brod, S. Fischer Verlag, Frankfurt A/M, 1948, S. 434.

Lukács, Miklós: *1977, Hackbrett. Hat früh zu spielen angefangen und studiert heute an der Musik-Akademie *Liszt Ferenc* in Budapest. Nach einer erfolgreichen Aufführung eigener Stücke führt er seine Kompositions-studien weiter.

Lutz, Andres: *1968 in Uznach, lebt und arbeitet in Zürich als bildender Künstler (zusammen mit Anders Guggisberg). Als Kabarettist bildet er mit Gerhard Meister das Duo *Geholten Stühle* (buchen unter: Tel. +41/71/223 62 77) Gewann 1999 das Eidgenössische Kunststipendium für die künst-lerische, 2000 den *Salzburger Stier* für die kabarettistische Arbeit. Lutz hat durch konzeptuelle Anregungen und inhaltliche Ergänzungen die→Licht-schriften grossartig bereichert.→Recherche.

Luxembourg: 7:00 (14:33) | Roma: 7:04 (15:30) | Ljubljana: 7:04 (19:48) | Vaduz: 7:10 (8:57) | Wien: 7:10 (16:50) | Praha: 7:13 (18:10) | Paris: 7:15 (13:10) | London: 7:15 (17:13) | Bruxelles: 7:15 (16:20) | Budapest: 7:33 (21:17) | Barcelona: 7:34 (19:58) | Berlin: 7:57 (16:16) | Warszawa: 7:57 (23:17) | Amsterdam: 8:00 (16:57) | Kobenhavn: 8:00 (21:59) | Moskva: 9:00 (23:29 + 24h): Wer kurz vor sieben Uhr in der Halle des Zürcher Haupt-bahnhofs steht, hat die Wahl. Aufgelistet sind Abfahrts- und Ankunfts-zeiten (zweitere in Klammer) nach grösseren Destinationen in Europa. →«Les Suisses, je vois, vont à la gare...»

Maggetti, Daniel: *1961, Autor. Studierte in Lausanne, Zürich und Paris Literatur bis zum Doktorat. Als Feind von Kategorisierungen und

Ausschliesslichkeiten versucht er, Lehrtätigkeit und Forschung, Kritik und schöpferisches Schaffen zu verbinden. Er ist Mitherausgeber der literarischen Zeitschrift *Ecriture* und Autor zahlreicher Essays und zweier fiktionaler Werke, *La Mort, les Anges, la Poussière* (1995) und *Chambre 112* (1997). Maggetti hat die Auswahl französischer Zitate erheblich unterstützt und bereichert. →**Recherche**

Magnoni, Maurice: *1948 in Genf, Saxophon. Spielt Saxophon, Klarinette, Flöte, komponiert und arrangiert. Studierte am Konservatorium Genf Klavier, Harmonielehre und Komposition und lernte autodidaktisch Saxophon. 1981 nahm er erstmals am Jazzfestival Willisau teil, gründete mehrere Jazz-Ensembles. Er ist in Konzerten, auf Tourneen in der ganzen Welt, an Jazzfestivals und auf CDs mit verschiedensten Jazzmusikern zu hören.

Maier, Hans: *1977, Akkordeon. Studiert an der Staatlichen Hochschule für Musik Trossingen bei Hugo →**Noth.**

Maladie Suisse: Heisst soviel wie *Schweizer Krankheit.* Gemeint ist das *mal du pays,* oder, wie Rousseau schreibt, als er noch keinen französischen Ausdruck dafür zur Vefügung hatte: *le Hemvé* (→«**Il est fort singulier qu'un pays...**»). Heimweh ist eine Schweizer Erfindung. Beobachtet wurde das Phänomen zum ersten Mal bei den Schweizer Söldnern, die im ausgehenden 18. Jahrhundert die Leibgarde der letzten Bourbonenkönige stellten. Die Cent-Suisse (→«**Nous cherchons notre passage...**»), die Hundertschweizer, versuchten noch bis zuletzt, den Kopf von Louis xvi zu retten, als dessen Palast von den Revolutionären gestürmt wurde. Diese Soldaten verfielen, fern ihrer Heimat, der Schwermut, was man mit dem Entzug der würzigen Alpenluft zu erklären versuchte. Reihenweise aber desertierten sie, wenn sie Heimatlieder wie das *Guggisberglied* (→«**'s isch ebene Mönsch uf Erde...**») – eines der wenigen Volkslieder in Moll – oder die welschen Söldner den *Ranz de vaches* (→«**Il est fort singulier qu'un pays...**») sangen. Das Intonieren dieser Lieder war deshalb zeitweise bei Strafe verboten – allzu stark lichteten sich die Reihen, wenn von der Maladie Suisse Befallene ihrer Heimat entgegeneilten. Daraus entwickelte sich die französische Redewendung →«**Point d'argent, point de Suisse**», was soviel heisst wie: Kein Geld, kein Schweizer. Ursprünglich direkt auf den Umstand bezogen, dass zu spät oder zu knapp ausbezahlter Sold das Ausbrechen der Maladie Suisse stark beförderte, bedeutete die Wendung im 19. Jahrhundert allgemeiner: Ohne Geld keine Dienstleistung. Der Schweizer Krankheit setzte Johanna →Spyri mit ihrem →Heidi ein literarisches Denkmal: Ein Mädchen wird aus dem heimatlichen Bergidyll in die ferne, graue Stadt geschickt, wo es einem anderen Gesellschaft leisten muss. Weil es dort vor Heimweh schier eingeht, muss es notfallmässig wieder auf die Alp verfrachtet werden. Die Maladie Suisse kann lebensgefährlich werden, für die Befallenen gleichermassen wie für ihr Umfeld. Der Philosoph und Soziologe Carl Jaspers ist in diesem Zusammenhang in seiner Dissertation an der Universität Heidelberg einem besonderen Phänomen auf die Spur gekommen. Er beobachtet, dass immer wieder Schweizer Au-Pair-Mädchen fern von der Heimat zu Kindsmörderinnen werden. Überfordert von Heimweh und Verantwortung reagieren sie mit Gewalt an ihren Schützlingen. Heute ist die nationale Zuordnung des Heimweh-Syndroms, also der Begriff *Maladie Suisse,* ähnlich wie bei der *Franzosenkrankheit* (Syphilis) und der *Englischen Krankheit* (Rachitis) nicht mehr gebräuchlich.

Malans, 1996: Weisswein. Gian-Battista von Tscharner pflegt seine →Weine sehr aufmerksam. Von Hand stösst er die Maische während der Gärung alle zwei bis drei Stunden. Die anstrengende und schweisstreibende Arbeit bildet den Charakter, holt bei diesem →Completer den Extrakt und die Farbe aus den Trauben. Der vielseitige Weinbauer weiss manchmal gar nicht, wo er die Zeit hernehmen soll, so viele Leidenschaften hat er: Er archiviert und jagt sehr gerne und hält seine Umgebung auch auf Fotos fest. Erhältlich bei Schloss Reichenau, Reichenau, Tel. +41 / 81 / 641 11 95.

Malanser, 1998: Weisswein. Seit fünf Generationen betreibt die Familie Boner im kleinen Bündner Dorf Malans Weinbau und ein Gasthaus. Nach einigen misslungenen Versuchen bauen Anton und Annelies Boner ihre Reben heute biologisch an. Sie produzieren nach den Richtlinien

des Vereins schweizerischer biologischer Landbauorganisationen. Ihr
‚Completer ist eine rare Traubensorte, die nur noch von wenigen Wein-
bauern in der Bündner Herrschaft angebaut wird. Erhältlich bei Weinbau
zur Krone, Malans, Tel. +41 / 81 / 322 19 54.

«Man hat Arbeitskräfte gerufen, und es kamen Menschen.»: Aus den Tagebüchern von Max‚Frisch. Max Frisch, *Tagebuch 1966–1971*, Suhrkamp
Verlag, Frankfurt a/m 1979.‚«Con le mani...»

«Manchmal frage ich mich, wenn ich so die Berge sehe, wozu überhaupt
noch die ganze Kultur da ist, aber man denkt doch nicht daran, wie
sehr einen gerade die Kultur (und sogar Über-Kultur) zum Naturgenuss
befähigt.»: Kulturwissenschaftler Walter‚Benjamin konnte auch beim
Urlaubsbesuch in der‚Schweiz sein Leibthema nicht beiseite lassen. Der
Satz von der Natur, die nicht ohne Kultur auskommt, da sie ihrer bedarf,
um als Natur überhaupt erkannt zu sein, enthält in nuce die ganze
westliche Philosophie. Aus einem Brief an Herbert Belmore, St. Moritz, am
22.7.1910. Aus: Walter Benjamin, *Briefe*, hrsg. von G. Scholem und T. W.
Adorno, Bd. 1, Frankfurt 1966.

Mang, Belisa: *1970 in München, Hackbrett. Ist seit Kindheit mit dem
Hackbrett vertraut. Sie besitzt das Lehr- und das Reifediplom. Sie unter-
richtet, spielt im Saitenmusikensemble *Die Herbstzeitlosen* und bei CD-
Produktionen mit.

Mansfield, Katherine: *1888 in Wellington (Neuseeland); †1923 in
Fontainebleau, Schriftstellerin. Als Fünfzehnjährige wurde Mansfield nach
London geschickt, um ihre Ausbildung am Queen's College in London
abzuschliessen. 1906 kehrte sie nochmal für zwei Jahre nach Neuseeland
zurück, entschied sich dann aber für London, weil sie eine literarische
Karriere anstrebte. Die 1909 geschlossene Ehe mit George Bowden hielt
nicht lange. Ab 1911 begann sie regelmässig für die Zeitschrift *Rhythm* zu
schreiben. Im selben Jahr erschien auch *In a German Pension*. Mansfield
ging es gesundheitlich schlecht, sie litt an Tuberkulose. 1923 starb sie,
fünf Jahre nach ihrer Hochzeit mit John Middleton Murry. Mit Murry hatte
sie sieben Monate in Crans-Montana verbracht, während deren sie sich

gesundheitlich gut erholte. Die Frage, ob sie sich dort niederlassen sollte, wurde aber durch ihre Abneigung gegen die Schweizer beantwortet. Das Gewicht, das diese dem Essen und dem Geld zumassen, und die Grobschlächtigkeit der Bauern missfielen ihr. →«I don't intend to live in...», →«The Swiss are a poor lot...»

Marčič, Tomaž: *1978, Akkordeon. Studiert an der Staatlichen Hochschule für Musik Trossingen bei Hugo →Noth.

markdurchschnitten: auch herzgetrennt. So nennt man das →Holz eines Baumstamms, der in der Mitte längs durchschnitten ist. Das Mark des Holzes kann deshalb entlang der gesägten Fläche sichtbar sein. Die verbauten Balken der →Lärche- und →Douglas-Föhre sind markdurchschnitten.

Marksteder, Alexander: *1969, Akkordeon. Studierte an der Musikfachschule Zelinograd in Kasachstan und an der Musikhochschule Hannover bei Elsbeth →Moser. Er unterrichtet Akkordeon an der Kreismusikschule Sonderhausen.

Marti, Katrin: *1971, Mitautorin →Klangkörperbuch Bereich →Musik. Studierte Philosophie, deutsche Literatur und Linguistik an der Universität Bern. Katrin Marti arbeitet in einem schweizerischen Literaturverlag und spielt seit 16 Jahren Harfe.

Marti, Teodora: *1968, Mitarbeiterin →Trinken und Essen. Die Küchenchefin ist für alle warmen Speisen im →Klangkörper verantwortlich. Sie versteht es, feine Zutaten und auserlesene Produkte zu einmaligen und speziellen Gerichten und Suppen zu verarbeiten. Ihre Ideen zum Angebot im →Le Club hat sie zusammen mit dem →Kurator des Bereiches Trinken und Essen Max →Rigendinger und der Betriebsleitung im Vorfeld eingebracht. Täglich freuen sich auch alle →Mitarbeiter, ihre Gerichte geniessen zu dürfen. Für Teodora Marti ist es sehr wichtig, Mitarbeiter und Gäste gleich zu behandeln.

Martinoni, Renato: *1952 in Minusio, Professor für Italienische Literatur in Sankt Gallen. Hat zahlreiche Bücher veröffentlicht – als Herausgeber, Übersetzer und Verfasser wissenschaftlicher Studien. Auf literarischem Gebiet hat er sich mit dem Roman *Sentieri di vetro* (1998) und einem Band mit *Dialoghi eretici* (1999) hervorgetan. Einem seiner Aufsätze ist der Begriff →«Montagna retorica» entnommen.

Marty, Ruedi: *1962, Akkordeon. Der gebürtige Innerschweizer erlangte das Diplom als Akkordeonlehrer beim Schweizerischen Musikpädagogischen Verband.

Marugg, Simona: *1975 in Flims, Hochbauzeichnerin. Hat im Architekturbüro Peter →**Zumthor** Pläne für die Ausführung des Pavillons gezeichnet.

Materialien, die sich gegenseitig aufladen: Ein Gestaltungsprinzip Peter Zumthors. Die unterschiedlichen Materialien eines Bauwerks sollen zusammenklingen, zusammenwirken, eine spezifische →**Energie** erzeugen. Im →**Klangkörper** sind dies →**Lärchen**, →**Douglas-Föhre**, →**Baustahl**, →**Chromstahl** in verschiedenen Glanzgraden, Blech und →**Asphalt** in verschiedenen Verarbeitungsfomen und dickes Gussglas. Zusammen differenzieren sie den Dreiklang *Asphalt, Holz, Stahl*. Zu den Materialien gehören aber auch die →**Stoffe** der →**Klangkörperkleidung** der Gastgeber und Musiker sowie das Material ihrer Instrumente. Der Klangkörper ist eine installative Aufführung. Auch bewusst gesetzte Lichter, Töne, Geräusche, Düfte und die Produkte aus dem Bereich →**Trinken und Essen** werden als Materialien des Zusammenklanges begriffen. →**Gesamtkunstwerk**, →**Inszenierung**, →**Klänge der Gastronomie**

Matter, Mani: *1936 in Herzogenbuchsee; †1972, Jurist, Liedermacher. Wuchs in einer gutbürgerlichen Familie auf. Seine erste Muttersprache war Französisch und nicht Berndeutsch. Beruflich machte Matter Karriere als Jurist: Er doktorierte, arbeitete als Oberassistent an der Universität und wurde Rechtskonsulent der Stadt Bern. Bereits während seines Studiums stand Mani Matter mit seinen berndeutschen Chansons auf kleinen Bühnen. Ab 1967 trat er mit den so genannten *Berner Troubadours* auf. Ab 1971 tourte er solo durch die →**Schweiz**. Seine Dialektlieder fanden grossen Anklang: Deutschschweizer Schulkinder singen immer noch begeistert Stücke wie *Sidi Abd el Assar vo El Hama* oder *Dr Ferdinand isch gstorbe*. Matter starb 1972 bei einem Autounfall. Sein Lied *Hemmige* (→**«Wil si Hemmige hei...»**) wurde in den neunziger Jahren vom Schweizer Sänger Stéphane Eicher neu aufgenommen und genoss einen riesigen Erfolg in Frankreich. Die ganze Berndeutsche Rock-, Mundartdichtung- und Theaterszene wäre ohne Matter gar nicht oder nur ganz anders denkbar.

Mayer, Delia: *1967 in Hong Kong, Schauspielerin, Sängerin. Hat in Wien, New York und Zürich Ausbildungen in Tanz, Schauspiel und Gesang absolviert. Arbeitet als Schauspielerin in Theater und Film, tritt als Sängerin und mit eigenen Texten auf, experimentiert mit diversen Misch-formen im Grenzbereich zwischen Lyrik und Musik. Arbeitet nach Gastauf-tritten auf verschiedenen CDs an einer ersten eigenen Produktion und lebt in Zürich. Sie hat die →**Lichtschriften** durch konzeptuelle Hinweise und inhaltliche Anregungen entscheidend beeinflusst. →**Recherche**

McPhee, John: *gebohren in Princeton, New Jersey, Autor. Besuchte die dortige Universität und Cambridge. Seine Autorenlaufbahn begann er beim *Time Magazine,* während vieler Jahre schrieb er regelmässig für *The New Yorker.* 1965 publizierte er sein erstes Buch: *A Sense of Where You Are.* Es folgten zahlreiche Publikationen, *Encounters with the Archdruid* (1972) und *The Curve of Binding Energy* (1974) wurden für die National Book Awards in der Disziplin Wissenschaft nominiert. 1977 erhielt er den Award in Literatur der American Academy of Arts and Letters. Von ihm stammt der Satz: →**«If Switzerland is arguably...».**

«Mehrzweckanlage»: anderes Wort für →**Klangkörper.** bzw. →**Gesamtkunstwerk.**

Meienberg, Niklaus: *1940 in St. Gallen; †1993 in Zürich, Journalist und Schriftsteller. Studierte Geschichte in Fribourg, Zürich und Paris und arbeitete ab 1966 für die *Weltwoche* als Pariser Korrespondent. Ab 1971 war er freier Mitarbeiter des Schweizer Fernsehens DRS und des ZDF und des *Tages-Anzeiger Magazins.* 1982 und 1983 arbeitete er als Pariser Korrespondent für den *Stern.* Danach war er Mitarbeiter der *Wochen-Zeitung,* der *Weltwoche* und freier Schriftsteller. Der unbequeme Gesell-schafts- und Politikkritiker Meienberg verfasste erfolgreiche literarische Reportagen zu Wirtschaft, Politik, Geschichte und Kultur. Dabei kritisierte er immer wieder die →**Schweiz,** besonders die Nazifreundlichkeit Gross-industrieller und die Privilegien des Grossbürgertums. Seine 1987 er-schienene Studie über den deutschfreundlichen Schweizer General Wille im Ersten Weltkrieg erregte grosses Aufsehen und stiess bei Historikern auf Widerstand. Andere Werke Meienbergs wurden auch verfilmt. 1993 setzte Meienberg seinem Leben ein Ende. Von ihm in den →**Lichtschriften** →**«Noch mehr. Noch mehr Freisinn...».**

Meier, Gerhard: *1917, in Niederbipp, Schriftsteller. Abgebrochenes Hochbaustudium. 33 Jahre als Arbeiter und technischer Leiter in einer

Fabrik. Ab 1971 freier Schriftsteller. Er veröffentlichte Gedichte, Prosa-
skizzen und Romane. Meier hat für sein umfassendes lyrisches und erzäh-
lerisches Werk unzählige Preise erhalten. Kurz nacheinander erschienen
die drei Teile der Trilogie *Baur und Bindschädler: Toteninsel* (1979),
Borodino (1982) und Die *Ballade vom Schneien* (1985), Meiers Hauptwerk
und Krönung seiner einzigartigen Prosakunst. Von Meier in den⌐**Lichtschriften** das Gedicht:⌐**«Heute drehte der Wind...».**

Meier, Rudi: *1970, Akkordeon. Ausbildung zum Akkordeonlehrer am
Hohnerkonservatorium in Trossingen. Unterrichtet an der Jugendmusik-
schule Laufen und konzertiert als Solist oder in Kammermusikformationen
mit diversen musikalischen Stilrichtungen.

Meier, Stephan: *1972 in Porrentruy, Architekt. Studium an der ETH
Zürich, war zuständig für die Gestaltung der⌐**Beleuchtung** und der elektrischen Installationen der⌐**Versorgungseinheiten.**

Meier, Tommy: *1959, Saxophon. Ist Tenor- und Sopransaxophonist und
auf der Bassklarinette erfahrener Improvisator vor allem in Jazz und
experimentellen Projekten. Er spielt in Bands wie *Brom, Kadash* und *Radio
Osaka* und musiziert seit 1985 auch mit dem Zirkustheater *Federlos,* das
er in Europa und Afrika auf Tournee begleitet hat.

«Meine Trip-Phase hatte ich mit 16. Mittlerweile beschränke ich mich aufs
Kiffen.»: Flo, wohnhaft in Zürich, sagt ausserdem: «Gummis sind selbst-
verständlich.» Die Zürcher Journalistin Gabriele Werffeli fing für das
Wochenmagazin einer Tageszeitung den Originalton eines losen Klüngels
von fünf Freunden um die 20 ein. Daraus wurde ein heftig diskutiertes
Dokument der Coolness und der konsumfreudigen Orientierungslosigkeit.
Aus: *Das Magazin*, 5/96, Zürich 1996, S. 34.⌐**«Diese extreme Sehnsucht...»**

Meissner, Sylke: *1976, Akkordeon. Studierte an der Musikhochschule
Detmold.

Mello, Chico: Stimme, Gitarre, Klarinette, Tuba. Studierte Medizin und
Musik in Brasilien und Komposition in Sao Paolo und bei Dieter Schnebel
in Berlin. Seine Werke wurden u.a. an den Donaueschinger Musiktagen
und den Inventionen Berlin aufgeführt. Während seines Studienaufenthalts
in der Cité Internationale des Arts Paris arbeitete er in den Bereichen

experimentelle und improvisierte Musik sowie Musiktheater und Performance. Chico Mello lebt in Berlin und Curitiba.

Merk, Waldemar: *1969, Akkordeon. Studierte an der Hochschule für Musik und Theater Hannover und ist Musikpädagoge und Musikschulleiter.

Merlot: Rebsorte. Nach einigen Misserfolgen und unzähligen Versuchen, eine geeignete Rebsorte für das Tessin zu finden, hat man es 1907 erstmals mit Merlot-Setzlingen aus dem Bordelais probiert. Mit Erfolg, denn die Sorte bedeckt heute 84 Prozent der insgesamt 920 Hektar Rebland der italienischen Schweiz ab. Das sind insgesamt etwa 2,7 Millionen Rebstöcke.

Messerli, Beat: *1953, Fürsprecher. Er beriet die →KoKo in Rechtsfragen im Zusammenhang mit dem →Klangkörper.

Mettler, Michel: *1966 im Kanton Aargau, Autor. Lebt und arbeitet in Brugg. Diverse Prosaformen in Zeitungen, Zeitschriften und Anthologien, Essayistisches, Theater- und Performancearbeit. Ausserdem ist Mettler seit 1999 als Leiter des Badener *forum:claque* Veranstalter von Projekten zeitgenössischer Kunst, Literatur und →Musik. Von ihm stammen die Zitate →«Zuerst war es noch eine Landschaft...» und →«Ich besuchte nochmals all...». Darüberhinaus beeinflusste Mettler durch konzeptionelle Anteilnahme, inhaltliche Anregungen und literarischen Esprit die →Lichtschriften. →Recherche

Metzler-Arnold, Ruth: *1964, →Bundesrätin seit 1999. Vorsteherin des Eidgenössischen Justiz- und Polizeidepartements. Sie ist Mitglied der Christlichdemokratischen Volkspartei (CVP) und war bei ihrer Wahl das jüngste Regierungsmitglied Europas.

Michael, Curdin: *1968 in Chur, Architekt. Studium an der ETH Zürich. Hat für den →Klangkörper eine Serie letzter Details entwickelt.

Michelet, Jules: *1798 in Paris; †1874, Schriftsteller. Der französische Historiker wuchs in ärmlichen Verhältnissen in der Hauptstadt auf. Dank grosser Anstrengungen seiner Eltern konnte er trotzdem studieren, und zwar so erfolgreich, dass er eine akademische Karriere machte. Er wurde Professor für Geschichte, auch an der Sorbonne. Michelet vertrat liberale und demokratische Ideen und kämpfte gegen den Einfluss der Kleriker und Jesuiten im Bildungsbereich. Zwischen 1833 und 1867 schrieb er an seinem Monumentalwerk *Histoire de France*. Michelet empfand eine tiefe Menschenliebe und glaubte an die Humanität, an das Gute im Menschen, an die Freiheit, an die Phantasie und den Verstand. Von der französischen Linken wurde (und wird) Michelet verehrt und mystifiziert. Der Menschenkenner sagte über die ⌐Schweiz «La Suisse offre l'etrange...».

Milosavljević, Nikola: *1979 in Jugoslawien, Akkordeon. Studiert seit 1998 an der Hochschule für Musik und Theater Hannover bei Elsbeth ⌐Moser.

Milošević, Katja: *1980 in Kragujevac/Jugoslawien, Akkordeon. Studiert an der dortigen Musikakademie.

Mindeci, Sven: *1979, Akkordeon. Studiert an der Musikhochschule Winterthur.

Mitarbeiter Trinken und Essen: Für die drei ⌐Bars und ⌐Le Club sind insgesamt 32 Mitarbeiter für den Bereich ⌐Trinken und Essen verantwortlich. Bis Redaktionsschluss standen fest: Martin ⌐Arnold, Barbara ⌐Blass, Annatina ⌐Christen, Monika ⌐Dambach, Monika ⌐Dierauer, Roland ⌐Frauchiger, Alexander ⌐Glarner, Uta ⌐Graff, Anita ⌐Gschwind, Roman ⌐Haefeli, Peter ⌐Hauser, Tatjana ⌐Jaggi, Beatrice ⌐Laube, Teodora ⌐Marti, Barbara ⌐Müller, Beat ⌐Oppliger, Ginette ⌐Pernet, Alfred ⌐Ryf, Carola ⌐Scotoni Berger, Martin ⌐Winkler und Gabriela ⌐Zaugg. Wichtige Beiträge leisteten auch Jean-Louis ⌐Aeschlimann, Cilgia ⌐Graf-Bezzola, Daniela Hack, Ulrich ⌐Halbach, Dieter ⌐Hug, Andreas ⌐Junker, Andreas ⌐Keller, Stephan ⌐Keller, Marco ⌐Tanner, Martin ⌐Volkart und René ⌐Zimmermann. Ihnen gebührt grosser Dank. ⊙ Gastgeberin

Mitarbeitersuche: Es wurde sehr bewusst eine bunte Mischung von ⌐Mitarbeitern angestrebt: Sowohl Profis als auch Menschen aus gastronomiefremden Bereichen sollten zu einem vielseitigen Team im Bereich ⌐Trinken und Essen beitragen. Über einen Zeitraum von drei Monaten wurden gesamtschweizerisch in Zeitungen, Universitäten, Schulen und nicht zuletzt auf dem Internet die 32 Stellen ausgeschrieben. In den ersten zwei

Gastgeberin _, Mitarbeiter Trinken und Essen

Monaten haben sich 140 Personen ein Bewerbungsformular schicken lassen.⌐,Assessments, ⌐,Schulung Trinken und Essen

Mitarbeiterverpflegung: Nur gut verpflegte⌐,Mitarbeiter sind gute⌐,Gast-geber. Unter Teodora⌐,Martis Leitung werden deshalb täglich zwei frische Mahlzeiten zubereitet. Im⌐,Künstlercafé werden sie in angenehmer ⌐,Atmosphäre genossen.

Mitrović, Milan: *1979 in Cacak/Serbien, Akkordeon. Studiert an der Hochschule für Musik und Theater Hannover bei Elsbeth⌐,Moser. Er ist mehrfacher erster Preisträger internationaler Wettbewerbe.

Mitrović, Nataša: *1978, Akkordeon. Studiert an der Musikhochschule *Franz Liszt* in Weimar.

Miyamoto, Yasuko: *1970, Hackbrett. Die Marimbaphonistin studierte in Japan und in Freiburg i. Br. bei Bernhard Wulff und Taijiro Miyazaki. Sie erhielt den Kulturförderpreis der japanischen Stadt Shiga-ken.

Mode: ⌐,Schweizer Mode

Modellbau: Die Modelle im Massstab 1 : 10 stammen von Dumeng Raffainer, Modellbau Zaborowsky Zürich. Lukas Meier, Modellbau, Versam hat die Modelle im Massstab 1 : 100 angefertigt.

Möbel: Einige Designklassiker stehen im⌐,Le Club und im⌐,Künstlercafé in der grössten⌐,Versorgungseinheit: Der Landi-Stuhl von Hans Coray, für die Schweizerische Landesausstellung 1939 geschaffen; die Hocker und Sessel LC 7 und LC 8 von Le Corbusier aus dem Jahre 1928, Barhocker Bar Stool No. 1 von Eileen Gray von 1927, Leuchten von Eileen Gray und der als *The Swan* bekannte Sessel von Arne Jacobsen aus dem Jahre 1958, diesmal in eidgenössischem Rot gehalten. Das dunkelblaue, das hellblaue und das hellgelbe Sofa sind Einzelanfertigungen nach einem Entwurf des Architekturbüros Peter⌐,Zumthor.

«Moins on est libre et mieux on aime les femmes. Les Suisses s'en servent moins que les Français, et les Turcs davantage.»: In der Übersetzung: «Je unfreier man ist, desto besser liebt man die Frauen. Die Schweizer bedienen sich ihrer weniger als die Franzosen, und die Türken mehr.» Demnach hat Wilhelm⌐₊**Tell** der helvetischen Libido erheblichen Schaden zugefügt. Dieses Naturgesetz im 18. Jahrhundert wurde beobachtet und niedergeschrieben von Chevalier de⌐₊**Boufflers** in einem Brief an seine Mutter.

Molinari, Ernesto: *1956 in Lugano, Klarinette, Bassklarinette. Studierte Klarinette in Basel und Bassklarinette in Amsterdam. Eine rege Konzerttätigkeit als Kammermusiker und Solist führt ihn quer durch ganz Europa. Neben seiner Tätigkeit als Interpret des klassischen, romantischen und zeitgenössischen Repertoires bewegt er sich auch im Jazz- und Improvisationsbereich. Er hat zahlreiche, für ihn komponierte Werke uraufgeführt. Ernesto Molinari lebt seit 1994 in Wien und ist Mitglied des *Klangforum Wien*.

Mondeuse: Rebsorte. Älteste rote Traubensorte des Kanton Wallis. Ihren Weg aus der Haute Savoie in die⌐₊**Schweiz** fand diese Rebe im 14. Jahrhundert.

Monopoly: Beliebtes Gesellschaftsspiel, bei dem es darum geht, durch geschicktes Ankaufen von Grundstücken und Häusern oder Hotels sich selber zu bereichern und die Gegner bankrott gehen zu lassen. Die Preise für die Grundstücke auf dem Spielbrett ergeben sich aus ihrer gewinnversprechenden Geschäftslage. Monopoly gibt es in verschiedenen Versionen für verschiedene Länder. In der⌐₊**Schweiz** heisst das teuerste, das dunkleblaue Grundstück: Zürich, Paradeplatz. Wer auf ein gewisses Feld tritt, muss eine gelbe oder rote Karte ziehen, auf einer von ihnen steht (zweisprachig):⌐₊**«Die Bank hat sich zu deinen Gunsten geirrt...»,**⌐₊**Verpflichtungskredit.**

«Montagna retorica»: Der Begriff *rhetorischer Berg* ist einem Aufsatz von Renato⌐₊**Martinoni** zum Verhältnis von Stil und Moral in der Schweizer Literatur entnommen. Die betreffende Stelle lautet «La scrittura deve

guardarsi bene dall'attardarsi pigramente all'ombra della retorica. La
grandezza del disastro nel quale siamo piombati, osservava Alberto
Savinio nel tempo della guerra, ‹è esattamente proporzionata all'altezza
della montagna *retorica* in cima alla quale il nostro paese era stato in-
nalzato. Nostra cura costante dev'essere la caccia ininterrotta e spietata
alla retorica, a qualunque forma di retorica›. – «Das Schreiben muss
sich davor hüten, faul im Schatten der Rhetorik zu verweilen. ‹Das Aus-
mass der Katastrophe, in die wir gestürzt sind›, bemerkte Alberto Savinio
während des Krieges, ‹ist genau proportional zur Höhe des Berges *Rhetorik*, auf dessen Gipfel unser Land erhoben worden war. Unsere ständige
Sorge muss die ununterbrochene und erbarmungslose Jagd auf die
Rhetorik sein, auf jegliche Form von Rhetorik.›» (Übersetzung: Evelyne
und Samuel Vitali). Der Aufsatz wendet sich gegen Rhetorik als schön-
färberisches Stilmoment einer nurmehr scheinbaren Political Correctness,
mit dem die tatsächlichen Probleme der multikulturellen Gesellschaft
(in der ↳**Schweiz** und in der Welt) verschleiert werden. Renato Martinoni,
Scrittura, morale e montagna retorica, in: Der Stil ist eine Frage der
Moral, hrsg. von Peter A. Schmid und Tim ↳**Krohn**, Verlag Nagel & Kimche,
Zürich 1999, s. 153.

Montaigne, Michel de: *1533 auf Schloss Montaigne (heute Saint-
Michel-de-Montaigne); †1592 ebenda, Schriftsteller, Philosoph. Hinterliess ein Werk, dessen Gewicht und Scharfsinnigkeit bis heute auf
die gesamte europäische Kultur einwirken. Er setzte sich für Humanität,
Toleranz und für liberale Ideen ein. 1676 wurden seine *Essais* auf den
Index der verbotenen Schriften gesetzt, von dem sie erst 1945 ge-
strichen wurden. Während seines Lebens bekleidete Montaigne immer
wieder politische Ämter: z.B. im Parlament von Bordeaux, oder als dessen Bürgermeister 1581–1585, obwohl er sich 1570 nur noch dem
Schreiben zuwenden wollte. Eine siebzehn Monate lange Reise führte
Montaigne durch Deutschland und die ↳**Schweiz** nach Italien. Sein
Aufenthalt in Rom befreite ihn von seiner Melancholie, jener in
der Schweiz von Verdauungsbeschwerden, lernte er doch die heilende
Wirkung des Wassers dort sowohl von aussen als auch von innen
kennen. ↳**«Le jeudi il beut de mesme…»**

Montale, Eugenio: *1896 in Genua; †1981 in Mailand, Lyriker, Erzähler, Kulturjournalist, Musikkritiker, Chronist der Kultur- und Sittengeschichte. Begründete mit Ungaretti den Hermetismus. *Ossi di seppia* (1925), *Glorie des Mittags* (dt. 1960). Arbeitete beim *Corriere della Sera* als Redaktor, 1967 wurde Montale zum *Senator auf Lebenszeit* ernannt. 1975 erhielt er den Nobelpreis für Literatur. Er übte mit seiner aussergewöhnlichen Persönlichkeit grossen Einfluss auf die italienische Literaturszene aus. Montale gilt als scharfsinniger Kritiker unseres Jahrhunderts und seiner Zeitgenossen.→**«Son passati i tempi di Monte Verità...»**

Morgenthaler, Robert: Posaune, Alphorn. Ist Jazzposaunist. Bereits 1968 ist er regional aufgetreten, mittlerweile ist er längst bei internationalen Festivals zu hören und experimentiert mit verschiedenen Ensembles zwischen Ethno-Jazz, Alpine Jazz, →**Dada** und zeitgenössischem Jazz. Er unterrichtet an den Musikhochschulen Bern und Luzern.

Moser, Elsbeth: Akkordeonlehrerin. Studierte am Berner Konservatorium und schloss ihre Studien 1972 an der Staatlichen Hochschule für Musik Trossingen bei Hugo →**Noth** mit dem Konzertexamen ab. Sie war mehrfache erste Preisträgerin internationaler Wettbewerbe, 1997 wurde ihr in Deutschland von Roman Herzog das Bundesverdienstkreuz übergeben. Elsbeth Moser hat mit ihrem Interesse für Neue Musik wesentlich dazu beigetragen, dass das →**Akkordeon** nicht länger als pures Folklore-Instrument galt. Als Solistin spielte sie mit zahlreichen renommierten Orchestern, und auf Einladung von Gidon Kremer bestritt sie die westliche Uraufführung der *Sieben Worte* von Sofia Gubaidulina, mit welcher sie eine tiefe Freundschaft verbindet. Elsbeth Moser spielt selbst nicht im →**Klangkörper**, hat aber an der Hochschule für Musik und Theater Hannover viele Akkordeonisten des Klangkörpers ausgebildet. →**Musik**

Moser, Milena: *1963 in Zürich, Schriftstellerin. Ausbildung zur Buchhändlerin. In Paris schrieb sie 1984/85 ihre drei ersten Romane, die der Schublade anheim fielen, da sie vergeblich einen Verleger suchte. Nach der Mitbegründung von *Sans Blague – Magazin für Schund und Sünde* erscheint *Gebrochene Herzen* im frisch gegründeten Krösus Verlag. Darauf folgten mehrere Romane (*Die Putzfraueninsel, Das Schlampenbuch, Blondinenträume* und *Das Leben der Matrosen*), Glossen für Zeitungen und Zeitschriften, Radiobeiträge. 1988 wurde ihr erster Sohn Lino, 1995 ihr zweiter Sohn Cyril geboren. Heute lebt sie in San Francisco. Von ihr stammt das Zitat →**«Mutter ist das Produkt...».**

Müller, Barbara: *1950, Mitarbeiterin →**Trinken und Essen**. Als erfahrene Gastgeberin schätzt sie die →**Bewegung** des Geschehens und die Lebendigkeit im Pavillon.

Müller, Friederike: *1946, Hackbrett. Die diplomierte Krankenschwester ist heute Lehrerin für musikalische Früherziehung in Basel. Sie spielt Klavier und Flöte.

Müller, Lars: *1955 in Oslo/Norwegen, Buchgestalter, Verleger. Besuchte Schulen in der →**Schweiz**, lebt in Baden (Aargau). Arbeitet als Gestalter und Verleger, lehrt Grafik Design an der Staatlichen Hochschule für Gestaltung Karlsruhe. War an der Formulierung der Wettbewerbseingabe für den Schweizer Pavillon mitbeteiligt. Eine der ersten Adressen unter den kleinen schweizerischen Kunst- und Kulturverlegern.

Musik: Im →**Klangkörper** erklingt permanent Musik. Insgesamt rund 350 Musiker reisen aus verschiedensten Teilen der Welt an. Sämtliche Kulturregionen der →**Schweiz** sind vertreten. Zwölf Musiker wechseln sich täglich von 9.30 – 21.30 Uhr in dreistündigen Schichten ab. Das vom Komponisten Daniel →**Ott** entwickelte musikalische Konzept besteht aus einem →**Grundklang**, →**improvisierten Passagen** und sogenannten →**Musikalischen Fenstern**. Den Grundklang spielen jeweils drei Akkordeonisten und drei Hackbrettspieler zusammen. Zusätzlich treten jeden Tag drei improvisierende Musiker auf. Mit den drei Elementen des Grundklangs reagiert der Komponist auf die Architektur: Der Grundklang birgt unendliche und vielfältige Variationsmöglichkeiten. →**Akkordeon**, →**Drei-mal-drei-Punkte-katalog**, →**Gesamtkunstwerk**, →**Hackbrett**, →**Harmonie**, →**Idee**, →**Inszenierung**, →**Kompositions-Verfahren**, →**Musiker als Mitkomponisten**, →**Regie**, →**Resonanzkörper**, →**Zahlen in der Musik** ⊙ Klangkörper-Solist

Musikalische Leiter: Damit die 153-tägige Musikinstallation lebendig bleibt, spielen die musikalischen Leiter mit Daniel →**Otts** Kompositionsmaterial wie mit einem Baukasten. Sie prägen das Klanggeschehen ebenso wie die Musiker. Insgesamt acht musikalische Leiter und zwei musikalische Assistenten reagieren im →**Klangkörper** auf das Grundkonzept (→**Musik**).

Klangkörper-Solist „Musik"

Sie bestimmen die Abläufe der Spielanleitung des Komponisten Daniel Ott. Sie erstellen täglich einen Plan für die Abfolge der musikalischen Elemente →Grundklang, →improvisierte Passagen und →Musikalische Fenster sowie der szenischen und musikalischen Reaktionsweisen. Musikalische Leiter: Jacques →Demierre, Christian →Dierstein, Stephan →Froleyks, Domenic →Janett, Fabian →Neuhaus, Ralf R. →Ollertz, Mario →Pagliarani, Pierre →Sublet. Hans →Wüthrich Musikalische Assistenten: Matthias →Rebstock, Volker →Schindel.

Musikalisches Betriebsbüro: Die gesamte Organisation für den Bereich →Musik wird von Dominique →von Hahn und von Barbara →Tacchini ge- leistet. Sie haben ihre Arbeit rund eineinhalb Jahre vor Beginn der →Expo 2000 aufgenommen. Die musikalischen Betriebsleiterinnen werden von der →Regie (Karoline →Gruber, Annett →Wöhlert) wie auch von den →musikali- schen Leitern unterstützt. Diese reagieren täglich neu auf die äusseren Be- dingungen der Ausstellung – sei es die Witterung oder der Besucherstrom – und erstellen entsprechend einen neuen Plan. →Grundklang, →Inszenierung, →Musiker als Mitkomponisten

Musikalisches Fenster: Neben dem →Grundklang, und den →improvisierten Passagen das dritte Element des musikalischen Konzeptes von Daniel →Ott. Jeder Grundklangmusiker spielt darin, während 30 Sekunden bis zwei Minuten, wie er *bei sich zu Hause* spielt. Aufgrund des unterschiedlichen musikalischen Hintergrunds der Musiker, der Zugehörigkeit zu einer bestimmten Szene oder der Volksmusik des Heimatlandes klingen diese Fenster jazzig, noisig, folkloristisch, individualistisch etc. →Musik, →Musiker als Mitkomponisten

Musiker als Mitkomponisten: Das Verfahren, die ausübenden Musiker ins →Kompositions-Verfahren miteinzubeziehen, wendet der →Kurator →Musik Daniel →Ott schon seit etwa zehn Jahren an. Oft war seine erste Herange- hensweise an ein neues Stück ein ausführliches Interview mit den beteilig- ten Interpreten (über Klangerfahrungen, Klangerinnerungen, Geräuscherinnerungen, Erinnerungen mit dem eigenen Instrument etc.). In den eineinhalb Jahren Entstehungszeit der Klangkörpermusik hat er regelmässig Klangversuche durchgeführt und die Erfahrungen in seinen Kompositionsprozess einfliessen lassen: sowohl instrumentaltechnische Erfahrungen und akustische Überraschungen (z.b. die→**Präsenz** der Musik im→**Musterstapel** auch ohne Verstärkung) als auch die Entwicklung der szenischen Anteile der Musik (→**Inszenierung,**→**Regie**): Ziel war, mit möglichst vielen der rund 350 auftretenden Musiker schon vor Beginn der →**Expo 2000** zu proben – und ihre Anregungen, ihre eigene Musik miteinzubauen. Nicht etwa, um einen Haufen Beliebigkeit zu produzieren, sondern um ein weltoffenes→**Gesamtkunstwerk** zu bauen, das vom Reichtum der verschiedenen Erfahrungen der Mitwirkenden profitiert: Interpreten als Mitautoren integrieren, als Personen und nicht bloss als Ausführende.→**Drei-mal-drei-Punktekatalog**

Musil, Robert: *1880 in Klagenfurt; †1942 in Genf, Schriftsteller. Wuchs in einer altösterreichischen Beamten-, Ingenieurs- und Offiziersfamilie auf. Brach die Militärschule ab und studierte der Familientradition folgend Maschinenbau. In Stuttgart arbeitete er als Volontärsassistent an der Technischen Hochschule, zog aber bald nach Berlin, um dort Philosophie zu studieren. Darin promovierte er 1908. Der Erfolg seines Erstlingswerkes *Die Verwirrungen des Zöglings Törless* (1906) veranlasste Musil, eine bürgerliche Karriere auszuschlagen und freier Schriftsteller zu werden. Die weiteren Werke waren jedoch geschäftliche Misserfolge, und auch bei den Literaturkritikern fand Musil selten Gnade. 1930 veröffentlichte er den ersten Band des Romans *Der Mann ohne Eigenschaften,* an dem er noch zehn Jahre weiterarbeitete und der trotz seiner 2000 Seiten ein Fragment blieb. Die längste Zeit seines Lebens verbrachte Musil in Wien, 1938 jedoch ging er nach Genf ins Exil. Dort versuchte er, ohne Verleger, weiterzuschreiben. Musil starb in Existenznot, und auch sein Tod blieb ohne grossen Wiederhall. Von Musil in den→**Lichtschriften**→«**Die Schweizer wissen, was sich gehört...**».

Musterstapel: In Chur wurde gleich nach Beginn der Projektierungsarbeiten vom Holzbauer Christian Schürch ein Muster im Massstab 1 : 1 errichtet. Daran konnte das→**Schwinden** und→**Kriechen** des→**Holzes**

beobachtet werden. Ein Ausschwingversuch lieferte die Werte der **Eigen-frequenz** und des **logarithmischen Dämpfungsdekrements. Resonanzkörper**

«Mutter ist das Produkt harter Arbeit. Arbeit und Mühe. Die Haare getönt, das Gesicht geschminkt, die Figur geturnt, die Wäsche gebügelt, jeden Tag alles neu gebügelt, nur warme, frischgebügelte Wäsche kommt an ihre Haut.»: Milena **Moser,** *Der Hund hinkt,* in: *Die Schweiz erzählt,* hrsg. von Plinio **Bachmann,** Fischer Taschenbuch Verlag, Frankfurt A/M 1998, s. 156.

«My very chains and I grew friends, | So much a long communion tends | To make us what we are: – even I | Regain'd my freedom with a sigh.»: Dies ist der Schluss von Lord **Byrons** mehrseitigem Gedicht *The Prisoner of Chillon.* Es handelt vom Republikaner Bonivard, der als Genfer Patriot und Freiheitskämpfer zum Feind des Herzogs von Savoyen wird. 1530 wird er von diesem Fürsten ohne Verhör für sechs Jahre im Château de Chillon am Genfersee eingekerkert, bis er von den Bernern, die sich des Waadtlandes bemächtigt haben, befreit wird. Deutsch: «Selbst meine Ketten hatt ich lieb. | So sehr macht der Gewohnheit Trieb | Uns, was wir sind: und ich sogar, | Ich seufzt, als ich in Freiheit war.» (Übersetzung: Otto Gildemeister). Original zitiert aus: George Gordon Lord Byron, *The complete poetical works,* hrsg. von Jerome McGann, Oxford, 1986, s. 16.

«N'oublions pas que les bouts du monde sont innombrables.»: «Vergessen wir nicht, dass es das Ende der Welt unzählige Male gibt.» Nicolas **Bouvier** muss es wissen, ist er doch weit in der Welt herumgekommen. Relativiert das Gefühl, dass es in der **Schweiz** liegen könnte.

Nachbarschaft: Die **Schweiz** schätzt und pflegt gute Nachbarschaften: Zu Hause mit Italien, Deutschland, Frankreich, Liechtenstein und Österreich, an der **Expo 2000** mit Äthiopien, Frankreich, Grossbritannien, Norwegen und Schweden.

Nachhaltigkeit: Die Verwendung von **Holz** entspricht einer nachhaltigen

Bauweise, welche sich die Schweizerische ⌐,**Eidgenossenschaft** (⌐,**Bauherr-schaft**) gewünscht hat. Nach der ⌐,**Expo 2000** können die Balken der ⌐,**Lärchen** und ⌐,**Douglas-Föhren** unversehrt abgebaut und wiederverwendet werden. ⌐,**Stapelwand**

Nachspannanlage: Besteht aus einer motorbetriebenen Hydraulikpumpe und zwei an einem Stahljoch befestigten Druckzylindern. Sie wiegt etwa 80 kg. Zum ⌐,**Nachspannen** der ⌐,**Schraubenzugfedern** werden die Zylinder auf die oberen ⌐,**Stahlschwerter** abgestellt. Am darüberliegenden Joch werden die oberen Gewindestangen der Schraubenzugfedern befestigt. Wenn die Zylinder das Joch nach oben pressen, werden beide Schraubenzugfedern gleichzeitig nachgespannt.

Nachspannen: Sobald die Verkürzung einer ⌐,**Schraubenzugfeder** mehr als 90 Millimeter beträgt, muss sie nachgespannt werden, damit die not-wendige ⌐,**Vorspannung** erhalten bleibt. Denn sollte es in Hannover weniger regnen als angenommen, ⌐,**schwinden** die ⌐,**Stapelwände** mehr ab als ge-plant. Dann können die Stahlfedern während der Ausstellung an Ort und Stelle mit einer ⌐,**Nachspannanlage** nachgespannt werden.

Nachspannteam: Drei Personen bilden das Nachspannteam. Zwei starke, schwindelfreie Männer tragen die ⌐,**Nachspannanlage** von Spannstelle zu Spannstelle, eine dritte Person kontrolliert das Festsitzen des Chromstahl-hammers am unteren Ende der ⌐,**Spannstange**.

Nachtarbeit: Auch ausserhalb der Öffnungszeiten wird auf dem Gelände gearbeitet. Weil sich der ⌐,**Klangkörper** mit seiner offenen ⌐,**Grundstruktur** nicht abschliessen lässt, ist ein Nachtportier anwesend. Nebst seinen Kontrollrundgängen führt er auch kleine Reparaturarbeiten aus oder stellt beispielsweise den ⌐,**Kehrricht** vor den Pavillon. Zudem kontrolliert er Warenein- und -ausgänge. ⌐,**50 Eingänge, 50 Ausgänge**

Natale, Claudia: *1974, Hackbrett. Während ihrer Ausbildung am Lehrer-seminar in Biel setzte sie sich mit Klavier, Gitarre, Saxophon und Djembé auseinander. Sie studiert Schlagzeug bei Bernhard Wulff in Freiburg i. Br.

Nationalrat: Seine grosse Kammer zählt 200 Sitze. Die Zahl der Abgeord-
neten eines ⌐ˌKantons richtet sich nach der Anzahl seiner Einwohner. Die
⌐ˌAbstimmung über die Schweizer Teilnahme an der ⌐ˌExpo 2000 Hannover
fand im Nationalrat am 10. Dezember 1998 statt.

Nationentag: Jeder Teilnehmer der ⌐ˌExpo 2000 darf während eines
Tages feiern. Am 9. Juni 2000 feiert die ⌐ˌSchweiz. Zu diesem Tag reist
Bundespräsident Adolf ⌐ˌOgi an. Er vertritt den ⌐ˌBundesrat und nimmt an
den Repräsentationsanlässen teil. Nach dem Hissen der deutschen und
der schweizerischen Fahne zu den Klängen der entsprechenden National-
hymnen werden *Öff Öff Productions* und das experimentelle Alphorn-
quartett *Mytha* unter der Leitung von Hans Kennel eine Performance
zeigen, welche sich um einige Kernthemen aus Wilhelm ⌐ˌTell (im Sinne des
Wortes) drehen. Den eigentlichen Nationalfeiertag feiert die Schweiz
aber am 1. August. Denn zu Beginn des Monats August 1192 sollen sich die
Vertreter der drei Schweizer Urkantone auf dem Rütli (am Vierwald-
stättersee, Kanton Uri) versammelt haben.

«Ne no fètè pas tardâ, | kâ perto no faô allâ, | per lé tsan, per lé prâ, | per
lé vegne fôchèrâ.»: Schluss eines Mailiedes in Patois aus dem Kanton
Waadt. Es handelt von der Maikönigin, die erscheint, um das Frühlingsfest
zu eröffnen, das sich bald darauf über die Felder und durch die Weinberge verbreitet. Aus: *Die schönsten Schweizer Volkslieder*, hrsg. von Max
Peter Baumann, Mondo-Verlag, Vevey 1994, S. 60. ⌐ˌLandessprachen

Nesic, Snezana: *1972 in Jugoslawien, Akkordeon. Absolvierte ihre
ersten Akkordeonstudien an der Akademie *P. I. Tschaikowski* in Kiew mit
Auszeichnung. Studiert als Stipendiatin des Deutschen Akademischen
Austauschdienstes an der Hochschule für Musik und Theater Hannover
bei Elsbeth ⌐ˌMoser. Sie ist sechsfache erste Preisträgerin internationaler
Wettbewerbe, komponiert und tritt als Solistin in vielen Ländern
Europas auf.

Neuhaus, Fabian: *1972 in Baden, →**Musikalischer Leiter**. Studierte Komposition und Musiktheorie und zur Zeit Musikwissenschaft an der Universität Zürich. Als Sänger und Bassist tritt er mit verschiedenen experimentellen Rockbands auf und hat sich auf Performances mit Improvisation und Live-Elektronik spezialisiert. Hauptsächlich betätigt sich Fabian Neuhaus als Komponist für verschiedene Besetzungen. →**Musik**

Neumayer, Sabina: Aufgewachsen in Zug, Ausbildung zur Primar- (Grundschul-) und Sekundarlehrerin. Heute studiert sie Geschichte und Deutsche Literatur an der Universität Zürich. Sie singt, liebt →**Musik**, Geschichte und Geschichten und hat ein Flair für Sprachen. Neumayer hat bei Recherchen für die Rechtsabklärungen der zitierten Texte überraschende, erfreuliche und unerfreuliche Erfahrungen gesammelt – je nach Laune und Auskunftsfreudigkeit am anderen Ende des Drahts. Für ihre Arbeit nie genug sei ihr gedankt von hier nach Zug. →**Recherche**

«Neuschnee: feingliedrige, wenig veränderte Kristalle | Filzig: unregelmässige, gablige Formen. Ursprüngliche Gestalt meist noch erkennbar | Rundkörnig: feinkörnig | Kantigkörnig: grobkristallin, mehrheitlich mit ebenen Flächen | Schwimmschnee: Becherkristalle, Hohlformen mit ebenen Flächen und mit Kanten | Oberflächenreif | Schmelzformen: rundkörnig, durch Schmelzen stark zusammengewachsen, grosse Körner | Eislamelle: Eisschicht, einzelne Körner nicht mehr sichtbar | Kruste: zusammengeschmolzene Schneeformen»: Aufgelistet sind hier die verschiedenen Bezeichnungen der Schneekörner im frischen Stadium, im Zwischenstadium der abbauenden Umwandlung, im Endstadium der abbauenden Umwandlung, im Anfangsstadium der aufbauenden Umwandlung, im Endstadium der aufbauenden Umwandlung, in oberflächlichen oder eingeschneiten Varianten und als Konglomerat aus Schmelzformen mit Korngrössen von 0.2 bis 5 mm. Die Wissenschaft kann Leben retten und wird deshalb betrieben vom →**Eidgenössischen Institut für Schnee- und Lawinenforschung.**

Neye, Andrea: *1980, Akkordeon. Studiert Instrumentalpädagogik mit dem Hauptfach Akkordeon an der Hochschule für Musik *Hanns Eisler* Berlin.

Nietzsche, Friedrich: *1844 in Röcken b. Lützen; †Weimar 1900, Philosoph. Entstammt einer pietistischen Pfarrersfamilie; Freundschaft mit Richard Wagner; 1869–79 Prof. für klassische Philologie in Basel; ab 1871 Fortschreiten seiner Nervenkrankheit, häufige Aufenthalte an verschiedenen Orten in der→**Schweiz**, insb. Sils-Maria, wo heute das→**Nietzsche-Haus** zu besichtigen ist, und in Italien. 1889 wegen zunehmender geistiger Umnachtung in Obhut der Schwester. Von ihm im→**Klangkörper** «**Hier sass ich wartend, wartend...**» und→**«Et in Arcadia ego...»**.

Nietzsche-Haus: Ein einfaches Steinhaus in Sils-Maria, Oberengadin, in dem→Nietzsche während seiner Engadin-Aufenthalte wohnte. Zu sehen sind die Arbeits- und Wohnstuben, eine ständige Ausstellung über Engadin-Besuche von Nietzsche-Freunden und berühmten Künstlern und Intellektuellen. Anschliessend empfiehlt sich der Vier-Uhr-Tee mit Salonmusik im Foyer des Hotel Waldhaus (→**«Euch noch mein Lob hier reinzuschreiben...»**), dessen Eröffnung→Nietzsche nicht mehr erlebt hat.

Nigg, Jürgen: *1964, Akkordeon. Lehrt an drei Schweizer Musikschulen und bildet sich beim Schweizerischen Musikpädagogischen Verband zum Akkordeonlehrer aus.

Nizon, Paul: *1929 in Bern, lebt heute in Paris, Schriftsteller. Der Sohn eines russischen Einwanderers und einer Bernerin wuchs in der Bundeshauptstadt auf und lebte dann fünfzehn Jahre in Zürich. Er wurde zu einem beachteten Kunstkritiker, und mit seinem ersten Buch *Die gleitenden Plätze* (1959) verschuf er sich Respekt bei Dürrenmatt und Frisch. Seine Romane erzählen allesamt von der Lust am Leben und von den Idealbedingungen in grossen Metropolen, diese auszuleben. Solche hat die →**Schweiz** aber nicht zu bieten, deshalb verliess Nizon sein Geburtsland, nachdem er das dort herrschende kunstfeindliche Klima in *Diskurs in der Enge* (1970) gültig analysiert hatte. Die Schweiz, so Nizon, habe sich hinter Selbstgenügsamkeit verschanzt und enthielte ihm die Welt vor. In Frankreich wird Nizon mittlerweile als französischer Schriftsteller gefeiert. Die Schweiz ist wohl in seiner Erinnerung nur noch→**«Eine kleine, kleine, kleine, kleine Blumenanlage...»**.

«No. Non si può salire: il vuoto enorme | grava su di noi, quella gran luce bianca | arde e consuma l'anima.»: «Nein. Hier kommt man nicht hinauf:

die ungeheure Leere | lastet auf uns, dieses grosse, weisse Licht | brennt und verzehrt die Seele.» Beginn eines Gedichts von Antonia→**Pozzi**. Es trägt den Titel *Lago in Calma* und den Datumsvermerk: *Silvaplana, August 1930*. Zitiert aus: *Parole*, hrsg. von A. Lenni und O. Dino, Garzant, Mailand 1989.

«Noch mehr. Noch mehr Freisinn Stiegelisinn Versicherungen Banken Sitzungen Sitzungszimmer Überwachungen Karteien Speicher Computer-scheunen Röntgenzimmer Seelenröntgenanstalten Durchleuchtungen Motiverforschungen Hirnpolizei Ordnungsrufe Normen Einordnungen Säuberungen Optimalfrequenzen noch mehr Muzak noch mehr Zurick Zurick Zurick Zurick Zurick Zurick»: Zukunftsvision des Journalisten und Schriftstellers Niklaus→**Meienberg**, dessen paranoide Fantasien über die→**Schweiz** als Überwachungsstaat von der Realität auch schon übertroffen wurden. Zitiert aus: Niklaus Meienberg, *Zurick Zurick horror picture show*, in: *Vorspiegelung wahrer Tatsachen*, Limmat-Verlag, Zürich 1983. s. 51 – 52. Erstdruck: POCH-Wahlzeitung, 1981.

«non esse dubium, quin totius Galliae plurimum Helvetii possent.»: Es bestehe kein Zweifel, dass von ganz Gallien die Helvetier die grösste Macht besässen; so berichtet Gaius Julius→**Caesar** von dem kriegerischen Volk jenseits der→**Alpen**, an dem er auf seinem grossen Gallienfeldzug vorbeimusste. In seinem Werk *De Bello gallico* werden die Helvetier von Caesar als äusserst tapfer beschrieben, und er schildert ausführlich, wie hart der Kampf gegen sie war. Allerdings muss im Auge behalten werden, dass Caesar sein Werk zur Rechtfertigung seiner Gallien-Politik dem römischen Senat vorlegte und dementsprechend darauf erpicht war, seine Siege in einem möglichst guten→**Licht** darzustellen. Caesar, *De Bello Gallico*, 3,6.

Noth, Hugo: *1943, Akkordeonpionier. Studierte in Trossingen und schloss in Komposition, Instrumentation und Tonsatz bei Helmut Degen und Bernhard Rövenstrunck ab. Leitet seit 1972 eine Akkordeonklasse an der Staatlichen Hochschule für Musik Trossingen. Er bildete auch namhafte Akkordeonspieler und -lehrer wie Teodoro→**Anzellotti** und Stefan→**Hussong** aus. Gibt Kurse und unternahm ausgedehnte Konzertreisen in Europa,

Amerika, Kanada, Russland sowie Südamerika. Hat sich früh mit der Bearbeitung von Akkordeonwerken für Neue Musik eingesetzt. Beriet zahlreiche Komponisten und motivierte sie zu Solo- und Kammermusikwerken. Er hat über 200 Werke uraufgeführt. Hugo Noth spielt selbst nicht im ↳**Klangkörper,** dafür viele seiner Studenten und Schüler. ↳**Akkordeon,** ↳**Musik**

«Notre vie est un voyage | Dans l'hiver et dans la Nuit. | Nous cherchons notre passage | Dans le ciel où rien ne luit.»: «Unser Leben gleicht einer Reise | im Winter und in der Nacht. | Wir suchen unseren Weg | Im Himmel, wo nichts leuchtet.» Das Lied der Schweizergarde von 1793, den so genannten Cent-Suisses, zeugt von tiefer Schwermut. Die Leibgarde des letzten Bourbonenkönigs Louis XVI war denn auch in grosser Zahl der ↳**Maladie Suisse** anheimgefallen.

Novartis: International verzweigter Schweizer Chemie- und Pharmariese. Von der Internet-Homepage *www.novartis.com* stammt das Zitat ↳**«Health food...».**

Nüssli: Die Nüssli-Gruppe mit Sitz in Hüttwilen im Kanton Thurgau baute (↳**Bauen**) an der ↳**Expo 2000** nicht nur den ↳**Klangkörper.** Als Generalunternehmer hat sie in Hannover auch 200 Service-Gebäude und elf temporäre Hallen für Service-Komplexe, Bühnen und Tribünen für Veranstaltungsstätten, das Expo-Theater, den VW-Konzertsaal, den Pavillon *Duales System* und den Bereich *Humankind* des Themenparks errichtet. Das Unternehmen hat das ↳**Klangkörperbuch** in grosszügiger Weise unterstützt. *www.nüssli.ch.* ↳**Innenleben,** ↳**Zimmerleute**

Oeler, Harald: *1977, Akkordeon. Studiert an der Musikhochschule Trossingen bei Hugo ↳**Noth.**

Oesterle, Falko: *1976, Hackbrett. Studiert an der Hochschule für Musik in Freiburg i. Br. und spielt beim Symphonieorchester des Bayerischen Rundfunks.

Ogi, Adolf: *1947, ↳**Bundesrat** seit 1988. Vorsteher des Eidgenössischen Departementes für Verteidigung, Bevölkerungsschutz und Sport. Er ist

Mitglied der Schweizerischen Volkspartei (SVP) und wurde 1999 von der Vereinigten Bundesversammlung zum Bundespräsidenten für das Jahr 2000 gewählt. Adolf Ogi besucht den ↪**Klangkörper** am Schweizer ↪**Nationentag** am 9. Juni 2000. ↪**«Freude herrscht!»**

«Ohne eine gewisse feierlich andächtige Stimmung fährt wohl kaum jemand zum ersten Mal in den Gotthardtunnel.»: In der Nacht vom 28. auf den 29. Februar erfolgte 1880 der Durchstich des Gotthardtunnels. Es war damals der längste Eisenbahntunnel der Welt. Der spätere Nobelpreisträger Carl ↪**Spitteler** fuhr *Mit der Eisenbahn in das Tessin* – so der Titel seiner Reportage über die Fahrt. Die Geschichte ist ein amüsantes und berührendes Zeugnis aus dem heroischen Industriezeitalter. Der erste Satz des Textes wurde zitiert aus: Carl Spitteler, *Gesammelte Werke*, Band VIII *Berg*, Zürich 1947.

Ollertz, Ralf R.: *1964, ↪**Musikalischer Leiter**. Studierte Komposition, Elektroakustische Musik, Klavier und Dirigieren am Konservatorium Nürnberg, an der Robert-Schumann-Hochschule Düsseldorf und der Folkwang-Hochschule Essen. Ein Stipendium ermöglichte ihm weitere Kompositionsstudien bei Salvatore Sciarrino. Er schreibt Kammer- und Orchestermusik, Hörspiele und Choreographien und arbeitet seit Jahren intensiv mit bildenden Künstlern zusammen. ↪**Musik**

«On est à un moment dramatique, mais il ne faut pas dramatiser les choses.»: «Dies ist ein dramatischer Moment, aber man soll die Dinge nicht dramatisieren.» So hörte man ↪**Bundesrat** Pascal ↪**Couchepin** am 12. Oktober 1997 im Radio sprechen.

Oppliger, Beat: *1958, Mitarbeiter ↪**Trinken und Essen**. Der erfahrene Gastgeber findet im ↪**Klangkörper** alte Traditionen in ungewohnter Weise verkörpert.

«Ora Mario era in Svizzera, in salvo.»: «Nun war Mario in der Schweiz, in Sicherheit.» Aus Natalia ↪**Ginzburgs** autobiografischem Werk *Lessico familiare* (1963): Als Mario bei Ponte Tresa von italienischen Beamten mit antifaschistischem Material erwischt worden war, stürzt er sich in den

Fluss, um in die ⟶**Schweiz** zu schwimmen. Dort winkt aber nicht nur Sicherheit vor den Schwarzhemden, sondern auch Marios magere Freundin, die ‹sich zwei- bis dreimal täglich wusch›. Zitiert aus Natalia Ginzburg, *Opere* Bd. 1, Bompiani, Mailand 1986, s. 995.

Orelli, Giovanni: *1928 in Bedretto, Schriftsteller. Hat sein Studium in Mailand mit einer Arbeit über mittelalterliche und humanistische Philologie abgeschlossen. War Lehrer am Gymnasium in Lugano, wo er lebt. Orelli ist Autor von Romanen (*L'anno della valanga*, 1965, *La festa del ringraziamento*, 1972, *Il gioco del* ⟶**monopoly**, 1979, *Il sogno di Walacek*, 1991, *Il treno delle italiane*, 1995) und einer Anthologie, die sich der *Svizzera italiana* (1986) widmet. Ausserdem diverse Gedichtveröffentlichungen, einige davon in Dialekt (⟶**Landessprachen**), wie das zitierte ⟶**«U piasé da pissè can' la vissia l'é piéna...».**

«**Orgie locale**»: Könnte man wie in ⟶**Astérix chez les Helvètes** als anderes Wort für Fondue lesen: «ortsübliche Orgie». ⟶**«‹C'est quoi, une fondue...›»**

Ornament: Klassisches Stilmittel der Architektur. Im Falle des ⟶**Klangkörpers** wird die Gliederung und Rhythmisierung des Baukörpers – von den kleinsten Formen bis zu den grossen Linien – aus der Konstruktionsweise gewonnen: das Stapeln, das Aufschichten, das Spannen und Pressen der Wände, das Überspannen von Räumen, das Fügen, Aneinanderreihen und Verzahnen von Balkenlagen oder das Auslegen von Stapelhölzern.

Orzata: Gerstensuppe aus dem Tessin, dem italienischsprachigen Südteil der ⟶**Schweiz.** Ganze, geschälte Gerstenkörner zusammen mit Coppa, guter Fleischbrühe, frischen Gemüsen und Kartoffeln etwa eine Stunde lang kochen. Zuletzt wird mit wenig Rahm abgerundet. Die Suppe wird umso besser, je länger sie gekocht wird. ⟶**Suppentag**

OSEC: Schweizerische Zentrale für Handelsförderung. Eine privatrechtliche Organisation, die dem eidgenössischen Staatssekretariat für Wirtschaft nahesteht. Sie ist spezialisiert auf die Exportförderung, insbesondere Informationsvermittlung, Exportberatung und Auslandsmarketing. Sie hat

1'900 Mitglieder aus allen Wirtschaftssektoren und arbeitet eng zusammen mit Branchenverbänden, kantonalen Handelskammern und regionalen Wirtschaftsförderern sowie schweizerischen Auslandshandelskammern.

Osswald, Franz: *1962, Hackbrett. Der Redaktor der *Basler Zeitung* spielt in der *Appenzeller Streichmusik Ausserberg* und singt.

Otradnov, Dmitri: *1978, Akkordeon. Studiert an der Hochschule für Musik und Theater Hannover bei Elsbeth →Moser.

Ott, Daniel: *1960, →Kurator →Klang, Komponist, Musiker, Organisator, Animator. Gestaltete die →Musik des →Klangkörpers. Durchlässigkeit ist Ausgangspunkt und Ziel seiner Musik: vorurteilsfreie Offenheit. Volksmusikrhythmen und Hackbrettklänge verbindet der gebürtige Appenzeller gleichberechtigt mit komplexen Harmonien Neuer Musik. Der Lehrer für experimentelle Musik an der Berliner Hochschule der Künste konfrontiert im Klangkörper Schönklang und Geräusche, die den →Materialien des Pavillons abgetrotzt werden. Freie Jazz-Improvisationen reagieren auf den vorgegebenen durchkomponierten Grundklang und auf die Umgebung; Innenraum und Aussenraum durchdringen sich. Über 350 Musiker aus aller Welt bringen sich im Klangkörper voll ein, mit ihrer Herkunft, ihrer stilistischen Prägung und ihrem ganzen Körper. Der Mit-Organisator eines 677-Stunden-Dauerkonzertes zur Rettung der Alten Aula in Essen-Werden schneidet jedes Projekt genau auf die Orte und die Interpreten zu und engagiert sich stark für das Zusammenwirken mit anderen Komponisten und Künsten, unternimmt auch selbst Wandertheater-Reisen mit Pferd und Wagen. →Grundklang, →Musikalisches Fenster, →Improvisierte Passagen

Outfits: Das Design von Ida →Gut baut die Gastgeberrolle von unten nach oben auf: Schwarze Schuhe und schwarze glatte →Hosen aus wetterfestem →Stoff (→Climaguard) vermitteln Sicherheit. Die →Shirts und →Jacken hingegen wirken fein strukturiert und heller. Ihr warmes Aussehen kommuniziert Offenheit. Vervollständigt wird das Outfit mit Thermowäsche sowie den Accessoires →Hip-Bag und →Cap. ⊙ Klangkörperbekleidung Frauen

Pagliarani, Mario: *1963, →Musikalischer Leiter. Studierte am Konservatorium *Giuseppe Verdi* Mailand Violoncello, Komposition und elektronische Musik. Anschliessend bildete er sich beim Komponisten Salvatore Sciarrino weiter. Er hat mehrere internationale Komponistenpreise gewonnen und erhielt u.a. Werkaufträge von den Internationalen Musikfestwochen Luzern, der ⌐**Pro Helvetia** und dem Basler Musik Forum (durch Heinz Holliger). ⌐**Musik**

Papier: Trotz Internet und elektronischer Post wurden nur für den Bereich ⌐**Trinken und Essen** von Januar bis März 2000 rund 3'500 Blatt Papier beidseitig bedruckt. Der Ordner, in welchem Carola ⌐**Scotoni Berger** alle Arbeitsabläufe und Beschriebe archiviert, wiegt 2332 Gramm.

Parlament: Die ⌐**Schweiz** hat auf Bundesebene ein Zweikammer-Parlament. Die beiden Eidgenössischen Räte bilden zusammen die Vereinigte Bundesversammlung. Der ⌐**Nationalrat** repräsentiert die Gesamtbevölkerung, der ⌐**Ständerat** die Gliedstaaten des ⌐**Bundes**, die ⌐**Kantone**. Der Nationalrat und der Ständerat kommen in der Regel viermal im Jahr zusammen: Im Frühling, Sommer, Herbst und Winter halten sie jeweils eine dreiwöchige ordentliche Session ab. Die Sitzungen der Räte sind öffentlich. Die ⌐**Abstimmung** über die Teilnahme der Schweiz an der ⌐**Expo 2000** fanden im Ständerat am 8. Oktober 1998, im Nationalrat am 10. Dezember 1998 statt.

Patois: ⌐**Landessprachen** und ⌐**«Ne no fètè pas tardâ...»**

Performance: ⌐**Seine eigene Zeit...**

Peris, Carles: *1965 in Spanien, Saxophon. Er hat in Barcelona eine Jazz- und eine klassische Musikausbildung absolviert. Seit zehn Jahren lebt er in der ⌐**Schweiz** und bildete sich am Konservatorium Winterthur auf dem Saxophon weiter. Er konzertiert v.a. mit Jazzformationen, aber auch solistisch.

Pernet, Ginette: *1971, Mitarbeiterin ⌐**Trinken und Essen** und Mitautorin des ⌐**Klangkörperbuches.** Leitet als Betriebsassistentin die Administration des Bereiches Trinken und Essen und unterstützt die Betriebsleitung. Sie war massgeblich an den Vorbereitungsarbeiten beteiligt. Sie liebt die hektischen Momente, weil dann ihr grosses Organisationstalent gefragt ist.

Klangkörperbekleidung Frauen ⟶ Outfits

Peter, Erika: *1951, Hackbrett. Entdeckte als Zürcherin das Appenzeller Hackbrett im Alter von 35 Jahren. Heute spielt sie in Formationen und unterrichtet in Winterthur.

Petercol, Mirjana: *1966 in Kroatien, Akkordeon. Bereitet sich auf das Konzertexamen bei Elsbeth⌐,**Moser** an der Hochschule für Musik und Theater Hannover vor.

Petite Arvine: Rebsorte. Die im Wallis heimische Sorte ist rar und gilt als Spezialität dieser Gegend, die von den Liebhabern sehr geschätzt wird.

Pfäffli, Don: *1971, Saxophon. Hatte seit Kindesalter und später an der Jazzschule St.Gallen Saxophonunterricht. Stets seinem inneren Meister vertrauend, musiziert er als Altsaxophonist, Bassklarinettist, Flötist, Komponist und Bandleader in diversen Formationen. Daneben findet er Zeit für Karate und Tai Chi.

Pfiffner, Andreas: *1977, Hackbrett. Studiert Rhythmik an der bernischen Hochschule für Musik und Theater in Biel und spielt Cello, Gitarre, Klavier, Schlagzeug sowie Djembé.

Pinot Noir: Rebsorte. Ursprünglich kam der Morillon noir, wie man ihn früher nannte, aus Frankreich. Dort wurde er vor etwa 2000 Jahren aus wilden Beständen selektioniert. Heute findet man den Pinot Noir in allen Regionen der⌐,**Schweiz**. In den östlichen Gegenden verarbeitet man ihn zu eher leichten Weinen. Man nennt sie Klevner oder Blauburgunder. In der Westschweiz und im Kanton Graubünden ergibt diese Sorte jedoch sehr gehaltvollen und wuchtigen⌐,**Wein**.

Pipczynski, Wieslaw: *1953 in Polen, Akkordeon. Kam 1978 als Zirkusmusiker in die⌐,**Schweiz**. Erwarb in Bern und Biel das Lehrdiplom für Orgel und elektronische Tasteninstrumente sowie den Ausweis für Chorleitung. Er unterrichtet, ist Organist und spielt im Salonensemble *Prima Carezza*.

Placet, Matjaz: Akkordeon. Studiert an der bernischen Hochschule für Musik und Theater in Biel bei Teodoro⌐,**Anzellotti**.

Poffet, Ingeborg: *1965, Akkordeon. Spielt seit ihrer Kindheit. Sie singt, komponiert, studierte Computermusik an der Musikhochschule Köln und unterrichtet Konzertakkordeon in Basel. Sie wirkte und wirkt in verschiedenen computermusikalischen Projekten mit. Gemeinsam mit ihrem Mann Joseph→**Poffet** gründete sie das *Duo fatale,* welches jeweils mit Avantgarde-, Ethno-, Rock- und klassischen Musikern in erweiterter Formation auftritt.

Poffet, Joseph *JOPO:* *1956, Saxophon. Der Basler Altsaxophonist war massgeblich am Aufbau der Musikwerkstatt Basel beteiligt und gründete zusammen mit seiner Frau Ingeborg→**Poffet** 1989 das *Duo fatale.* Zusammen waren sie mit ihren Eigenkompositionen in Europa, Asien und Afrika sowie an Festivals anzutreffen. *JOPO* arbeitet gerne mit anderen Kunstschaffenden zusammen, u.a. mit dem Maler Heinz Schäublin und regelmässig mit indischen Musikern.

Poggiosolivo, 1997: Die→**Weine** von Tamborini zählen zum feinsten, was im Tessin gekeltert wird. Tamborinis Gewächse sind einerseits verlässliche Werte, andererseits wartet der umtriebige Claudio immer wieder mit Überraschungen auf. Beim Castello di Morcote hoch über dem Luganersee hat er beispielsweise vor ein paar Jahren einen Musterweinberg angelegt, und im Mendrisiotto unweit der Grenze zu Italien produziert er sein eigenes Olivenöl. Aus der grossen Palette fiel die Wahl auf den Poggiosolivo, nicht sein stärkster, langlebigster Wein, aber ein Roter, wie ihn die Tessiner mögen, wenn sie zusammensitzen und bei Salame und Alpkäse die lokale Politik diskutieren.

«Point d'argent, point de Suisse.»: Französische Redewendung, bedeutet wörtlich: «Kein Geld, kein Schweizer». Stammt aus der Zeit, als Schweizer Söldner, die sogenannten Cent-Suisses, die Leibgarde des französischen Königs stellten. Zahlte man ihren Sold nicht, waren sie weg. Die Redewendung trug dann während des 19. Jahrhunderts die allgemeinere Bedeutung: «Ohne Geld keine Dienstleistung».→**Maladie Suisse**

Potage à la semoule Vaudois: Waadtländer Griessuppe. Weissbrot, Griess, Fleischbrühe, Milch zusammen kochen, dann die fertige Suppe mit geriebenem Käse und fein geschnittenen Salatblättern servieren.→**Suppentag**

Pozzi, Antonia: *1912; †1938, Dichterin. 26 Jahre jung, wurde Antonia
Pozzi an einem nebligen Morgen tot aufgefunden; ihre Leiche war bereits
gefroren. Seit sie siebzehn war, hatte sie Gedichte geschrieben. Aus ihnen
lässt sich erahnen, was diese zarte und gequälte Seele dazu getrieben hat,
ihr Leben aufzugeben. Die unglückliche und von der Familie bekämpfte
Liebe zu ihrem Griechisch- und Lateinlehrer trug das ihre dazu bei. Pozzi
bewegte sich an Orten ihrer Imagination und auf einsamen Spaziergängen.
Immer wieder erscheint bei ihr das Motiv des Wunsches, sich dem flies-
senden Wasser für eine letzte Reise anzuvertrauen.⇢«No. Non si può
salire…»

Präsentation Trinken und Essen: Mit zum Konzept des Bereiches⇢**Trinken
und Essen** gehört, dass die Teller vor den Augen des Gastes angerichtet
werden. Nur so ist eine ästhetische Präsentation ohne Firlefanz möglich.
Und, fast noch wichtiger, Spezialwünsche des Gastes können erfüllt
werden, zugegebenermassen ein ehrgeiziges Ziel für so einen riesigen
Ausstellungsbetrieb, wie die⇢**Weltausstellung**⇢**Expo 2000** einer ist. Der Gast
erlebt beispielsweise, dass auf seinen Wunsch das⇢**Fleisch** weggelassen
und durch⇢**Käse** ersetzt wird. Und, dank der intensiven⇢**Schulung** erlebt
er, wie alle⇢**Mitarbeiter** die Kaffeemaschine mit der Eleganz eines altgedienten italienischen Barmannes bedienen.⇢**Klang der Gastronomie**

Präsenz: Eine besondere Art der Anwesenheit will der Auftritt der⇢**Schweiz**
an der⇢**Expo 2000** sein: Da sein, gegenwärtig sein, auf eine wache, unver-
mittelte Weise. Direkte Präsenz, echte Gegenwart. Nicht medial Bilder
vermitteln, sondern Bilder auslösen. Die Schweiz stellt sich nicht aus und
spricht nicht über sich selbst, sondern ist präsent als Gastgeberin.⇢**Drei-
mal-drei-Punktekatalog,**⇢**Gastlichkeit,**⇢**Idee,**⇢**Inszenierung,**⇢**Regie**

Primož, Parovel: *1975, Akkordeon. Besucht das künstlerische Aufbaustudium am Hermann-Zilcher-Konservatorium Würzburg bei Stefan
⇢**Hussong.**

Pro Helvetia: Öffentlich-rechtliche Kulturstiftung. Sie wurde 1939 für den
Kulturaustausch im Inland und den kulturellen Dialog mit dem Ausland
gegründet. Sie hat Kontaktstellen in Paris, Mailand, Sofia, Krakau,

Bukarest, Bratislava, Prag, Kairo und Kapstadt. Die Organisation hat zur Aufgabe, die kulturelle Eigenart der ⌐→**Schweiz**, die Förderung des kulturellen Schaffens und des Kulturaustausches zwischen den Sprachgebieten und Kulturkreisen sowie die Pflege der kulturellen Beziehungen zum Ausland zu erhalten und zu pflegen. Sie hat das Projekt ⌐→**Klangkörper** in grosszügiger Weise unterstützt und unter anderem die Kosten für die Übersetzung des ⌐→**Klangkörperbuches** ins Französische übernommen.

Projektor: Mehr als 300 Projektoren projizieren die ⌐→**Lichtschriften**. Ihr Innenleben wurde von Andreas ⌐→**Löber** im Auftrag von ⌐→**Zumtobel Staff** eigens für den ⌐→**Klangkörper** entwickelt und optimiert. Stark gebündeltes Licht wird durch verschiedene Linsen und das ⌐→**Gobo** gesendet, das als Schablone die Schriften ausschneidet. ⊙ **Aufhängung Lichtschriftprojektoren**

Prototyp: Die ⌐→**Klangkörperkleidung** ist nicht nur auf dem Papier entstanden. Der entscheidende Schritt zwischen Entwurf und serieller ⌐→**Konfektion** war der Prototyp. Er ist ein lustvolles Streit- Denk- und Probeobjekt auf dem Weg zum fertigen Produkt. ⌐→**Stoffe**, Farben, Linien wurden abgewogen, ausgetestet, verworfen und schliesslich im Team von Ida ⌐→**Gut**, Aldo ⌐→**Keist** und Robert ⌐→**Zähringer** festgelegt. ⌐→**Outfit**

Proust, Marcel: *1871 in Paris; †1922 in Paris, Schriftsteller. Sohn von Jeanne Weil, einer Jüdin aus dem Grossbürgertum, und Adrien Proust, einem Medizinprofessor. Proust war ein sehr guter Schüler, fehlte aber oft wegen seines Asthmas. Mit 18 Jahren leitete er die Zeitschrift *Revue lilas*, die stark vom Symbolismus beeinflusst war. Proust studierte Recht und Politikwissenschaften, 1895 wurde er Attaché in der Bibliothek Mazarine. Dort bekam man ihn aber kaum zu Gesicht, da er damit beschäftigt war, sich seine Kunstwelt zu formen. Seine Werke zeugen von mondänem Lebensstil und der plüschhaften Stimmung des Fin-de-Siècle. Nach dem Tod seiner Eltern zog sich Proust in sein mit Korkplatten eingerichtetes Zimmer in Paris zurück. Der Ausbruch des Ersten Weltkrieges verzögerte zunächst den Erfolg seiner Werke, doch allmählich wurde Proust als grosser Autor anerkannt. 1922 starb er in Paris, von seiner Arbeit aufgebraucht, an einer Lungenentzündung. Die zitierte Stelle ⌐→**«En quelques instants, le soleil...»** spielt im Engadin.

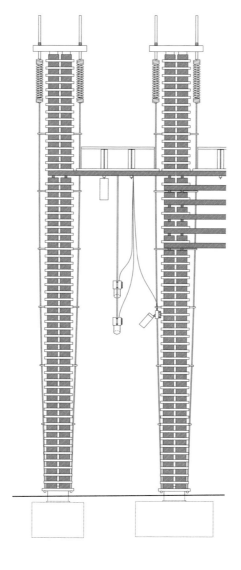

Aufhängung Lichtschriftprojektoren_,Projektor

PRS: Die Präsenz Schweiz (bisher Koordinationskommission für die Präsenz der Schweiz im Ausland, kurz →**KoKo**), ist ein von der →**Regierung** eingesetztes Gremium, das sich mit der allgemeinen Informationsvermittlung und der Förderung des Ansehens der →**Schweiz** im Ausland befasst. PRS ist u.a. für die operative Leitung der Schweizer Beteiligungen an →**Weltausstellungen** zuständig.

Prüfstatiker: Martin Kessel und seine Mitarbeiter Carsten Seifart und Georg Klauke aus Hannover sind unabhängige Bauingenieure, welche die statischen Nachweise des Büros →**Conzett, Bronzini, Gartmann** geprüft und freigegeben haben. →**Statik,** →**Statisches System**

«Pulver, gut»: Die Schweizer Tourismus-Zentren beschreiben den Zustand ihrer Schneepisten mit den Kategorien *Pulver, hart* und *Sulz* und den Qualitätsmerkmalen *gut, fahrbar, nicht fahrbar.* Wenn der Pistenbericht *Pulver, gut* lautet, lacht Skifahrers und Snowboarders Herz. →**«Neuschnee: feingliedrige, wenig veränderte Kristalle...»,** →**«Air...»**

Puschlaver Ringbrot: Die Brasciadella, so die lokale Bezeichnung, ist ein Brot aus einem abgelegenen Tal an der Grenze des Kantons Graubünden zu Italien. Es enthält Roggenmehl, Weizenmehl und Anis. Früher wurden die Ringe in der Backstube an Stecken aufgehängt und trockneten da langsam. Das Brot schmeckt auch angetrocknet sehr gut. Hergestellt von Buchmann Bäckerei, Zürich, Tel. +41 / 1 / 462 33 33.

Putzen: Alle →**Mitarbeiter** der drei →**Bars** sind für die Sauberkeit ihres Arbeitsplatzes verantwortlich. Nach einem anstrengenden Tag ist der Beginn des grossen Reinemachens immer ein gutes Zeichen: es ist bald Feierabend. Für die Reinigung der Böden und der →**Versorgungseinheiten** ist eine externe Putzfirma verantwortlich. Sie macht jede Nacht sauber. →**Klang der Gastronomie**

Qualitätsmanagement Holz: Es regelt die Anforderungen an das →**Holz,** an die →**Sägereien,** an das Hobelwerk, an den Transport, an den Ablad, an die

Zwischenlagerung und an den Einbau. Es fasst die Erfahrungen des Holz-stapelns der letzten eineinhalb Jahre zusammen.

R.A.G.A.T.A: Dahinter verbergen sich Roland→**Frauchiger,** Annatina→**Christen,** Gabriela→**Zaugg,** Alexander→**Glarner,** Tatjana→**Jaggi,** Anita→**Gschwind.** Die Studenten der→**Höheren Gastronomie- und Hotelfachschule Thun** haben mit viel Motivation bei den Vorbereitungsarbeiten im Bereich→**Trinken und Essen** mitgeholfen und frisches Wissen eingeflochten.

Raatz, Sabine: *1976, Akkordeon. Studiert an der Hochschule für Musik *Hanns Eisler* Berlin.

Radke, Kerstin: *1975, Akkordeon. Studierte an der Hochschule für Musik *Hanns Eisler* Berlin und ist Diplommusikpädagogin an der Musikschule Oschersleben.

Rätoromanisch:→**Rumantsch,**→**Landessprachen**

Rättyä, Janne: *1974, Akkordeon. Studierte in Finnland und absolvierte das Konzertexamen an der Folkwang-Hochschule Essen bei Mie Miki. Konzertiert als Kammermusiker und Solist in ganz Europa. Spielt barocke bis zeitgenössische Musik.

Räuschling: Rebsorte. Die Ostschweiz, wo sie heimisch ist, ist relativ feucht und wetterunbeständig. Lange Zeit musste sie wegen ihrer Empfindsamkeit gegen Kälte dem→**Riesling x Sylvaner** weichen. Nachdem der Räuschling an einer eidgenössischen Degustation anlässlich der 700-Jahr-Feier als bester →**Wein** der→**Schweiz** prämiert wurde, erlebt die Traubensorte eine Re-naissance. Johann Wolfgang von→**Goethe** soll bei seinen Rheinfallbesuchen anno 1775, 1779 und 1797 bereits Räuschling getrunken haben.

Ramser, Marc: *1954, Hackbrett. Der Landwirt aus Schwarzenburg produziert biologisch-dynamisch und kam auf einem unüblichen Weg zum →**Hackbrett:** Ohne je ein richtiges Instrument gesehen zu haben, begann er sich 1976 eines zu bauen. Inzwischen konstruiert er chromatische Mittelsteghackbretter für Kunden und nach eigenen Vorstellungen. Er spielt am liebsten Volksmusik verschiedener Länder.

Ramuz, Charles Ferdinand: *1878 in Lausanne; †1947, Schriftsteller. Wuchs in einer kleinbürgerlich-kaufmännischen Familie auf, sah sich selbst eher als städtischer Intellektueller. Schon ab zwölf Jahren wollte er Schriftsteller werden. Zwischen 1900 und 1914 lebte er in Paris. Als er 1914 in die →**Schweiz** zurückkam, führte er bis zu seinem Tod ein ruhiges und zurückgezogenes Leben. Ramuz schrieb oft über Bauern, Weinbau, den See und die Berge. Mit dem Kanton Waadt verband Ramuz eine enge Beziehung. Zwischen 1914 und 1919 stellte er die *Cahiers vaudois* auf die Beine, eine Zeitschrift, die als Gefäss für die Kultur der Romandie diente. In einem Aufsatz, der grosses Aufsehen und heftigen Widerspruch erregte, stellte er die Frage: →**«D'ou vient la Suisse?...»**.

Raptis, Konstantinos: *1973, Akkordeon. Studiert an der Hochschule für Musik und Theater Hannover bei Elsbeth →**Moser**.

«Rasez les alpes qu'on voie la mer!»: →**«Weg mit den Alpen**, freie Sicht aufs Mittelmeer!» Über diese Forderung war man sich für einmal links und rechts des Röstigrabens einig. Die →**Alpen** verstellen den Blick aufs Wesentliche – der Erwerb neuer Perspektiven fordert gewisse Opfer. So hiess es 1968 in der →**Schweiz**, und der Ruf wurde anlässlich der Zürcher 80er Unruhen wieder aus der Kiste geholt.

Rausenberger, Volker: *1968, Akkordeon. Studierte am Hermann-Zilcher-Konservatorium Würzburg bei Stefan →**Hussong**.

Rebstock, Matthias: *1970, Musikalischer Assistent. Studierte Klavier, Schulmusik und Philosophie in Berlin und London. Nach verschiedenen Regiehospitanzen war er u.a. Assistent und Inspizient der Mecklenburgh Opera Company London. Er arbeitete als Dramaturg und Regieassistent bei der Uraufführung von *ojota III* von Daniel →**Ott** in Donaueschingen 1999 sowie als Assistent und Produktionsleiter für *ojota IV* im Februar 2000 in Bielefeld. Zudem betätigt sich Matthias Rebstock als Autor für verschiedene Rundfunksendungen, hauptsächlich im Bereich Neue Musik. →**Musik**, →**Musikalische Leiter**

Recherche: Die →**Lichtschriften** sind eine Zitatensammlung aus Sätzen und Passagen, die aus verschiedenen Literaturen und Sprachräumen stammen. Beim Sammeln von interessanten, pointierten, skurrilen und prägnanten

Äusserungen über die →**Schweiz** und über die Schweizer waren beteiligt: Mattia →**Cavadini** (ital. Literatur), →**Eugène** (franz. Literatur), Ivan →**Farron** (franz. Literatur), Andres →**Lutz** (dt. Literatur und Beratung Konzept), Daniel →**Maggetti** (franz. und ital. Literatur), Delia →**Mayer** (Beratung Konzept), Michel →**Mettler** (dt. Literatur und Beratung Konzept), Peter →**Weber** (Beratung Konzept), Urs →**Wickli** (Beratung Konzept). Eine grosse Hilfe waren auch Linards →**Udris** (biographische und bibliographische Recherchen für das →**Klangkörperbuch**) und Sabina →**Neumayer** (Recherchen Urheberrechte). Ausserdem Dank an: Dieter Bachmann, Finn Canonica, Katrin Jaggy, Frau Jenny von der Kasse im Kunsthaus Zürich, Bruno und Walter Kümin, Marco Läuchli, Eva und Walter Reimann, Kaspar Schatzmann, Veit Späth, Thomas Staudenherz, Juri Steiner, Evelyne und Samuel Vitali, Stefan Zweifel.

Rechsteiner, Karl: *1924, Hackbrett. Der pensionierte Lokführer der Schweizerischen Bundesbahnen bezeichnet sich erst seit 1989 – nach 40-jähriger Anstellung – als *Berufsmusiker*. Seit seiner Kindheit ist er der Appenzeller Volksmusik verbunden und heute auch als Männerchordirigent tätig.

Recycling: Forderung der →**Expo 2000** und der →**Bauherrschaft**. Nicht vermeiden, doch sehr reduzieren lassen sich die Verpackungsmaterialien: Flaschen werden nach Farben getrennt, entsorgt und wiederverwertet. Auch Karton und Papier werden nach deutschen Bestimmungen wiederverwertet. Pfandflaschen werden in die →**Schweiz** zurückgeführt.
→**Nachhaltigkeit**

Regen: Die durchschnittlichen Regenwerte während der Sommermonate in Hannover liegen, nach Wetterstation Hannover Flughafen, bei 50 mm (L/m²). Das heisst, dass im Schnitt pro Monat 200'000 Liter Regen auf den →**Klangkörper** fallen. Während der Ausstellung ist es also durchaus möglich, dass die →**Stapelwände** vom Regenwasser gewaschen werden. An den →**Bars**, in den Gängen und in den →**Klangräumen** finden jedoch alle Besucher

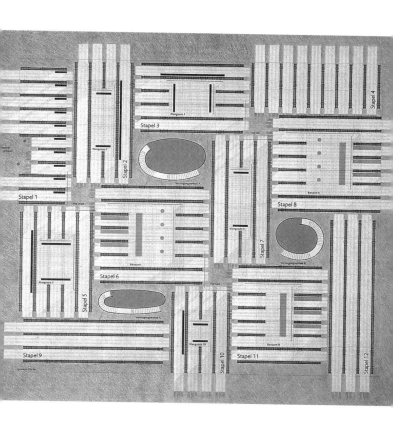

Stapel 1

Stapel 2

Stapel 3

Stapel 4

Stapel 5

Stapel 6

Stapel 7

Stapel 8

Stapel 9

Stapel 10

Stapel 11

Stapel 12

→ **Regenwasserplan**

genügend Platz, sollte es mal regnen. Diese Räume sind überdacht.
↳Regenwasserplan

Regenwasserplan: Besonderer Grundrissplan. Er zeigt, wo und wie das Regenwasser in den Pavillon einfällt und wo es aufgefangen und abgeleitet wird. Kurz: Was nass werden darf und was trocken bleiben soll.
↳Schieflage ⊙ Regenwasserplan

Regie: Hauptaufgabe der Regie ist es, den gesamten ↳Klangkörper während der Ausstellungszeit in ein magnetisch-dynamisches Energiefeld zuverwandeln. Das heisst, in ein Energiefeld, das durch das bewusste Zusammenwirken aller Kräfte in diesem Pavillon entsteht, sodass der Besucher beim Betreten von der speziellen Atmosphäre ergriffen und selber Teil des Ganzen wird. Die ↳Inszenierung verbindet die einzelnen Bereiche (Architektur, ↳Musik, ↳Trinken und Essen, ↳Lichtschriften, ↳Klangkörperkleidung) miteinander, lässt aber jedem seine Individualität. Sie tragen auf ihre Weise zum Gesamtkunstwerk Klangkörper bei. Ausgangspunkt und Zentrum ist die Architektur. Durch die Klänge der Musik, die ↳Klänge der Gastronomie, die Stimmen der Besucher wird sie zu einem klingenden Körper. Die komponierte Musik (↳Kompositions-Verfahren) korrespondiert mit der besonderen Struktur dieser Architektur. Im gesamten Zeitraum der ↳Weltausstellung werden abwechselnd über 350 Musiker im Klangkörper zu hören sein. Diese werden sich darin bewegen, um den Klang ihrer Instrumente zu transportieren, um in jedem Durchgang, in jedem Hof, jedem Innenraum den Klang neu zu entdecken und für das Publikum sinnlich erfahrbar zu machen. Die Musiker werden sich begegnen, sich aus den Augen verlieren, sich suchen, sich entdecken, ihre Musik alleine oder gemeinsam an den unterschiedlichsten Orten (er)finden. Die Musik verführt, hinterlässt sinnliche Erfahrungen, unheimliche, groteske, gefährliche, absurde: Mein ↳Akkordeon trägt mich, mein Instrument kann fahren, es fährt einem Ton oder einem Klang hinterher, mein ↳Hackbrett spricht, flüstert. Es hat scheinbar kein Gewicht: ich trage es. Wenn ich mich vorwärts bewege, bewegt sich der Raum auf mich zu, hinter jeder Ecke kann ein anderes Land sein, je nachdem wird meine Musik klingen, in jedem Gang weht ein anderer Wind, mit jedem Gesicht taucht eine andere Erinnerung auf.

Für eine bestimmte Zeit wird ein bestimmter Ort, zum Beispiel ein→**Stapel**, plötzlich ein Zentrum sein, in dem für mich eigene Gesetze gelten (z.b. Hieronymus-Bosch-Stapel, Zeitlupenstapel...). Die hohe Fluktuation der Musiker, die dieses immer wieder neue Hör- und Seherlebnis garantiert, stellt eine besondere Herausforderung an die Regie dar. Die Musiker werden mit einem→**Drei-mal-drei-Punktekatalog** versehen, der sie auf ihrem Weg durch den Pavillon begleitet. Für das Musizieren und gleichzeitige Gehen im Raum muss eine konzentrierte, energievolle Grundhaltung gefunden, jede Form von Privatheit vermieden und der Musiker Teil einer Formalisierung werden. Die so erreichte innere→**Spannung** soll durch den Pavillon getragen und an Besucher und Kollegen weitergegeben werden.

Regierung: Die Regierung der→**Schweiz** besteht aus den sieben Mitgliedern des→**Bundesrates**, die von der Vereinigten Bundesversammlung (→**National-rat,**→**Ständerat**) für eine vierjährige Amtsdauer gewählt sind. Der Bundes-präsident wird für ein Jahr gewählt und gilt in dieser Zeit als primus inter pares, d.h. als Erster unter Gleichgestellten. Für das Jahr 2000 wurde Adolf→**Ogi** zum Bundespräsidenten gewählt. Er leitet die Bundesratssitzun-gen und übernimmt besondere Repräsentationspflichten, wie z.b. den Be-such des Schweizer Pavillons am Schweizer→**Nationentag** vom 9. Juni 2000. *Die Regierung* heisst auch die Musik- und Theatergruppe mehrfach be-hinderter Hochbegabter, die mit ihrem poetischen Programm am Nationen-tag u.a. nach den Vertretern der Regierung auftritt.

Reibungswiderstand: Die→**Balken** in den→**Stapelwänden** des→**Klangkörpers** werden an den→**Spannstellen** so stark aufeinandergepresst, dass sie sich durch blossen Reibungswiderstand zu einer stabilen Wandkonstruk-tion verbinden. Die Wände halten ohne Schrauben, Nägel oder Leim.
→**Holzlager,**→**Statisches System**

Renchang, Fu: *1970, Hackbrett. Der Preisträger nationaler Wettbewerbe in China studierte chinesisches Hackbrett an der Spezialschule für Musik in Shanghai. Er kam 1994 zum Studium des Dirigierens nach Deutschland, wo er auch erfolgreich mit dem Hackbrett auftritt.

Resonanzkörper: Die räumliche und konstruktive Struktur soll die eigens dafür komponierten Töne und Klangfarben verstärken und leiten. Ein grosser Resonanzkörper diente als Bild beim Entwurf. Die akustischen Eigenschaften der ⌐**Struktur** liessen sich im voraus nicht berechnen, sondern nur gefühlsmässig erahnen. In einem originalgrossen ⌐**Musterstapel** in Chur wurde in Klangversuchen das akustische und emotionale Zusammenspiel von architektonischer Konstruktion, akustischem Raum und verschiedenen musikalischen Klängen erprobt. Dabei wurde festgestellt: Das ⌐**Hackbrett**, neben dem ⌐**Akkordeon** zweites Instrument des ⌐**Grundklangs**, weist in seinem konstruktiven Aufbau eine ausgeprägte Verwandtschaft mit der Konstruktion des ⌐**Klangkörpers** auf. ⌐**Musik**, ⌐**Zahlen der Musik**

Richter, Johann Paul Friedrich: ⌐**Jean Paul**

Ricola Kräuterzucker: Kleines, vier Gramm leichtes Bonbon. Für die Herstellung dieser wohltuenden und erfrischenden Kräuterzucker werden 13 verschiedene Heilkräuter aus naturgerechtem Anbau verwendet: Spitzwegerich, Eibisch, Pfefferminze, Thymian, Salbei, Frauenmantel, Holunder, Schlüsselblume, Schafgarbe, Bibernelle, Ehrenpreis, Malve und Andorn. Das Schweizer Familienunternehmen hat dem ⌐**Klangkörper** einige Kilogramm zum Verteilen geschenkt. Erhältlich bei Ricola AG, Laufen, Tel. +41 / 61 / 765 41 21.

Riesling x Sylvaner: Rebsorte. Hermann Müller hat gegen Ende des vorigen Jahrhunderts in langer züchterischer Arbeit eine Rebsorte geschaffen, die den Gegebenheiten der Ostschweiz gerecht wird. Der Riesling x Sylvaner ist eher in kühleren Regionen zu finden. Im deutschsprachigen Raum heisst er auch Müller-Thurgau.

Riessner, Annette: *1978, Akkordeon. Studiert an der Hochschule für Musik *Hanns Eisler* Berlin.

Rigendinger, Max: *1950, →**Kurator**→**Trinken und Essen**, Koch, Sozial-psychologe. Hat das gastronomische Konzept für den →**Klangkörper** zusammen mit Peter →**Zumthor** entwickelt und umgesetzt. Rigendinger ist ein hervorragender Kenner der traditionellen Schweizer Küche aller Landesteile und hat eine Schwäche für aufs Wesentliche reduzierte Gerichte. Seine Kochkurse sind so inspirierend, dass die Schüler sie am liebsten gleich fürs ganze Leben buchen möchten. Dies obwohl er kein Trendkoch ist und die neuesten Modeströmungen eher kritisch zur Kenntnis nimmt. Als Leser seiner Kochartikel in der Zeitschrift *Marmite* und *NZZ Folio* weiss man, dass er sich vor allem für die Hintergründe, das Grundsätzliche, die Warenkunde, die guten und frischen Naturprodukte und das zuverlässige Handwerk interessiert. Für den Klangkörper hat Rigendinger die Herausforderung angenommen, mitten im Rummel der →**Expo 2000**, an drei →**Bars** Qualität anzubieten. Er hat ein massge-schneidertes kulinarisches Angebot entwickelt.

Rimbaud, Arthur: *1854 in Charleville; †1891 in Marseille, Autor. Als Sohn des Kapitäns Frédéric Rimbaud und von Vitalie Cuif verbrachte Jean Nicolas Arthur Rimbaud seine Jugend in Charleville. Dort machte er im Collège seine ersten poetischen Gehversuche. Die meiste Zeit seines kurzen Lebens verbrachte Rimbaud mit Reisen. Er lebte an den verschiedensten Orten, war aber nirgends wirklich sesshaft. 1876 beispielsweise trat er in die niederländische Kolonialarmee ein, deser-tierte aber bereits drei Monate später. Von 1880 bis 1891 lebte er in Afrika (Äthiopien und Ägypten), wo er für die Handelsgesellschaften Mazeran und später Bardey arbeitete. Wegen heftiger Knieschmerzen musste er 1891 nach Frankreich zurückkehren und sich ein Bein amputieren lassen. Ein halbes Jahr später starb er an Krebs als relativ unbekannter Autor. Er hinterliess lediglich ein Buch (*Une saison en enfer*, 1873), dafür unzählige Fragmente. Heute gilt er als einer der ganz grossen Poeten Frankreichs. Denkbar unschweizerisch sein Zitat in den →**Lichtschriften**→«Elle est retrouvée!...».

Rimböck, Petra: *1954, Hackbrett. Studierte bei Hugo →**Noth** in Trossingen Akkordeon. Hackbrettspielen erlernte sie im privaten Studium.

Ringe, Ines: *1976, Akkordeon. Studiert in Dortmund an der Hochschule für Musik Detmold.

Rivalland, Françoise: *1964, Hackbrett. Studierte Schlagzeug in Frankreich und interpretiert zeitgenössische Musik in Kammermusikensembles. Auf dem Zarb erforscht sie auch aussereuropäische Musik. Sie arbeitet regelmässig für das Theater.

Romandie: französischsprachiger Teil der ‚Schweiz. ‚Landessprachen

Romaniuc, Adrian: *1978, Hackbrett. Studiert Schlagzeug an der Musikhochschule Freiburg i. Br.

Roth, Andreas: *1967, Posaune. Studierte Posaune an der Folkwang-Hochschule Essen und Musikwissenschaft an der Universität Köln. Er arbeitet, oft in Zusammenarbeit mit Komponisten, vorwiegend als Interpret zeitgenössischer Musik und bringt diese durch internationale Konzerttätigkeit und diverse CD-Einspielungen dem Publikum näher. Er unterrichtet Posaune an der Universität-Gesamthochschule Essen.

«**Roulez, Tambours!** Pour couvrir la frontière, | Aux bords du Rhin guidez-nous au combat! | Battez gaîment une marche guerrière! | Dans nos cantons chaque enfant naît soldat. | C'est le grand coeur qui fait les braves: | La Suisse, même aux premiers jours, | Vit des héros, jamais d'esclaves! | Roulez, tambours! roulez, tambours!»: Henri-Frédéric ‚**Amiel** komponierte dieses Lied 1856, anlässlich des Krieges um Neuchâtel zwischen der Schweiz und Deutschland: «Trommelt, Tambouren, um die Grenze zu besetzen, | Führt uns ans Rhein-Ufer in den Kampf! | Trommelt fröhlich einen Kriegsmarsch! | In unseren Kantonen wird jedes Kind als Soldat geboren. | Ein grosses Herz macht den Tapferen: | Die Schweiz, auch in ihren ersten Tagen, | sah Helden und nie Sklaven! | Trommelt, Tambouren!».

Rousseau, Jean-Jacques: *1712 in Genf; †1778 in Ermenonville, Schriftsteller. Als Sohn des Uhrmachers Isaac Rousseau und von Suzanne Bernard verbrachte er seine Jugend in Genf, wo er bei einem Kanzleibeamten und bei einem Graveur lernte. 1728 musste er jedoch von Genf nach Turin fliehen. Dort bekannte er sich zum Katholizismus. Weiter reiste er nach Paris, wo er in Kontakt mit Diderot und den Enzyklopädisten trat. Rousseaus aufklärerische Ideen stiessen immer wieder auf heftigen Widerstand, weshalb er sich ständig auf der Flucht oder in Verbannung befand. Vom Pariser Parlament verbannt, lebte er zwischenzeitlich wieder

in Genf. Dort schwor er dem Katholizismus ab und wurde wieder Calvinist.
Auch Genf musste Rousseau wieder verlassen. Er verbrachte die folgenden Jahre auf verschiedenen adligen Höfen, einige Zeit auf der Sankt-
Peters-Insel bei Biel. Nach einer Reise durch England kehrte er 1770
wieder nach Paris zurück. Rousseau erlangte überragende Bedeutung für
das gesamte europäische Geistesleben, insbesondere der Romantik und
des Sturm und Drangs, mit Werken wie *Discours les sciences et les arts,
La nouvelle Heloïse, Emile, Discours sur sur l'origine et les fondements
de l'inégalité parmi les hommes, Le contrat social* und *Confessions.*
→«Il est fort singulier qu'un pays...»

Rüedi, Peter: *1943 in Basel, Journalist. Studierte Germanistik, Geschichte
und Psychologie in Basel. 1974–1980 Leiter des Ressorts Kultur bei der
Wochenzeitung *Weltwoche,* 1980–1982 Dramaturg an den Staatlichen
Schauspielbühnen Westberlins, 1982–1989 Chefdramaturg am Schauspiel-
haus Zürich. Lebt in Tremona und arbeitet an einer Biographie über
Friedrich Dürrenmatt. Ist grosser Literatur- und Jazzkenner, liebt Fussball
und war an der Formulierung der Wettbewerbseingabe für den Schweizer
Pavillon mitbeteiligt.

Rumantsch: Vierte →Landessprache. Aus dem Lateinischen haben sich
Spanisch, Portugiesisch, Katalanisch, Französisch, Okzitanisch, Italienisch,
Rumänisch, Dalmatisch, Sardisch und eben Rätoromanisch entwickelt.
Das Rätoromanische wiederum unterteilt sich ins Dolomitenladinisch,
Friaulisch und das im Kanton Graubünden gesprochene Bündnerromanisch.
Es wird in der →Schweiz Rätoromanisch oder Rumantsch genannt. Damit ist entweder eines der verschiedenen Idiome oder das in jüngster Zeit
standardisierte Rumantsch Grischun gemeint. Mit dem Rumantsch Grischun verfügt die Rätoromania über eine gemeinsame Schriftsprache. Sie
wurde im Jahre 1982 von Prof. Heinrich Schmid, dem Rektor der Universität Zürich, im Auftrag der Lia Rumantscha geschaffen. Das Rumantsch
Grischun ist das Resultat eines sprachlichen Kompromisses: Es beruht
hauptsächlich auf den drei Regionalvarianten Sursilvan (Bündner Oberland), Vallader (Unterengadin) und Surmiran (Oberhalbstein/Albulatal),
berücksichtigt aber in vielen Fällen auch die beiden kleineren Idiome, das
Sutsilvan (Val Schons/Schamsertal) und das Puter (Oberengadin) sowie

die verschiedenen regionalen und lokalen Varianten. Heute geben in der Schweiz rund 40'000 Menschen Rumantsch als die Sprache an, die sie am besten beherrschen. Das sind 0.6 Prozent der Bevölkerung. Dank der Einheitssprache wird das Rätoromanische in Bereichen verwendet, die bislang dem Deutschen, Italienischen und Französischen vorbehalten waren. Das Rumantsch Grischun hat inzwischen eine starke Eigendynamik entwickelt. Es findet heute nicht nur im administrativen und plakativen Bereich Verwendung, sondern dehnt sich zusehends auch auf traditionell regionalsprachliche Domänen aus: auf die Literatur, auf die Massenmedien und teilweise sogar auf den schulischen Bereich. Seit 1986 ist das Rumantsch Grischun offiziell vierte Landessprache. Der →**Bund** verwendet es seither für Texte, die für das rätoromanische Gebiet von besonderer Bedeutung sind. Seit dem 10. März 1996 (eidg. Volksabstimmung zum Sprachenartikel 116/neu 70 BV) ist die Bundesverwaltung verpflichtet, das Rätoromanische im Schriftverkehr mit der Rätoromania zu verwenden. Zusätzliche Informationen unter: *www.liarumantscha.ch.* →«**Tun e cametg**», →«**Trais randulinas**»

Ryf, Alfred: *1963, Mitarbeiter →**Trinken und Essen.** Als Filmemacher interessiert ihn besonders, wie im →**Klangkörper** Architektur, →**Musik,** Wort, Gastronomie und Mode zu einem →**Gesamtkunstwerk** verbunden werden. Ihn fasziniert das künstlerische Zusammenwirken aller Sinne: Sehen, Hören, Schmecken, Riechen und Tasten.

Ryffel, Reto: *1978 in Trimmis, Hochbauzeichnerlehrling. Hat im Architekturbüro Peter →**Zumthor** Pläne für die Freigabe und die Ausführung des →**Klangkörpers** gezeichnet.

«S'het solang's het.» Der Volksmund sagt «Es hat, solange es hat.». Wenn's nichts mehr gibt, gibt's nichts mehr. Wo er recht hat, hat er recht, der Volksmund. →«**Wame het...**»

«'s isch ebene Mönsch uf Erde, Simmeliberg! | Und's Vreneli abem Guggisberg, | und d's Simes Hans Joggeli änet dem Berg! | 's isch ebene Mönsch

uf Erde, | dass ich möcht' bin' ihm si. | Und stirben i vor Chummer, Sim-
meliberg! | Und's Vreneli abem Guggisberg, | und d's Simes Hans Joggeli
änet em Berg! | Und stirben i vor Chummer, | so leit me mi d's Grab.»:
Zwischen uns die Berge – so könnte man die traurige Geschichte dieses
alten Liedes zusammenfassen, das schon seit 1741 bekannt ist. Vreneli
wohnt in Guggisberg, Hans Jakob, Simons Sohn, auf der anderen Seite des
Berges, in Oberwyden. Vreneli wird auf dem Hof *zur Linde* vor Kummer
sterben. Denn das Mühlrad, Symbol der ewigen Liebe, ist zerbrochen,
und damit nimmt auch das Lied sein Ende. Mit dem *Lied der Guggisberger*
hat es eine besondere Bewandtnis. Die Melodie ist in Moll, was bei Volks-
liedern äusserst selten vorkommt, und seine Traurigkeit rührte schon
zur Zeit der französischen Bourbonenkönige Schweizer Soldaten zu
Tränen. Die Söldner, die eigentlich die Leibgarde des Monarchen stellen
sollten, wurden von solchem ⌐**Heimweh** ergriffen, dass sie reihenweise
desertierten. Unter Louis XVI wurde das Singen dieses Liedes strikte
verboten.

Sägereien: Föhrenholz: Häfliger AG, Menzberg; Konrad Keller AG, Unter-
stammheim; Gebr. Küng AG, Willisau; Lang Sägewerk AG, Hochdorf; Urs
Niederer AG, Trogen; Schilliger Holz AG, Küssnacht. Lärchenholz: Bett-
schen AG, Reichenbach; Bois et Sciage AG, Leytron; Christen AG, Luthern-
Willisau; Peter Egli AG, Bäretswil; Gebr. Küng AG, Willisau; Robert
Schafroth AG, Möhlin; Schilliger Holz AG, Küssnacht; Schmid AG, Wildegg;
Zanella AG, Turtmann. ⌐**Lärche**

Saint Triphon, 1998: Rotwein. In der Walliser Rhoneebene zwischen Ollon
und Aigle erhebt sich ein grosser felsiger Hügel. Dort erfreut sich ein
kleiner Rebberg des angenehm milden, mediterranen Klimas. Auf geröll-
artigem Boden aus Ablagerungen von schwerem Kalkgestein gedeihen die
Reben dieser ⌐**Mondeuse**. Seine Farbe ist auf fossile Kohlenwasserstoff-
vorkommen zurückzuführen. Erhältlich bei Hugues Baud, Aigle, Tel. +41 /
27 / 466 47 27.

Salvator, Manuel: *1974 aus Chur, Tiefbauzeichner. Zeichnete die Ingenieurpläne für die →**Versorgungseinheiten.**

SBB: Schweizerische Bundesbahnen. Die staatseigene Eisenbahn ist dem Eidgenössischen Departement für Verkehr, Energie und Wirtschaft unterstellt. Ihr Schienennetz hat eine Länge von 3000 km, und mit Ausnahme der Strecke Luzern–Brünig–Interlaken haben alle Schienen Normalspurbreite. Gemeinsam mit der Deutschen Bahn hält sie für die →**Expo 2000** spezielle Angebote bereit. Weitere Informationen unter *www.sbb.ch*

Sbrinz: Dieser Käse wurde ursprünglich in den Zentralalpen hergestellt. Der parmesanähnliche Käse galt früher als Hausmittel bei Magenverstimmung, weil er aufgrund seiner langen Reifezeit sehr leicht verdaulich ist. Er hat seinen Namen von der Berner Ortschaft Brienz. Der Sbrinz im →**Klangkörper** reifte drei Jahre. Erhältlich bei Emmi Käse AG, Luzern, Tel. +41/41/227 27 27.

Schälli, Colin: *1980 in Chur, Hochbauzeichnerlehrling. Hat im Architekturbüro Peter →**Zumthor** Pläne für die Freigabe und die Ausführung des →**Klangkörpers** gezeichnet.

Schärli, Peter: *1955 in Luzern, Trompete. Ist in der Schweizer Contemporary Jazz Szene bestens als Trompeter, Flügelhornist und Lehrer der Jazzschule Luzern bekannt. Er hat auch in Sparten wie Reggae, Salsa, Musiktheater und Zirkusorchester Erfahrung. Gegenwärtig arbeitet er vor allem mit seinen beiden eigenen Bands *Peter Schärli Special Sextet featuring Glenn Ferris and Tom Varner* und *Don't change your hair for me.*

Schaub, Christoph: *1958 in Zürich, Filmemacher. Realisiert seit 1987 neben Architekturfilmen verschiedene Spiel- und Dokumentarfilme (u.a. *Wendel, Dreissig Jahre, Am Ende der Nacht, Rendez-vous im Zoo, Einfach so*). Hat ein gutes Auge für Architektur und fällt auf durch schöne, ruhige Bilder: *Il Girasole – una casa vicion a Verona, Lieu, funcziun e furma – l'architectura da Gion A. Caminada e Peter Zumthor, Il project Vrin, Die Reisen des Santiago Calatrava.* War an der Formulierung der Wettbewerbseingabe für den Schweizer Pavillon mitbeteiligt.

Schaub, Pascal: *1963, Mitautor →**Klangkörperbuch** Bereich →**Klang-**

körperkleidung. Denkt, konzipiert und textet in der Werbung ebenso gerne, wie er das für das vorliegende Buch getan hat. Mit Plakaten, Inseraten und Filmen hat er bisher über 30 nationale und internationale Art Directors Club Auszeichnungen gesammelt. In Zukunft wird er sich bei Publicis in Zürich auf die strategische Planung in der Kommunikationswelt konzentrieren.

Schieflage: Das Grundstück weist eine leichte Schieflage auf. In Nord-Süd-Richtung ist es zwischen 1.2% und 2.1% geneigt, in Ost-West-Richtung zwischen 1.7% und 2.5%. Diese zweiseitige Neigung macht, dass das Wasser diagonal auf dem →**Asphaltkissen** abfliesst. Auch die Blechkanäle, die das Regenwasser nach aussen oder ins Innere des Pavillons speien, übernehmen das Gefälle (→**Dachabdeckung**). Räumliche Irritationen entstehen bei der Gegenüberstellung der längs- und quergerichteten Stapel: Die →**Stapelwände** stehen in Längsrichtung schräg, da sie dem Gefälle des Bodens folgen. In Querrichtung aber stehen sie senkrecht, wie sich das für eine anständige Konstruktion gehört. Es entstehen Vexierbilder, die einen zweifeln lassen, ob die Schweizer Bauleute (→**Zimmerleute**) tatsächlich so präzise →**bauen**, wie behauptet wird. →**Regenwasserplan** ☉ Schnitt mit Blick Richtung Norden ☉ Schnitt mit Blick Richtung Süden ☉ Ansicht von Westen

Schiller, Friedrich: *1759 in Marbach am Neckar; †1805 in Weimar, Dichter, Schriftsteller. Eigentlich wollte der junge Schiller Theologe werden. Doch der württembergische Landesherr Carl Eugen, von dem Schillers Familie abhängig war, bestimmte für Friedrich eine militärisch-medizinische Ausbildung in Stuttgart. Sein erstes Drama *Die Räuber* (1782) fand grossen Anklang beim Publikum, nicht jedoch in der Literaturszene. Sein Vertrag als Theaterdichter in Mannheim wurde nicht verlängert, und Schiller lebte die nächsten zehn Jahre als freier Schriftsteller am Rande des Existenzminimums. Auf Wanderschaft suchte er die Gunst verschiedener Fürstenhöfe, wo er später auch in den erblichen Adelsstand erhoben wurde. Es folgte eine äusserst produktive Phase, in welcher er frei von materiellen Nöten war. In Weimar pflegte er intensiven Kontakt zu →**Goethe.** Kurz vor seinem Tod wurde sein Drama *Wilhelm Tell* veröffentlicht. Schillers Freiheitsliebe und seiner Bearbeitung des bis dahin brachliegenden Mythos Wilhelm →**Tell** verdankt die →**Schweiz** ihren

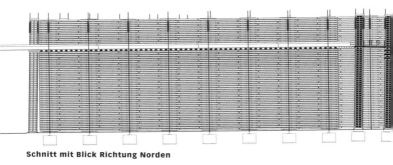

Schnitt mit Blick Richtung Norden

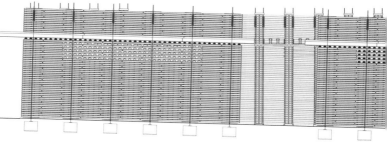

Schnitt mit Blick Richtung Süden

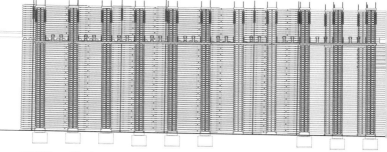

Ansicht von Westen

→Schieflage

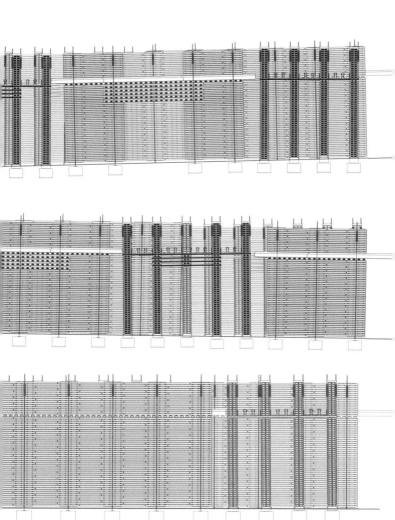

Nationalhelden. Aus nämlichem Stück der Gassenhauer ⌐,«**Durch diese hohle Gasse muss...**» und die Szenen einer Ehe: ⌐,«**Stauffacher: Du glaubst an Menschlichkeit!...**».

Schiltknecht, Roland: *1957 im Kanton Glarus, Hackbrett. Lernte weitgehend autodidaktisch. In der Formation *schildpatt* versucht er zusammen mit seinem Bruder Gabriel traditionelle alpine Volksmusikelemente mit Jazz- und Rockstrukturen zu verbinden.

Schindel, Volker: *1971 in Darmstadt, Musikalischer Assistent. Studierte nicht nur Schulmusik und Diplommusikerziehung im Fach Klavier, sondern auch Philosophie an der Humboldt-Universität Berlin. Er hat im Bereich des Neuen Musiktheaters gewirkt, war als Akkordeonist mit dem *Wetterwendischen Wandertheater* international unterwegs und konzipiert und leitet eigene Konzertprojekte mit Ensembles. ⌐,**Musik,** ⌐,**Musikalische Leiter**

Schirmer, Barbara: Hackbrett. Stammt aus einer appenzellischen Musikantenfamilie und arbeitet heute als Musikerin, Komponistin und Hackbrettlehrerin. Auftritte im In- und Ausland, Film- und Hörspielmusik und ihre CD *Eigereye* sind nur wenige Stichworte zu ihrem vielfältigen Schaffen.

Schlegel, Friedrich: *1772 in Hannover; †1829 in Dresden, Dichter. Schlegels Lebenslauf kann durchaus als exzentrisch bezeichnet werden: das schwer erziehbare Sorgenkind wuchs in einer gebildeten Bürgerfamilie auf, brach aber die vom Vater verordnete Banklehre ab. Als Student der Rechtswissschenschaften in Göttingen und als *Weltmann* in Leipzig verspielte er sein Geld, verstrickte sich in Affären und gab schliesslich sein Studium auf. Der Sympathisant der Französischen Revolution wurde schon mit fünfundzwanzig Jahren zu einem berühmten Autor. In seinen Schriften propagierte er die Demokratie, die vom Volk selbst initiiert wird, und galt so als Radikaler, der sich gegen das bestehende System wandte. Schlegel begann auch eine Liebschaft mit seiner späteren Frau Dorothea Veit, die damals noch verheiratet war. Anstatt diese Liaison zu verheimlichen, provozierte Schlegel einen Skandal, indem er in seinem Roman *Lucinde* (1799) die Affäre offenlegte. 1808 konvertierte Schlegel zur katholischen Kirche und begann eine Karriere als hoher Beamter in Wien. Sein Werk gehört zu den gewichtigsten Beiträgen der Romantik. Die ⌐,**Schweiz** diente ihm wie vielen seiner Zeitgenossen als Projektionsfläche für die romantischen Ideale

Heldentum, Freiheitskampf und erhabene Natur. Davon zeugt auch sein Gedicht: →«Freier atmet schon die Brust...».

Schlossgut Bachtobel No 2 1998: Rotwein. Hans Ulrich Kesselring perfektioniert den Pinot Noir am Ottoberg im Thurgau. Das Wissen dazu holt er sich im stetigen Austausch mit ambitionierten Winzerkollegen im In- und Ausland. Kesselring stellt die richtigen Fragen und findet die passenden Antworten. Drei verschiedene Pinot-Noir-Typen baut er in seinem Schlossgut Bachtobel aus, und immer zählen sie zum Besten, was aus diesem Weinbaugebiet kommt. Er nennt sie ‹No 1, No 2 und der Andere›. Erhältlich bei Schlossgut Bachtobel Weinfelden, Post Ottoberg, Tel. +41 / 71 / 622 54 07.

Schlumberger, Astrid: Akkordeon. Studierte bei Hugo →Noth in Trossingen, Joseph Macerollo in Toronto und Mie Miki in Duisburg. Lehrt an der Musikhochschule Winterthur.

Schlumberger, Axel: Akkordeon. Erster Akkordeonunterricht mit sieben Jahren. Studierte in Trossingen und Biel. War Preisträger des Deutschen-Akkordeon-Musikpreises und unterrichtet an diversen Musikschulen.

Schlumberger, Ulrich: *1969, Akkordeon. Schloss an der Folkwang-Hochschule Essen bei Mie Miki ab. Konzertiert mit Solo- und Kammermusikprogrammen und tritt mit Tangoformationen auf.

Schmid, Daniel: *1966 in Vals, Architekt. Studium an der ETH Zürich, Diplom bei Hans Kollhoff, für den er auch am Hochhaus für den Potsdamer Platz arbeitete. Seit 1998 im Architekturbüro von Peter →Zumthor. Unterstützte das Klangkörperteam immer wieder durch präzise Arbeitseinsätze: Blechdächer, →Beleuchtung und Installation der →Lichtschriften.

Schmid-Kunz, Johannes: *1964, Hackbrett. Stammt aus einer volkskundlich und musikalisch interessierten Familie. Der Geisteswissenschaftler ist seinen Wurzeln treu geblieben: Auf verschiedenen Instrumenten musiziert er vor allem in Ländlerformationen, aber auch in einem Salonmusikensemble.

Schneller, Kerstin: *1976, Akkordeon. Studiert an der Hochschule für Musik *Franz Liszt* Weimar.

Schnyder Lüdi, Claire: *1961, Leiterin Information und Medien. Studierte Kunst- und Architekturgeschichte in Bern, Genf und Paris. Seit 1999 ist sie wissenschaftliche Mitarbeiterin des Generalkommissariats (→**General-kommissärin**). Sie lebt und arbeitet nach der Devise: ‹The word is not enough›. →**Infothek**

Schraubenzugfeder: Die Vorspannung der →**Stapel** wird durch Schrauben-zugfedern aufrechterhalten. Sie bestehen aus 25 Millimeter starkem Runddraht, besitzen 20 Windungen, von denen 15 aktiv gedehnt werden. Ihr Aussendurchmesser beträgt 130 mm, die ungedehnte Länge 600 Millimeter und die gespannte Länge 870 mm. So schlanke Federn stellt in der →**Schweiz** einzig die Firma Baumann in Rüti her, weil sie dazu ein Warmverformungsverfahren benutzt. Die Schraubenzugfedern sind phos-phatiert und eingeölt, um den empfindlichen →**Federstahl** vor Rost zu schützen. ⊙ Detailplan Schraubenzugfeder

Schriften: →**Lichtschriften**, →**Schrifttyp**

Schriftplatzierung: Wenige Regeln bestimmen die Platzierung und Grösse der →**Lichtschriften**. Die Regeln gehen von der Architektur aus, sind einfach, führen aber zu scheinbar von der Regelmässigkeit der Architektur unab-hängigen Ergebnissen (oder: projizieren deren Tiefenstruktur auf ihre eigene Oberflächenstruktur). Regel 1: Trifft der Blick aus einem der drei →**Kreuzhöfe** in der Tiefe des Raums auf eine →**Stapelwand**, wird eine grosse, kurze Schrift (Schrifthöhe: 50 cm) benutzt. Diese Situation ergibt sich siebenmal. Regel 2: Jeweils in den beiden Gängen, die aus einem Hof senk-recht auf eine Schrift der Regel 1 zulaufen, bildet eine kleine Schrift (Schrifthöhe: 2.5 cm) eine Textlinie entlang der gesamten Wandlänge. Die Schriftgrösse ergibt sich aus der Tatsache, dass diese Schriften nur im Korridor, also aus der Nähe zu lesen sind. Diese Situation gibt es insgesamt vierzehnmal. 3: Führt eine dieser Zeilen von Regel 2 durch einen Bar- oder Klangraum, wird auf der gegenüberliegenden Wand eine mittlere Schrift (Schrifthöhe: 5 cm) projiziert. Dies geschieht siebenmal. Regel 4: Die

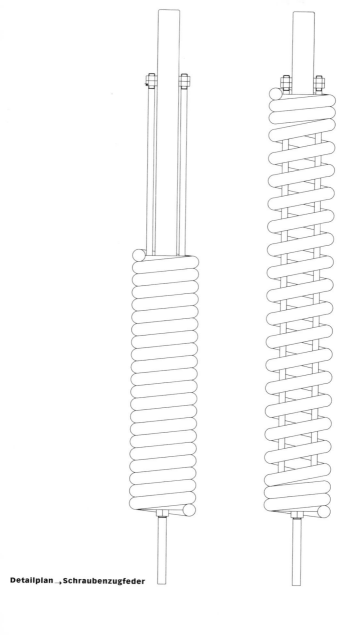

Detailplan → **Schraubenzugfeder**

Schriften von Regel 3 in den Innenräumen erscheinen mehrzeilig und zentriert zwischen den ⟶**Spannstellen**. Sie bilden zusammen je nach Raumgrösse Zwei-, Drei- oder Vierheiten. Regel 5: Jeder Blick aus einem Korridor auf eine Wand trifft auf eine mittelgrosse Schrift (Schrifthöhe: 7 cm). Aus der räumlichen Situation ergibt sich, dass man an diesen Schriften entlang oder auf sie zugehen kann. Sie können deshalb Linien, die die Horizontale betonen, oder mehrzeilige Cluster, die die Vertikale betonen, bilden. Regel 1 ist ein Spezialfall von Regel 5.

Schrifttyp: Hauptschrift des grafisches Erscheinungsbildes des ⟶**Klangkörpers** ist die Vectora. Der Schweizer Schriftentwerfer Adrian Frutiger hat sie 1991 entworfen. Es sind vor allem die in der Höhe stark zurückgenommenen Versalien, die der Schrift ihre Eigenheit verleihen. Durch die grosse Mittelhöhe bleibt sie auch in kleinen Grössen gut lesbar. Vorbild der Vectora sind die von M. F. Benton zu Beginn des 20. Jahrhunderts für die American Type Founders gezeichneten Franklin Gothic, Lightline Gothic und News Gothic, sowie die auf dieser Grundlage von J. Burke 1948 für Linotype entworfene Trade Gothic. Die Vectora wurde in diesem Buch für die Stichworte zu den Mitwirkenden am Unternehmen Klangkörper verwendet. Für alle anderen Stichworte ist die Centennial verwendet worden. Diese Frutiger-Schrift erschien 1986 anlässlich des Hundert-Jahr-Jubiläums von Linotype. Die Centennial ist eine klassizistische Antiqua, schmal laufend mit stark reduziertem Unterschied in den Strichstärken. In ihrem normalen und leichten Schnitt erinnert sie an die Century, die L. B. Benton und M. F. Benton für die American Type Founders um 1900 entworfen haben. Da sie praktisch kein *Klima* hat, es sei denn ein sehr kühl distanziertes, eignet sie sich gut für sachliche Texte. ⟶**Grafik,** ⟶**Set**

Schürch, Dorothea: *1960, Stimme. Die Sängerin aus Zürich hat sich auf Improvisation und Performances spezialisiert. Sie tritt auf Festivals für improvisierte und experimentelle Musik in ganz Europa auf und gab Konzerte auf den Jazzfestivals in Willisau, Schaffhausen und London.

Schütz, Martin: *1954, Violoncello. Spielt akustisches und elektrisches Cello, befasst sich mit Elektronik und Sampling und komponiert. Nach dem Studium wandte er sich der improvisierten und elektronischen Musik zu. Seit 1990 ist er Mitglied von *Koch-Schütz-Studer* (Hans →**Koch**). Das Trio ist durch seine kompromisslose und radikale Hardcore Chambermusic in der internationalen Szene bekannt geworden und gab zahlreiche Konzerte. Schütz arbeitet kontinuierlich mit dem Musiker und Theaterregisseur Ruedi →**Häusermann** und tritt als improvisierender Musiker in ganz Europa und den USA auf. Er komponiert Theater-, Tanz- und Filmmusik.

Schulung Trinken und Essen: Sie war ein entscheidendes Element der →**Vorbereitung**, da nur gut geschulte →**Mitarbeiter** sich mit den ehrgeizigen Zielen voll identifizieren. Jeder Gast soll sich im →**Klangkörper** willkommen fühlen, soll, falls gewünscht, viel über die angebotenen Produkte erfahren und soll auch auf eine Frage zur →**Schweiz** eine persönliche und ehrliche Anwort erhalten. Dafür wurden die Mitarbeiter sehr sorgfältig ausgewählt, mit Hilfe von Einzelgesprächen und →**Assessments**, die bereits zur Teambildung beitrugen. Während der zwei Wochen vor der Eröffnung durchliefen die Mitarbeiter ein Schulungsprogramm, in dem betriebliche Abläufe und Produktekenntnisse, aber auch die Rolle des kultivierten Gastgebers vermittelt wurden. Und, äusserst ungewöhnlich und faszinierend für ein gastronomisches Projekt, die Rolle der Barmitarbeiterin und des Barmitarbeiters als Teil der →**Drei-mal-drei-Punktekatalog**, →**Regie**, →**Inszenierung**.

Schuppe, Marianne: Stimme. Studierte Gesang bei Jolanda Rodio sowie Michiko Hirayama und anschliessend in Madras (Indien). Als Interpretin zeitgenössischer Musik und Improvisatorin ist sie international tätig. Sie konzipierte mehrere Stücke für Stimmen im Bereich Sprache und Musik.

Schweikert, Ruth: *1965 in Lörrach, lebt mit vier Kindern in Zürich. Ihre erste Sammlung von Erzählungen erschien 1994 unter dem Titel *Erdnüsse. Totschlagen* im Zürcher Rotpunktverlag. Für ihren Beitrag *Fünfzig Franken* gewann sie beim Bachmann-Wettbewerb in Klagenfurt 1994 das Bertelsmann-Stipendium. Ihr Roman *Augen zu* erschien 1998 beim Ammann Verlag in Zürich. Schweikert ist eine schonungslose Analytikerin eines kleinbürgerlich deprimierenden Alltags in gesichtslosen Vorstadt-

landschaften. Ihre Texte gehören zum Wichtigsten, was die →**Schweiz**
literarisch an Gegenwart zu bieten hat. Von ihr in den →**Lichtschriften**
→**«Heute umhülle ihn, sagt man...».**

Schweiz: Die Schweiz ist eine Willensnation. Sie bildet weder ethnisch,
sprachlich noch religiös eine Einheit. Seit der Annahme der →**Bundes-**
verfassung 1848 ist sie die weltweit zweitälteste von 23 Bundesstaaten. Ihr
Aufbau ist föderalistisch und gliedert sich in die drei politischen Ebenen
→**Bund,** →**Kantone** und Gemeinden. Die Schweiz zählt rund 4.6 Mio. Bürger
und Bürgerinnen und ca. 7 Mio. Einwohner. Das Volk ist laut Bundesverfassung der Souverän des Landes, also die oberste politische Instanz. Stimm-
berechtigt sind alle erwachsenen Frauen und Männer mit Schweizer Bür-
gerrecht. Die lange demokratische Tradition, aber auch die geringe Grösse
und Bevölkerungszahl sowie ein vielfältiges Medienangebot sind aus-
schlaggebend für das Funktionieren des Föderalismus und der direkten
Demokratie als Staatsform. Auf der →**Expo 2000** präsentiert sie sich mit dem
→**Klangkörper.**

«Schweizer landete Hit.»: Die ganze Geschichte zu erzählen sprengt
den Rahmen. →**Laederach** ist Sprengexperte. Deshalb nichts weiter. Jürg
Laederach, *Emanuel,* Suhrkamp Verlag, Frankfurt A/M 1990, S. 424.

Schweizer Mode: Die →**Klangkörperkleidung** von Ida →**Gut** ist ein Beispiel
neuer Schweizer Mode. Die wichtigen Förderpreise Blickfang, Gwand und
Prix Bolero haben in den 90er Jahren eine neue Basis für Schweizer
Designer geschaffen. Eine Auswahl einiger bereits etablierter Schweizer
Modemacher: Christa de Carouge, Magdalena Ernst, Erica Matile, Anne-
Martine Pérriard, Steffi Talmann. Newcomer und Kreativ-Couturiers:
Amok, Anja Brändli, Maya Burgdorfer, Cecile Feilchenfeldt, Rosanna Gates,
Long Li-Xuong, Sacha Haetenschwyler, Paola de Michiel, Zähringer + Keist.
Weitere Informationen zu Schweizer Mode unter: *www.annabelle.ch,*
www.fashionnet.ch, www.gwand.ch, www.swissfashion.ch, www.textil-
revue.ch. Designer: *www.akris.ch, www.alvoni.ch, www.amok.ch,*

www.annex.ch, www.auranet.ch, www.bally.ch, www.fabricfrontline.ch,
www.francesco-rossi.ch, www.freitag.ch, www.labportables.ch,
www.matile.ch, www.skim.com, www.strellson.ch

Schweizer Radio International (SRI): Auf einem ihrer Internet-Server ist
→**www.expo2000.ch**, die Homepage des→**Klangkörpers**, platziert. Gestaltet
hat sie das Berner Kommunikations- und Gestaltungbüro→**Set.** Das Radio
liefert ausserdem einen gewichtigen Anteil zum online Informationsangebot
über die→**Schweiz:** *www.swissinfo.org.* →**Infothek**

Schweizerdeutsch:→**Landessprachen**

Schwinden und Quellen: Eigenschaft des→**Holzes,** sich vor allem quer zur
Faserrichtung je nach Luftfeuchtigkeit und eigenem Feuchtigkeitsgehalt
zusammenzuziehen oder auszudehnen. Im Möbelbau und im konstruktiven
Massiv-Holzbau hat das Schwinden und Quellen von alters her zu besonderen Konstruktionen und Formen geführt, welche die Bewegung des
Holzes erlauben, ohne dass dadurch das Möbel oder das Bauwerk Schaden
nimmt. Heute erlauben moderne Lösungen, die ungeliebte Bewegung des
Holzes zu minimieren: Spanplatten beispielsweise sind formstabile Holz-
platten, auf welche dünne Holzfolien, Furniere genannt, aufgeklebt
werden. MFD-Platten bestehen aus zerkleinerten Holzspänen, die mit viel
Leim unter Hitze zusammengepresst werden. Zudem gibt es allerlei Sperr-
holz- und Mehrschichtplatten, die nicht mehr Schwinden oder Quellen. Der
→**Klangkörper** hingegen arbeitet mit den natürlichen Eigenschaften des
Holzes. Es kommen keine Holzwerkstoffe zur Anwendung, der Klangkörper
macht die ursprüngliche Qualität des Holzes sichtbar. Der Entwurf thema-
tisiert die Stabilität der Länge und die Instabilität der Dicke des Massiv-
holzes. Wenn die frisch geschnittenen→**Balken** austrocknen, verliert der
Pavillon über die Dauer der Ausstellung rund 17 cm an Höhe. Ein zusätzli-
cher Höhenverlust entsteht durch→**Kriechen.** Damit trotzdem eine minimale
Zugspannung bei den→**Spannstellen** erhalten bleibt, sind in die Zugstangen

grosse‿**Schraubenzugfedern** eingebaut. Sie gleichen das Schwinden aus.
Die Stahlfedern können während der Ausstellung an Ort und Stelle nachgespannt werden. Das Mass des Schwindens wird am‿**Schwindpegel** ab-
gelesen. Sobald ein gewisses Schwindmass überschritten ist, muss nachgespannt werden.‿**Nachspannanlage**,‿**Nachspannen**,‿**Nachspannteam**,
‿**Statisches System**

Schwindpegel: In den‿**Schraubenzugfedern** ist ein kleiner Stöpsel befestigt,
an dem bei einer Schwindmasskontrolle der Spannweg der Federn abge-
lesen werden kann.

Scotoni Berger, Carola: *1968, Betriebsleiterin‿**Klangkörper** und
Leiterin‿**Trinken und Essen**. Zusammen mit Martin‿**Arnold** und dem
‿**Kurator** des Bereiches Trinken und Essen Max‿**Rigendinger** war die
kontaktfreudige und von der‿**Weltausstellung** faszinierte Scotoni Berger
auch an den Vorbereitungsarbeiten beteiligt.

«**Se si guardano le piccole finestre** listate di bianco e gli operosi e incande-
scenti fiori ai davanzali, si avverte un ristagno tropicale, un lussureggiare
tenuto alla briglia, si ha l'impressione che dentro succeda qualcosa di
serenamente fosco e un poco malato. Un'Arcadia della malattia. Là dentro
sembra che vi sia pace e idillio di morte, nel nitore. Un tripudio di calce e
fiori. Fuori dalle finestre il paesaggio chiama, non é un miraggio, é uno
Zwang.»: Fleur‿**Jaeggy** wandert durch die wunderschöne Landschaft des
Appenzells: «Wenn man die kleinen, weiss umrandeten Fenster und die
emsigen und glühenden Blumen auf den Fenstersimsen betrachtet, ver-
spürt man eine tropische Lähmung, eine gezügelte Üppigkeit, man hat den
Eindruck, dass sich drinnen etwas heiter Düsteres und ein wenig Krankes
ereignet. Ein Arkadien der Krankheit. Dort drinnen scheinen Frieden und
ein Idyll des Todes zu herrschen, in der Klarheit. Ein Jubelschrei aus Kalk
und Blumen. Ausserhalb der Fenster ruft die Landschaft, sie ist kein
Traumbild, sie ist ein Zwang.» (Übersetzung: Evelyne und Samuel Vitali).
Fleur Jaeggy, *La paura del cielo,* Adelphi, Mailand 1989, s. 9 f.

«**Sehr ungünstige Verhältnisse.** Verzicht empfohlen»: Verzichten soll hier der Wintersportler, der das Abenteuer jenseits der Piste sucht. So beschreibt nämlich das →**Eidgenössische Institut für Schnee- und Lawinenforschung** die höchste Stufe 5 (sehr gross) der Lawinengefahrenskala.

Seine eigene Zeit hat der →**Klangkörper**: In seinen Räumen soll der Ablauf der Zeit anders erlebt werden als im Getümmel der Ausstellung, sie soll auf eine besondere Weise spürbar und wahrgenommen werden – als Beruhigung, Entspannung, als Freilegen und ruhiges Neuaufbauen der eigenen Körperspannung vielleicht. Die Mittel dazu sind die Klangkörperarchitektur als besonderer Ort der Entspannung und Anregung in Verbindung mit einer zurückhaltend in Szene gesetzten Aufführung (→**Gesamtkunstwerk**), die die Haltung und die Tätigkeit der im Klangkörper tätigen Musiker und Gastgeberinnen in der Art einer künstlerischen Performance gestaltet. →**Atmosphäre,** →**Inszenierung,** →**Musik,** →**Regie**

Sens Unik: International erfolgreiche HipHop-Band aus Lausanne. Rappen auf Französch, Spanisch und Englisch. Performers: Deborah, Osez, Laurent B., Just One, Carlos und Rade. Diskografie: *Nouvelle Politique* (1990), *Le 6ème Sens* (1991), *Les Portes du Temps* (1992), *Chromatic* (1994), *Tribulations* (1996), *Paquito* (1996), CD-Single, *Panorama 1991–1997* (1997), *Pole Position* (1998), *Zak & Loly* (1999), CD-Single, *Propaganda* (1999). Booking: Unik Records, Tel. +41 / 21 / 311 73 25. →«**Courir, lorsque l'on a peur du présent,...**»

Sereni, Vittorio: *1913 in Luino (Varese); †1983 in Mailand. Dichter, Prosa-Autor, Übersetzer. Besuchte ein humanistisches Gymnasium in Brescia. In Mailand studierte er Jurisprudenz und Literatur, wo er 1936 abschloss. Seine Arbeit an der Zeitschrift *Frontiera* wurde von faschistischen Kräften behindert, und zwischenzeitlich erschien die Zeitschrift unter dem Titel *Poesie*. Mittlerweile Lehrer in Modena, wurde er 1941 als Infanterist an die Front in Nordafrika geschickt. 1943 wurde er nach Griechenland und Sizilien versetzt, wo er von amerikanischen Truppen gefangen genommen wurde. Sie bringen ihn nach Orano, dann nach Casablanca. Serenis zweites Buch in Versen, *Diario d'Algeria* (1947), erzählt von diesen Erlebnissen.

Nach seiner Rückkehr arbeitete er erst als Lehrer und Autor. 1958
wechselte er zum Verlag Mondadori, wo er Chef der Literatur wurde.
↳«Si ha sempre l'impressione...»

Set: Kommunikations- und Gestaltungbüro in Bern. Bestehend aus
Sandra ↳**Hoffmann**, Christoph ↳**Stähli** und Gerhard ↳**Blättler**. Typografische
Konzeptionen, Corporate Design, Signaletik, Museums- und Ausstellungs-
gestaltung. Entwicklung und Realisation des grafischen Erscheinungsbildes
(↳**Grafik**) für den ↳**Klangkörper:** Drucksachen, ↳**www.expo2000.ch.** Projekt-
mitarbeit: Raffaella Chiara, Brad Clemmons, Thomas Bruhin. ↳**Schrifttyp**

Seth, Sebastian: *1977 in Hannover, Akkordeon. Spielt seit dem siebten
Lebensjahr Akkordeon und gewann mehrere Preise beim Bundeswett-
bewerb *Jugend musiziert*. Er studiert Biochemie.

Seume, Johann Gottfried: *1763 in Poserna bei Weissenfels; † Teplitz 1810,
Schriftsteller. Wurde 1781 von hessischen Kriegswerbern aufgegriffen und
mit den an England verkauften Truppen nach Amerika geschickt. Seume
kehrte 1783 zurück und kaufte sich nach mehreren Fluchtversuchen
frei. Arbeitete als Sprachlehrer und Verlagslektor in Leipzig, zeitweise als
Offizier in russischen Diensten. Die Schilderungen seiner Wanderungen
durch Europa geben ein schonungslos kritisches Bild der politischen,
sozialen und wirtschaftlichen Verhältnisse. Insbesondere in *Spaziergang
nach Syrakus im Jahre 1802*. Die Wanderung von Leipzig nach Sizilien
und wieder zurück führte Seume auch durch die ↳**Schweiz**, deshalb im
↳**Klangkörper** von ihm der Satz ↳«**Eine eigene Erscheinung...**».

Sevilla 1992: ↳«Je pense donc je Suisse.»

Sevrukov, Nikolai: *1947, Akkordeon. Lehrt an der weissrussischen Musik-
akademie. Konzertierte in über vierzig Ländern und ist Preisträger zahlreicher Wettbewerbe.

Shirt: Die Shirts der ↳**Klangkörperkleidung** hat Ida ↳**Gut** mit einem für
sie typisch funktionalen Designelement entworfen: Sie verwendet für beide
Ärmel nur ein einziges, durchgehendes Stück ↳**Stoff**. Der Armeinsatz ist
Teil des Shirt-Rückens. Denn auch in der menschlichen Anatomie ist der
Arm ist nicht einfach ein Glied, das an der Seite des Körpers angesetzt ist,

sondern er bewegt sich immer in Verbindung mit dem Schulterblatt. Das Design setzt diese organische Körperlichkeit auf elegante Art um. Sowohl das Kurzarm- wie das Langarm-Modell sind aus dunklem Garn mit diskreten Melange-Effekten und einem elastischen Faden gewoben. Das sorgt für grösstmögliche Bewegungsfreiheit.

«Si ha sempre l'impressione che qualcosa stia perpetrandosi qui, a due passi dal diporto: qui potrebbe esplodere l'urlo, qui il fatto atroce, la cosa mostruosa, di qui dilagare lo scandalo nel cuore della quiete.»: «Man hat immer den Eindruck, dass hier, zwei Schritte vom Spazierweg entfernt, ein Verbrechen begangen wird: Hier könnte der Schrei erschallen, hier die Greueltat, die Ungeheuerlichkeit passieren, von hier aus der Skandal inmitten der Beschaulichkeit um sich greifen.» (Übersetzung: Evelyne und Samuel Vitali). Vittorio⸴Sereni, *Gli immediati dintorni primi e secondi*, Il Saggiatore, Mailand 1983, S. 49.

«Si Morges va mieux, le canton de Vaud ira mieux, la Suisse ira mieux, l'Europe ira mieux.»: Politiker haben seit jeher tieferen Einblick in Zusammenhänge, die das Weltgetriebe am Laufen halten. Der scheidende Gemeinderatspräsident der Kleinstadt im Waadtland, Denis Barbey, liess am 28. Januar 1994 in einer Tischrede mit einem Augenzwinkern verlauten: «Wenn es mit Morges aufwärts geht, dann geht es mit der Waadt aufwärts, dann geht es mit der Schweiz aufwärts, dann geht es mit Europa aufwärts.» Der Satz erhielt die Mention Milieu du Monde 1994 auf der Website *www.distinction.ch,* die regelmässig besonders erhellende Äusserungen von öffentlichen Personen auszeichnet.

Sicherheitskonzept: «Grundsätzlich handelt es sich bei der Struktur des Klangkörpers um ein selbstregulierendes System. Das heisst, sind Bereiche mit Besuchern gefüllt, werden die nachfolgenden Besucher in weniger gefüllte Räume ausweichen. Die Besucher werden sich nicht zielgerichtet im Pavillon bewegen, sondern eher nach der Regel des geringsten Widerstandes *treiben lassen*. Dieses grundsätzliche Verteilungsprinzip bleibt bestimmend, auch wenn ein Teil der Besucher, wie man aus Erfahrung weiss, von erhöhten Menschenansammlungen zusätzlich angezogen werden wird... Grundsätzlich wird von Seiten der Expo 2000 der Schweizer Pavillon in Bezug auf Besuchermassen und deren Sicherheit als nicht besonders kritisch betrachtet. Obwohl grundsätzlich jeder Betreiber für die Sicherheit im Pavillon selbst verantwortlich ist, wird der Pavillonbetrieb während der Ausstellung von Seiten der Expo kontrolliert. Sofern die für einen geordneten Betrieb notwendigen Massnahmen nicht in ausreichendem Masse durchgeführt werden, behält sich die Expo 2000 vor, diese zu verlangen oder den Pavillon teilweise zu schliessen.» Auszug aus einer längeren Aktennotiz über eine Besprechung der Architekten mit *Expo-Sicherheit*.

Simoncini, Ivan: *1970, Hackbrett. Erwarb das Lehrdiplom für Schlagzeug an der Jazzschule Basel und arbeitet als Freelance-Musiker im Bereich der modernen und der klassischen Musik.

«Simplon II VS-(I) 19.823 km | Furka UR–VS 15.406 km | San Gottardo TI–UR 15.003 km | Lötschberg BE–VS 14.612 km | Ricken SG 8.603 km | Grenchenberg BE–SO 8.578 km | Hauenstein (Basis) BL–SO 8.134 km | Jungfraujoch BE 7.123 km | Grauholz BE 6.300 km | Mont-d'Or VD–(F) 6.099 km | Albula GR 5.865 km | Zürichberg ZH 5.015 km | Zürich Flughafen ZH 4.940 km | Heitersberg AG 4.923 km | Kerenzerberg GL 3.955 km | Weissenstein SO 3.700 km»: Aufzählung der längsten Eisenbahntunnels der Schweiz mit Kantonsabkürzungen und Kilometerangabe. Der Bau dieser Anlagen kostete, vor allem bei den älteren, einige Menschenleben. Zumeist das Leben von Gastarbeitern aus Italien oder Spanien.⌐**«Con le mani io posso fare castelli»**

Sinnlichkeit: Bis zu 16 Stunden am Tag steht die⌐**Klangkörperkleidung** im Hautkontakt mit den Guides, Musikern und Mitarbeitern⌐**Trinken und Essen**. Deshalb hat Ida⌐**Gut** für die⌐**Outfits** hautfreundliche Stoffe ausgewählt. Die Schnitte sind in intensiver Auseinandersetzung mit Körpergefühl entstanden. Zudem wurden beispielsweise⌐**Shirts** und⌐**Hosen** der

Musiker individuell angepasst. Die Klangkörperkleidung ermöglicht, dass sich eine alltäglich-besondere Sinnlichkeit entfalten kann.

Sirup: Mathias Wirth ist Sirupier und Förster in Bern. Er weiss, wo jedes Waldkraut wächst, sammelt es und stellt daraus Sirupe her. Im␣**Klangkörper** gibt es seinen Tannentrieb-, Waldmeister- und␣**Troll-Sirup**. An heissen Tagen sorgt ein Minze-Sirup mit Eiswürfeln und ein wenig Zitronensaft für Erfrischung. Erhältlich bei Matthias Brunner AG, Zürich, Tel. +41 / 1 / 361 36 76.

Sobaszkiewicz, Karin: Akkordeon. Studiert bei Max Ruch im Rahmen des Schweizerischen Musikpädagogischen Verbands in Schaffhausen.

«Sollte es so sein, dass wir die rückständigste, konservativste, eigensinnigste, selbstgerechteste und borstigste aller europäischen Nationen sind, so würde das für den europäischen Menschen bedeuten, dass er in seinem Zentrum richtig zu Hause ist, bodenständig, unbekümmert, selbstsicher, konservativ und rückständig, d.h. noch aufs innigste mit der Vergangenheit verbunden, neutral zwischen den fluktuierenden und widerspruchsvollen Strebungen und Meinungen der anderen Nationen resp. Funktionen. Das wäre keine üble Rolle für die Schweiz, Europas Erdenschwere darzustellen und damit den Sinn eines Gravitationszentrums zu erfüllen.»: Psychiater sind entweder selber neurotisch oder hoffnungslose Optimisten. Gelingt es hier doch Carl Gustav␣**Jung**, die␣**Schweiz** in ihrer Rückständigkeit zum Archetypen der Selbstsicherheit umzudeuten. Zitiert aus dem *Schweizer Lesebuch*, hrsg. von Charles Linsmayer, Piper Verlag, München, 1994, S. 50.

Spannfedern: Sie werden als␣**Druckfedern** und␣**Schraubenzugfedern** verwendet.

Spannstangen: Sie messen 16 Millimeter im Durchmesser und sorgen für die␣**Vorspannung** der␣**Stapel**. Sie bestehen aus Chromstahl und sind oben an den␣**Schraubenzugfedern**, unten an den Chromstahlhammern befestigt.

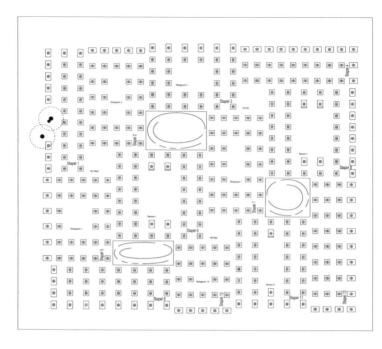

Fundamentplan: 396 Einzelfundamente aus Beton, 100 x 100/150 x 70 Zentimeter, vorgefertigt, liegen in einem durchgehenden Kiesbett. Stahlschwerter, die in den Fundamentwürfeln verankert sind, bilden die Auflager für die ⃗ Stapelwände und die unteren Haltepunkte der ⃗ Spannstelle.

Spannstelle: Im Abstand von drei Metern ziehen →**Spannstangen** aus Chromstahl mit grossen →**Spannfedern** die neun Meter hoch geschichteten →**Balken** der →**Stapelwände** zusammen und pressen sie zu Boden. →**Schraubenzugfeder,** →**Spannung** ⊙ **Fundamentplan**

Spannung: Die Konstruktion arbeitet mit einer durch →**Spannfedern** erzeugten Zugspannung. Sie wird an den gepressten →**Balken** zur Druckspannung. Auch Spannung im weiteren Sinne ist ein Thema des Klangkörpers: Gespannte Metallsaiten erzeugen den Ton im →**Hackbrett,** eingespannte Metallzungen den Ton des →**Akkordeons** (→**Musik**). Auch bei der →**Inszenierung** ist Spannung ein Thema. Mit dramaturgischen Mitteln versucht sie über die gesamte Dauer der Aufführung, den Spannungsbogen durch die Klänge und Aktivitäten der Musiker oder der Mitarbeiter des Bereiches →**Trinken und Essen** zu halten. →**Regie,** →**Kompositions-Verfahren,** →**Stapelwand,** →**Statisches System**

Spannweite: Abstand der Auflagerpunkte der Dachkonstruktion. Die Spannweite des →**Barraums** beträgt 11.25 m, diejenige der →**Klangräume** 6.75 m oder 4.50 m.

Spiralform: Die Wände der →**Versorgungseinheiten** bilden im Grundriss Spiralformen. Die üblichen, mit einer einzigen mathematischen Formel definierten Spiralen (z.B. die logarithmische Spirale) konnten jedoch nicht verwendet werden: Sie weisen keinen konstanten Abstand zwischen den einzelnen Kurvengängen auf. Somit wären die Treppen, die sich dazwischen befinden, unterschiedlich breit geworden. Deshalb wurden die Spiralen aus →**Ellipsen** mit gemeinsamen Tangenten zusammengesetzt.

Spitteler, Carl: *1845 in Liestal; †1924 in Luzern, Epiker, Lyriker und Essayist. Ist in Bern, Liestal und Basel aufgewachsen. Nach einem abgebrochenen Rechtsstudium in Basel studierte er Theologie in Zürich und Heidelberg. Zwar hätte er Pfarrer werden können, doch entschied er sich, als Hauslehrer von adligen Familien im zaristischen Russland zu wirken (1871–1879). Russland blieb Spitteler jedoch fremd. Zurück in der

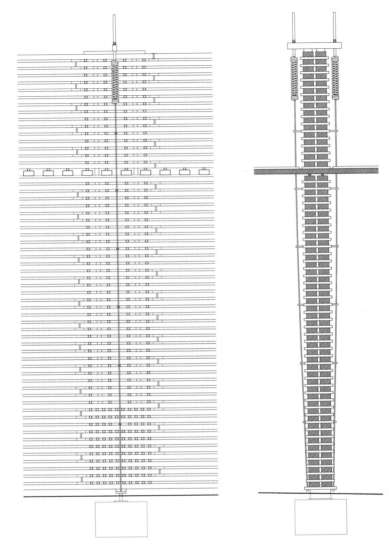

Detailplan Spannstelle →Stapelwand

→**Schweiz** trat er eine Stelle als Lehrer einer Mädchenschule in Bern an. Dort lernte er seine spätere Frau Marie Op den Hooff kennen. In dieser Zeit erschien sein Erstlingswerk *Prometheus und Epimetheus* (1881/1882). Von 1881 bis 1885 war Spitteler Lehrer am Progymnasium in La Neuveville, in der Folge Feuilletonredaktor der *NZZ* in Zürich. Ab 1892 konnte Spitteler, wegen seiner wachsenden Anerkennung und einer Erbschaft, ein Leben als freier Schriftsteller in Luzern führen. Für die Gotthardbahndirektion verfasste Spitteler das Reisebuch *Der Gotthard* (1897). Seinen grössten Erfolg hatte Spitteler mit seinem modernen Epos *Olympischer Frühling* (4 Bände, 1900–1905; Endfassung 2 Bände, 1910), für welches er 1919 den Nobelpreis bekam. Seine Beliebtheit in Deutschland allerdings war seit Ausbruch des Ersten Weltkrieges verwirkt. Denn Spitteler hatte die deutsche Politik und die Invasion in Belgien scharf kritisiert. Von Spitteler das Zitat:→**«Ohne eine gewisse feierlich andächtige...».**

Splint: Äusserer, lebender Stammbereich des Holzes. Bei der→**Lärche** ist er gelblich, im Gegensatz zum rötlichen Kernholz.

Spyri, Johanna: *1827 in Hirzel; †1901 in Zürich, Jugend- und Volksschriftstellerin. Mit Spyri verbunden ist vor allem das Schweizer Bergmädchen→**Heidi.** Ihre weltberühmte Romanfigur wurde im Theater, auf der Leinwand, im Radio, im Fernsehen und literarisch vielfach bearbeitet. Dabei dachte die Tochter eines Arztes und einer religiösen Lyrikerin 1871 noch gar nicht an einen grossen Erfolg: das erste (Erwachsenen-) Werk *Ein Blatt auf Vrony's Grab* veröffentlichte sie anonym. Berühmt wurde sie dann mit den *Geschichten für Kinder und solche, welche Kinder liebhaben.* Darin sind ihre bekanntesten Erzählungen *Heidis Lehr- und Wanderjahre* (1880) und *Heidi kann brauchen, was es gelernt hat* (1881) enthalten. Sie wurden später in über 50 Sprachen übersetzt. Auch in weiteren Erzählungen idealisierte Spyri das einfache Leben in der heiteren Welt der Schweizer Berge. Bis zu ihrem Tod lebte sie zuerst mit ihrem Mann, dem Rechtsanwalt und Publizist J.B. Spyri (1821–1884), nach seinem Tod dann alleine in Zürich. Das grösste Heidiinstitut der Welt befindet sich in Tokio.→**«Wie? Was? Heimgehen...»**

Stähli, Christoph: *1967, Visueller Gestalter HfG. Mitinhaber des Gestaltungsbüros→**Set.** Dozent für Mediengestaltung und Typografie im In- und Ausland. Lebt in Bern.→**Grafik**

Ständerat: Die kleine Kammer zählt 46 Sitze. 20→**Kantone** stellen je zwei Abgeordnete, die 6 Halbkantone je eine Vertreterin oder einen Vertreter.

Gang in Stapel 6 Stapel

Die →**Abstimmung** über die Teilnahme der Schweiz an der →**Weltausstellung** →**Expo 2000** fand im Ständerat am 8. Oktober 1998 statt.

Stahlschwert: Die →**Stapelwände** ruhen auf den unteren Stahlschwertern. Es sind hochkant gestellte, 50 Millimeter starke Flachstahlplatten aus →**Baustahl FeE 235.** Sie sind auf den Betonfundamenten befestigt. Dem Terrainverlauf entsprechend sind sie unterschiedlich hoch ausgeführt. Die oberen Schwerter leiten die Vorspannkräfte von den →**Schraubenzugfedern** in die Stapelwände, sie bestehen ebenfalls aus Baustahl FeE 235 und sind 80 Millimeter stark. →**Schieflage**

Stalder, Daniel: *1970, Hackbrett. Studierte Schlagzeug in Basel bei Siegfried Schmid. Seit dem Konzertreifediplom arbeitet er als freischaffender Musiker und Schlagzeuglehrer. Sein besonderes Interesse gilt der Aufführung Neuer Musik.

Stapel: Mehrere parallele →**Stapelwände** formen einen der zwölf Stapel. Sie sind abwechselnd längs und quer auf das →**Asphaltkissen** gestellt und bilden eine Textur, ähnlich einem Gewebe. Quer zur Laufrichtung eingelegte Dachbalken halten die Stapel zusammen und steifen sie aus. →**Grundstruktur,** →**Statisches System** ☉ Gang in Stapel 6

Stapelholz: Zwischen den einzelnen Balkenlagen liegendes Querholz mit einer Grösse von 54.4 x 4.5 x 4.5 Zentimeter. Wie im →**Holzlager** hält es die →**Balken** auseinander, so dass die Luft allseitig das →**Holz** umspülen kann und dieses gleichmässig austrocknet. An jeder →**Spannstelle** liegen vier Stapelhölzer pro Lage. In den unteren Lagen verdichten sie sich zu einem Feld. Dies damit das Gewicht der →**Stapelwand** ins Auflager der →**Spannstelle** geleitet werden kann, ohne dass sich die untersten Balken verbiegen.

Stapelwand: Grundelement der Konstruktion. Insgesamt gibt es zwölf →**Stapel** mit 1'050 Laufmeter Stapelwand. Die Stapelwände sind gefügt aus knapp 37'000 gehobelten →**Balken** (Querschnitt 20 x 10 Zentimeter), angeliefert in zwei Hauptlängen von 448 Zentimeter (Normalbalken) und

290 Zentimeter (Randbalken). Je zwei parallele Balkenreihen werden in 57 – 60 Lagen zu rund 9 Meter hohen Wänden aufgeschichtet. Die Längsstösse zwischen den einzelnen Balken sind von Reihe zu Reihe gegeneinander versetzt, damit eine Verbundwirkung erzielt wird. Um das Austrocknen des frisch geschnittenen ⌐,**Holzes** zu ermöglichen, werden zwischen die Lagen 168'000 ⌐,**Stapelhölzer** eingefügt. Insgesamt handelt es sich um rund 144'000 Laufmeter gehobelte Balken mit einem Volumen von 2'800 Kubikmeter. In Nord-Süd-Richtung liegen Douglas-Föhrenholz-, in Ost-West-Richtung Lärchenholzbalken. Alle Balken bleiben unversehrt, sie werden nur durch ⌐,**Pressung** und ⌐,**Reibung** zusammengehalten (⌐,**Spannung**). Es gibt keine Nagellöcher, Schraubenlöcher, Bohrlöcher oder andere Verletzungen. So kann das Holz am Ende der ⌐,**Expo 2000** abgebaut und als Konstruktionsholz wiederverwendet werden. ⌐,**Nachhaltigkeit**

⊙ Detailplan Spannstelle

Stashevski, Andrei: *1969 in der Ukraine, Akkordeon. Studierte an der Hochschule für Musik und Theater Hannover bei Elsbeth ⌐,**Moser**. Unterrichtet an der pädagogischen Universität Lugansk und ist Mitglied der dortigen Philharmonie.

Statik: Mit den Methoden der Statik wurde zum Beispiel nachgewiesen, dass die inneren Kräfte im ⌐,**Stapel** den äusseren Kräften (⌐,**Vorspannung** und ⌐,**Windkräfte**) entgegengerichtet sind. Deshalb kippt die Konstruktion nicht um. ⌐,**Statisches System**

Statisches System: Die ⌐,**Stapel** bilden so genannte eingespannte Rahmen, das heisst, ⌐,**Stapelwände** und ⌐,**Dach** sowie Stapelwände und Fundamente sind derart stark miteinander verbunden, dass sie sich nicht unabhängig voneinander verbiegen können. Diese Verbindungen nennt man biegesteif und sie sind den verleimten Ecken eines Bilderrahmens vergleichbar. Die Biegesteifigkeit wird nur durch die starke ⌐,**Vorspannung** sichergestellt, da die Hölzer ja nicht untereinander verschraubt oder vernagelt sind. Die Aufgabe der Rahmenkonstruktion besteht vor allem darin, den ⌐,**Wind-**

kräften zu widerstehen, und dank der biegesteifen Verbindungen werden diese Windkräfte über die ganze Konstruktion verteilt und von allen Stapelwänden und Deckenfeldern gemeinsam und solidarisch aufgenommen. Die unterspannten Träger der weitgespannten →**Dachkonstruktionen** bilden ebenfalls Rahmen mit den sie stützenden Stapelwänden.

«**Stauffacher: Du glaubst an Menschlichkeit!** Es schont der Krieg | Auch nicht das zarte Kindlein in der Wiege. | Gertrud: | Die Unschuld hat im Himmel einen Freund! | Sieh vorwärts, Werner, und nicht hinter dich!»: Auch grosse Helden brauchen Rückhalt von zu Hause: jedenfalls wäre der Aufstand gegen die Habsburger nicht zustande gekommen, hätte nicht die *Stauffacherin* ihrem Gatten das nötige Quäntchen Entschlossenheit mit auf den Weg gegeben: Ohne sie kein Rütlischwur, ohne Rütlischwur keine →**Schweiz**. In aller Heftigkeit weist Mark →**Twain** auf diesen Sachverhalt hin (→**«And the first of them all…»**), den Beweis liefert obiges Zitat aus dem Wilhelm →**Tell** von Friedrich →**Schiller**. 1. Aufzug, 2. Szene.

Steffen, Martin: *1945, Berater →**Trinken und Essen**. Arbeitete in verschiedenen Ländern und grossen Hotels. Heute gibt er seine gesammelten Erfahrungen und seine Weltoffenheit als Vizedirektor der →**Höheren Gastronomie- und Hotelfachschule Thun** weiter. Er stand den sechs Studenten, die im Rahmen eines Ausbildungsprojektes bei den Vorbereitungsarbeiten für den →**Klangkörper** halfen, mit Rat und Tat zur Seite. Er prüfte ihre Arbeiten mit einem Auge fürs Detail.

Steiner, Daniel: *1960, Hackbrett. Der gelernte Fotolithograph hat sich v.a. auf dem Vibraphon und dem Marimbaphon, aber auch musikpädagogisch und als Musiktherapeut weitergebildet. Er unterrichtet und konzertiert mit Hackbrett, Marimbaphon und Vibraphon.

Stimmhorn: Balthasar →**Streiff** (Alphorn, Büchel, Trompete) und Christian →**Zehnder** (Gesang, Obertongesang, Knopfinstrumente) formen seit 1996 dieses Duo. Sie erforschen nicht nur im →**Klangkörper** eigenwillige szenische Klangwelten. Ihre Programme *melken* und *schnee* haben international Beachtung gefunden. Die Künstler erhielten dafür neben Kleinkunstpreisen, einem Kompositionsauftrag und einem erfolgreichen Gastspiel an den Salzburger Festspielen 1998 auch die Möglichkeit zu einer Japan-, einer Madagaskar- und einer Südafrika-Tournee.

«Stöck-Wiis-Stich»: Umstrittene Regel beim Schweizerischen Volkssport Jassen. Das Kartenspiel ist einfach in den Regeln und raffiniert in der Anwendung. Die einen sagen, es sei in der Reihenfolge Stöck-Stich-Wiis zu gewinnen. Nicht alle Jassklopfer sind damit einverstanden.

Stoffe: Die Stoffe der →**Klangkörperkleidung** sind innovative Beispiele für die international bedeutende Rolle der textilen Schweiz. →**Fleece** für die →**Jacken**, →**Climaguard** für die →**Hosen** oder Neopren für die →**Caps**. Heute werden in der →**Schweiz** vor allem Textilien veredelt, oder es werden High-Tech-Fasern und Gewebe entwickelt. Avantgarde Modeschöpfer wie Dior oder Givenchy kaufen beispielsweise bei Jakob Schlaepfer in St.Gallen Haute-Couture-Stoffe ein. Und Trendhersteller wie Nike, Prada oder die Snowboardmarke Burton verwenden *intelligente* Gewebe mit dynamischer Klimakontrolle von Schoeller, dem weltweiten Marktleader aus dem Rheintal.

Stopa, Grzegorz: *1973, Akkordeon. Studierte Kunst und Instrumental-pädagogik in Warschau. Absolviert das Aufbaustudium für Akkordeon an der Folkwang-Hochschule Essen bei Mie Miki.

Sträuli, Rémy: *1974, Hackbrett. Studiert Schlagzeug an der Jazz School Basel und spielt in Bands diverser Stilrichtungen wie Progressive Rock, Balkan Jazz, Funk und Mundart Hop.

Stratz, Matz: *1969 in Wehr, Veranstaltungstechniker →**Lichtschriften**. Als Angestellter von Andreas →**Löber** ist Matz Stratz für die grafische Um-setzung der →**Lichtschriften** mitverantwortlich. Aufgrund der akribischen Winkel- und Entzerrungsberechnungen von Claus →**Lieberwirth** fertigt er am Computer Bilddateien an, mit denen die →**Gobos** produziert werden. Stratz ist ausserdem begabter Zeichner und lässt sich von den anspruchs-vollsten Aufgaben nicht die gute Laune verderben.

Streiff, Balthasar: Alphorn, Trompete. →**Stimmhorn**

Streiff, Co: *1969, Saxophon. Spielt Alt-, Sopran-, Baritonsaxophon sowie Flöte. Sie arbeitet seit 1983 als freischaffende Musikerin mit diversen Bands und experimentellen Musikern zusammen, u.a. mit Joëlle ⌐,**Léandre** und im Duo mit der Freejazz-Pianistin Irène Schweizer. Sie studierte Soziologie, Psychologie und Ethnologie an der Universität Zürich, dann Querflöte am Konservatorium Zürich und Saxophon an der Jazzschule St. Gallen. Sie leitet und lanciert zahlreiche Workshops und schreibt auch Theater- und Filmmusik.

Struktur: ⌐,Grundstruktur, ⌐,Ornament

Sublet, Pierre: *1954, ⌐,**Musikalischer Leiter.** Absolvierte das Solistendiplom für Klavier bei Harry Datyner in Genf und bildete sich in der Musik des 20. Jahrhunderts bei Claude Helffer in Paris weiter. Er gewann diverse Preise bei internationalen Wettbewerben, konzertierte in Europa, Nord- und Südamerika und gibt Meisterkurse an verschiedenen europäischen Hochschulen. Pierre Sublet leitet eine Klavierklasse sowie eine Klasse für zeitgenössische Kammermusik an der bernischen Hochschule für Musik und Theater in Biel. ⌐,**Musik**

Suppentag: Jeden Morgen entscheidet die Klangkörper-Küche spontan, ob der Tag ein Suppentag ist oder nicht. Je nach Temperatur und Gefühl gibt es eine warme Suppe für die kälteren Tage oder hin und wieder auch eine kalte für die warmen Tage: Einige der zubereiteten Suppen sind: ⌐,Orzata, ⌐,Appezöller Chemisuppe, Grünkernsuppe, ⌐,Potage à la sémoule Vaudois.

Sutter, Werner: *1937, Stellvertretender ⌐,**Generalkommissär.** War bis 1999 stv. Direktor der Schweizerischen Zentrale für Handelsförderung ⌐,**OSEC** in Zürich, wo er hauptsächlich Schweizerische Messebeteiligungen im Ausland und Werbeaktionen im Ausland leitete. Er war im Einsatz an den ⌐,**Weltausstellungen** in San Antonio (1968), Osaka (1970), Tsukuba (1985), Vancouver (1986) und Kunming (1999). Zusammen mit Claude ⌐,**Borel** ist er Co-Delegierter der ⌐,**Schweiz** beim Bureau International des Expositions (B.I.E.) in Paris, welches über die Vergabe von Weltausstellungen bestimmt.

Svoboda, Michael: *1960, Posaune, Alphorn. War bereits in Chicago als Jazz-Posaunist erfolgreich, bevor er 1986 in Stuttgart das Meisterstudium in Posaune beendete. Seit Jahren arbeitet und arbeitete er eng mit Komponisten wie Peter Eötvös, Helmut Lachenmann, Karlheinz Stockhausen und Frank Zappa zusammen. Er bringt seine Posaune sowohl bei Uraufführungen zahlreicher ihm gewidmeter Werke, bei internationalen Konzerten und Festivals als auch in Soloprogrammen zum Klingen.

SWEA: Der Verband Schweizer Weinexporteure hat den Auftrag, den Absatz von Schweizer →**Weinen** im Ausland zu fördern. In den wichtigsten Abnehmerländern bestehen eigene Niederlassungen, so u.a. in Berlin, London und New York. Er lanciert Promotions- und Werbekampagnen, organisiert Messebeteiligungen für Schweizer Winzer, pflegt wichtige Verbindungen zu Markt und Medien und baut solche auch auf. Ziel ist, den Produktionsstandort →**Schweiz** sowie die Schweizer Weine über die Landesgrenzen hinaus bekannter zu machen. Ulrich →**Halbach**, Delegierter für Deutschland, hat mit seinem feinen Gespür viele wichtige Impulse bei der Auswahl der Weine für den →**Klangkörper** geliefert. Sein Verband hat das →**Klangkörperbuch** grosszügig unterstützt. SWEA, Lausanne, Tel. +41 / 21 / 320 50 83 und Berlin Tel. +49 / 30 / 201 20 18 oder *www.swisswine.ch*

Swiechowicz, Monika: *1970, Akkordeon. Absolvierte das Solistendiplom an der Hochschule für Musik und Theater Hannover bei Elsbeth →**Moser**. War mehrfache Preisträgerin internationaler Wettbewerbe. Konzertiert als Solistin und Kammermusikerin in ganz Europa.

«**Switzerland is simply a large,** humpy, solid rock, with a thin skin of grass stretched over it. Consequently, they do not dig graves, they blast them out with powder and fuse.»: «Die Schweiz ist nichts weiter als ein grosser, buckliger, harter Felsen, mit einer dünnen Grashaut darübergespannt. Folglich graben sie keine Gräber, sondern sprengen sie mit Pulver und Zündschnur heraus.» Mark →**Twain**, *A Tramp abroad,* New York/London 1879, s. 173.

«**Switzerland, zero points.**»: Der Concours d'Eurovision de la Chanson gastierte 1998 in Israel. Der Beitrag des Schweizer Medienlieblings Gunvor stand unter einem unglücklichen Stern: Als Refrain ertönte konsequent bei jeder Durchgabe des Zwischenstandes der Länderwertung dieser Satz. Dabei blieb es bis zum bitteren Ende.

Tacchini, Barbara: *1964 in Basel, Musikalische Betriebsleiterin und Regie-Mitarbeiterin. Absolvierte eine Ausbildung als Gärtnerin und studierte Germanistik, Musikwissenschaft und Nordistik an den Universitäten Basel und Freiburg i. Br. Danach arbeitete sie als Organisatorin und Inspizientin der Kleinen Bühne sowie als Dramaturgieassistentin am Theater Basel. Seit 1999 ist sie Mitarbeiterin von *Theaterplus,* dem Theaterpädagogischen Zentrum am Theater Basel, und betreut dort den Bereich Musiktheater. Barbara Tacchini hat zusammen mit Dominique →**von Hahn** den musikalischen Auftritt der →**Schweiz** organisiert. →**Musik,** →**Musikalisches Betriebsbüro,** →**Regie**

Tanner, Marco: *1962, Berater →**Trinken und Essen** und Geschäftsführer der Zollicont Treuhand AG in Zollikon. Seine Firma ist zuständig für die →**Buchhaltung.** Mit seiner Kompetenz und seinem Wissen versteht er es, die Abläufe im Controllingwesen und im Geldfluss optimal und projektbezogen zu organisieren. Die monatliche Auswertung und das Controlling sind ein sehr wichtiges Steuerungsmittel während der →**Expo 2000.**

«**Teilweise ungünstige Verhältnisse:** Erfahrung in der Lawinenbeurteilung erforderlich. Steilhänge der angegebenen Exposition und Höhenlage möglichst meiden»: So definiert das →**Eidgenössische Institut für Schnee- und Lawinenforschung** die Gefahrenstufe 3 (erheblich) der Lawinengefahrenskala.

Tell, Wilhelm: Schweizer Nationalheld. Hat der Legende nach durch Tyrannenmord den Weg zum Rütlischwur geebnet, bei dem Uri, Schwyz und Unterwalden als die drei Urkantone 1291 die →**Eidgenossenschaft** begründeten. Die Geschichte: Tell beugt sich nicht vor dem Hut auf der Stange. Diesen hat der raffgierige und menschenschinderische Habsburger Vogt Gessler als Symbol purer Macht auf dem Dorfplatz aufrichten lassen. Jeder Bewohner soll ihm durch Verbeugung seine Reverenz erweisen. Tells Weigerung wird erkannt und Gessler zwingt ihn zum Apfelschuss: entweder er schiesst seinem eigenen Sohn mit der Armbrust einen Apfel vom Kopf oder er wird eingekerkert. Obwohl der Schuss gelingt, wird Tell abgeführt. Er entkommt, lauert Gessler auf (→«**Durch diese hohle Gasse muss er kommen...**») und ermordet ihn mit einem zweiten Pfeil. Der Tyrannenmord ist Signal für den Aufstand, der zur Gründung der Eidgenossenschaft führt.

Wie →**Schiller** zu seinem Stoff *Wilhelm Tell* kam, ist nicht ganz klar. Es ist erwiesen, dass →**Goethe** auf seiner dritten Schweizer Reise 1797 verlautbarte, dass ‹die Fabel vom Tell sich werde episch behandeln lassen›. Goethe dachte also an eine Literarisierung und teilte dies Schiller gleichen Jahres mit. 1827 schrieb Goethe, dass er nie dazu gekommen sei, *Tell* zu bearbeiten, und deshalb habe er ihn an Schiller abgetreten. Schiller seinerseits war bereits 1789 von Charlotte von Lengefeld auf die *Geschichten Schweizerischer Eidgenossenschaft* aufmerksam gemacht worden. Zu dieser Zeit existierten bereits mehrere Tell-Dramen. Als Schiller vom (falschen) Gerücht hörte, dass er selbst an einem Tell-Drama arbeite, befasste er sich aus Neugierde mit dem Thema und studierte das *Chronicum Helveticum* von Tschudi. Er war vom Stoff so fasziniert, dass er tatsächlich 1802 mit seinen Vorarbeiten zu *Wilhelm Tell* begann. Er studierte die historischen Quellen, Bücher und Landkarten, informierte sich über die Beschaffenheit der Natur, die Lebensgewohnheiten und Eigenheiten der Menschen. Er wollte auch die Originalschauplätze in der →**Schweiz** bereisen, kam aber nie dazu. Am 17.3.1804 wurde *Wilhelm Tell* in Weimar uraufgeführt. Im Oktober 1804 erschien die Buchausgabe. Das Geschenk ihres Nationalhelden, den es in ähnlicher Form auch in anderen Ländern gibt (vgl. die nordische Sage um Egil, bei der das Motiv des Apfelschusses vorkommt), nahmen die Eidgenossen dankend an, Bearbeitungen gibt es unter anderem als Oper von Rossini (1829) und Max →**Frisch**: *Wilhelm Tell für die Schule*. In den →**Lichtschriften:** →«**Wie hat uns Tell befreit…**», →«**Stauffacher: Du glaubst an Menschlichkeit…**» und →«**And the first of them all…**».

Tête de Moine: Der Mönchskopf ist auch unter dem Namen Bellelay Käse bekannt. Er wurde von den Mönchen im Kloster Bellelay im Berner Jura vor mehr als 800 Jahren erfunden. Das Rezept gaben sie an die Bauern weiter, die den Tête de Moine als Zahlungsmittel für die Pacht verwendeten. Der Käse wird nicht geschnitten, sondern mit der Girolle, einer besonderen Dreh-Hobelmaschine, geschabt. Der bis zu zwei Kilo schwere, abgeschabte Laib erinnert an die Tonsur der Mönche. Erhältlich bei Emmi Käse AG, Luzern, Tel. +41 / 41 / 227 27 27.

Textilverband: Die →**Klangkörperkleidung** ist hauptsächlich aus Schweizer →**Stoff** in Schweizer →**Konfektion** hergestellt. Organisiert ist die Schweizer Bekleidungsindustrie im Textilverband Schweiz. Die Homepage *www.swiss fashion.ch* informiert über die Branche. Wöchentlich erscheint die *Textil Revue* mit Mode-, Stoff- und Bekleidungs-Trends sowie Veranstaltungskalender und Stellenanzeiger. Weitere Publikationen wie *Textilland Schweiz* oder das *Swiss textiles & fashion directory* können auch via Internet bestellt werden.

«The Swiss are a poor lot. Honesty and Sparsamkeit – in themselves – don't warm one's heart.»: Anteilnehmend äussert sich hier Katherine →**Mansfield:** «Die Schweizer sind ein armseliger Haufen. Ehrlichkeit und Sparsamkeit – für sich – wärmen keinem das Herz.» In: *Schweizer Lesebuch,* hrsg. von Charles Linsmayer, Piper Verlag, München. 1994, s. 393.

Tinezio: Der Rohschinken aus dem Bündnerland sieht aus wie ein Parmaschinken und wird auch ganz ähnlich hergestellt. Er ist besonders aromatisch, weil er 14 Monate am Knochen reift. Er kann in grosse dünne Tranchen geschnitten werden oder auch in dünne Stäbchen. Erhältlich bei Natura, P. Peduzzi, Tinizong, Tel. +41 / 81 / 684 27 27. →**Fleisch**

Tischhauser, Nick: *1979, Hackbrett. Hat vor 13 Jahren bei Ruedi →**Bischoff** das Spielen gelernt.

Tobler, Töbi: *1953, Hackbrett. Macht seit 1976 hauptberuflich Musik. Er tritt bei privaten Anlässen, Konzerten und Festivals aus. Seine stilistische Palette reicht von Pop über Blues und Improvisation bis hin zu traditioneller Appenzeller Musik.

Töpffer, Rodolphe: *1789 in Genf; †1846, Maler, Schriftsteller, Lehrer. Aus einfachen Verhältnissen stammend, schaffte er es während seines tätigen Lebens, sich die Anerkennung der Geistesgrössen seiner Zeit zu erwerben. →**Goethe** war von seinen illustrierten Reisegeschichten beeindruckt, und

Saint-Beuve widmete Töpffer in dessen Todesjahr nicht weniger als drei Einträge. Seine erste Bildergeschichte vollendete Töpffer 1827 unter dem Titel *Les amours de Mr. Vieux Bois,* veröffentlicht wurde sie zehn Jahre später. Dieses Datum kann als Geburtsstunde des Comic bezeichnet werden.→,«L'ancienne Suisse...»

«Tout homme de nationalité suisse est astreint au service militaire.»: Artikel 59.1. der→,**Bundesverfassung**: «Jeder Schweizer ist verpflichtet, Militärdienst zu leisten.» Seit noch nicht so langer Zeit steht daneben der Zusatz: «Das Gesetz sieht einen zivilen Ersatzdienst vor.».

«Trais randulinas | Battan lur alas | Vi dal tschêl d'instà || Minchatant tremblan | Trais sumbrivas | Sülla fatschad'alba | Da ma chà.»: Das Gedicht trägt den Titel *Lügl a Ramosch* (Juli in Ramosch) und lautet auf Deutsch: «Drei Schwalben | schlagen ihre Flügel | gegen den Sommerhimmel || Drei Schatten | zittern manchmal | über die weisse Wand | meines Hauses.» Die Verse stammen von der Engadiner Schriftstellerin Luisa→,**Famos,** *Poesias,* Übersetzung: Anna Kurth und Jürg Amman, Arche Verlag, Zürich 1995, s. 58.

Tremlet, Davy: *1978 in Reims, Hackbrett. Studiert Schlagzeug am Konservatorium Genf.

Trinken und Essen: Schon die Bezeichnung *Trinken und Essen* deutet darauf hin, dass es sich nicht einfach um Gastronomie, sondern um ein Angebot handelt, das ins→,**Gesamtkunstwerk** integriert ist. Trinken und Essen gehören zum→,**Klangkörper,** so wie die→,**Musik,** die→,**Klangkörperkleidung** oder die→,**Lichtschriften,** und sind in die→,**Inszenierung** miteinbezogen, nicht weniger als die Musiker. Der Gast flaniert auf verschiedensten Wegen durch Gänge und Räume. Dabei trifft er an drei ausgewählten Stellen auf →,**Bars,** wo Schweizer Kleinigkeiten zum Trinken und Essen aus der →,**Schweiz** anbieten. Das Angebot ist einfach, preiswert, frisch, qualitativ hochstehend und reduziert aufs Wesentliche, die→,**Präsentation** elegant und ästhetisch. Eine wichtige Rolle spielen traditionelle Fertigprodukte, auch

Barraum in Stapel 6 beim Richtfest ‚Trinken und Essen

Convenience Food genannt, wie etwa getrocknete Lammschlegel aus dem Wallis, höhlengelagerter →**Emmentaler** aus der Innerschweiz, →**Hirschsalsiz** aus dem Oberhalbstein, Amaretti aus dem Tessin und Läckerli aus Basel. Zum Trinken gibt es althergebrachte regionale →**Weine** wie →**Cornalin** und →**Humagne rouge**, klassische Schweizer Weine, aber auch Bier, Süssmost und heisse Schokolade. An kühleren Tagen sorgen typische Suppen, vielleicht begleitet von einem Stück →**Puschlaver Ringbrot** und gefolgt von einem Glühwein oder →**Kaffee Luz**, für die notwendige Wärme. Auch Kleinproduzenten und lokale Spezialitäten kommen zum Zug. Dadurch wechselt ein Teil des Angebots gelegentlich, was eine komplizierte →**Logistik** nach sich zieht. Die erstklassigen Produkte werden – auch ein ästhetisches Erlebnis – auf Rüsttischen hinter den Bars, vor den Augen des Gastes, aufgeschnitten und portioniert. Dadurch ist durchaus auch mal ein Extrawunsch möglich. Kultivierte Gastfreundschaft wird gelebt, indem immer wieder mal ein Versucherli, etwa von einer besonders raren Wurst, →**gratis** angeboten wird. Kinder freuen sich über →**Willisauer-Ringli** oder ein Glas →**Sirup**, das sie manchmal kostenlos erhalten. Begeisterungsfähige und sprachkundige →**Mitarbeiter** aus verschiedenen Teilen der Schweiz freuen sich auf Gespräche und vermitteln dank intensiver →**Schulung** Hintergründe zu den angebotenen Produkten. Das Konzept für den Bereich Trinken und Essen wurde vom →**Kurator Max** →**Rigedinger** in Zusammenarbeit mit Peter →**Zumthor** entwickelt. Die →**Vorbereitung** für den gastronomischen Teil der Ausstellung dauerte beinahe zwei Jahre. →**Drei-mal-drei-Punktekatalog,** →**Klang der Gastronomie,** →**Regie** ☉ Barraum in Stapel 6 beim Richtfest

Trinkglas: Wie das →**Besteck** wurden auch die Gläser gemietet. Bei der Auswahl war das Design wichtig, und es sollte dem Trinkgenuss gerecht werden. Für Mineralwasser und Bier wird im →**Klangkörper** dasselbe Glas verwendet. Für →**Wein** wurde ein von Önologen entwickeltes Degustationsglas ausgesucht. →**Geschirr,** →**Klang der Gastronomie**

Troll-Sirup: Mathias Wirth ist Sirupier und Förster in Bern. Er weiss, wo jedes Waldkraut wächst, sammelt es und stellt daraus ⌐**Sirupe** her. Einer davon ist der Troll-Sirup. Dafür verwendet er Tannentriebe, Waldmeister-kraut, Holunderblüte und Holunderbeersaft. Die Kräuter übergiesst er mit kochendem Wasser und süsst sie mit viel Zucker. Das Mengenverhältnis Zucker-Wasser beträgt 2 : 1. Erhältlich bei Matthias Brunner AG, Zürich, Tel. +41 / 1 / 361 36 76.

Troxler, Yvonne: *1980, Akkordeon. In Ausbildung zur Akkordeonlehrerin am Musikstudio Frey in Reinach.

Tscholl, Karin: *1971 in Cazis, Chefsekretärin für alle Mitarbeiter des Architekturbüros Peter ⌐**Zumthor**. Karin, herzlich und sachlich auch im grössten Stress, hat die administrativen und inhaltlichen Abläufe des *Gesamtunternehmens* ⌐**Klangkörper Schweiz** mitverfolgt und an zentraler Stelle mitkoordiniert: interessiert, effizient, professionell.

Tschudy, Jeannette: *1969, aus Schwanden, Tiefbauzeichnerin. Arbeitet seit fast zehn Jahren mit Jürg ⌐**Conzett** zusammen. Sie arbeitet hoch-präzis und lehrt, wenn es sein muss, jeden Baupolier das Fürchten. Sie zeichnete zusammen mit Tobias ⌐**Unseld** die weitgespannten ⌐**Dach-konstruktionen** und achtete darauf, dass sich Balkenlage und ⌐**Unter-spannung** nirgends in die Quere kommen.

«**Tun e cametg** | caveglian lur corps inenlauter, | sclareschan las plauncas tessaglia, | fan nausch culla crappa. || Tscheu e leu | dat in pliev grev sil tetg ondulau dil fecler, | fa tèc, fa tèc e tèctèc. || La tgauna tila lev flad e dorma cuntenza, | laschond dar l'aura pils larischs.»: «Blitz und Donner | schmiegen zwei Körper ineinander, | erhellen rundum steile Hänge, | wüten im Fels. || Hie und da | fällt schwer ein Tropfen aufs gewellte | Hüttendach, || macht tac, macht tac und tactac. || Die weisse Hündin schläft zufrieden, | atmet leicht und lässt das Wetter machen, | was es will.» Das Gedicht stammt von Nietzsche-Spezialist, Schafhirt und Schriftsteller Leo ⌐**Tuor** (Übersetzung: Peter Egloff) und ist in Surselvisch geschrieben, einem Idiom des Rätoromanischen (⌐**Rumantsch**). Zitiert aus Leo Tuor, *Giacum-bert Nau, Ediziuns Octopus,* Chur 1988, s. 132.

Tuor, Leo: *1959 im bündnerischen Rabius, Schriftsteller, Schafhirt. Nach dem Abitur Redaktor der rätoromanischen Zeitschrift *la Talina* und Studien in Zürich und Freiburg zum Sekundarlehrer. Fünfzehn Sommer auf der Alp, drei davon auf Glivers Dadens als Kuhhirt und die anderen als Schafhirt auf Carpet/Greina. Seit 1989 arbeitet Tuor an einer sechsbändigen Ausgabe des rätoromanischen Dichterfürsten Giacun Hasper Muoth (1844–1906). Nach verschiedenen Publikationen in romanischen Zeitschriften erscheint 1988 seine Tiradensammlung *Giacumbert Nau* in Surselvisch (→**Rumantsch**), sechs Jahre später in deutscher, 1997 in französischer Übersetzung und wird mit verschiedenen Preisen bedacht.
→«**Tun e cametg...**»

«**Tuot ho sieu temp** e si'imsüra.»: Hausinschrift in →**Rumantsch**. «Alles hat seine Zeit und sein Mass», steht auf dem Hotel Sereina in Segl; zitiert aus: Max Kettnaker, *Hausinschriften. Darstellung und Interpretation einer Alltagskultur im Engadin, im Münstertal und im oberen Albulatal,* Verlag Bündner Monatsblatt, Chur 1987, s. 99. →«**Älteste Holzhäuser schon** weisen Inschriften auf.»

«**Tuots sun passats...** ‖ Mô cur chi vain la prümavaira ∣ Cur chi vain la stà ∣ Cur chi vain l'utuon ∣ E cur chi vain l'unviern ∣ Dvaintan nouvas tias müraglias ‖ Aint illa flur dals alossers ∣ Aint illa crappa ∣ s-chodada dal sulai ∣ Aint illa föglia gelgua dal baduogn ∣ In la naivera e glatschera ∣ Giran lur spierts ∣ In erramaint ∣ Cregns d'increschantüm... ‖ Tuots sun passats.»: Das Gedicht von Luisa →**Famos** trägt den Titel *Gonda,* stammt aus ihrem ersten Erzählband *Mumaints* (1960) und ist in →**Rumantsch** geschrieben. Deutsch: «Alle sind gegangen... ‖ Aber wenn der Frühling kommt ∣ und wenn der Sommer kommt ∣ und wenn der Herbst kommt ∣ und wenn der Winter kommt ∣ kommt neues Leben in deine Ruinen ‖ In der Traubenkirschblüte ∣ im sonnenerwärmten Gestein ∣ im gelben Birkenlaub ∣ in Schnee und Eis ∣ irren ihre Geister ∣ herum ∣ voll von Heimweh... ‖ Alle sind gegangen.» (Übersetzung: Anna Kurth und Jürg Amann). Luisa Famos, *Poesias,* Arche Verlag, Zürich 1995, s. 14.

Twain, Mark: *1835 in Florida; †1910 in Redding, Schriftsteller. Der

Erfinder der Figuren Tom Sawyer und Huckleberry Finn hiess mit bürger-
lichem Namen Samuel Lanhorne Clemens. Als Kind kam er an den Missis-
sippi, den Fluss, der in seinen späteren Werken immer wieder auftauchte.
Obwohl immer mit dieser Region verbunden, begab sich Twain oft
auf Reisen. Während des Bürgerkrieges arbeitete er als Journalist in San
Francisco. Mark Twain wurde sehr schnell berühmt. Seine Reise nach
Europa 1867 brachte sein Werk *The Innocents Abroad* (1869) hervor. 1870
heiratete Twain Olivia Langdon. *The Adventures of Tom Sawyer* (1876) und
A Tramp Abroad (1880) waren weitere Meilensteine. Gerade in letzterem
Werk schrieb er fast ausschliesslich über seine Erlebnisse auf den Reisen
in der →**Schweiz**. 1884 verspekulierte sich Twain finanziell und meldete
bankrott. Zwar konnte er allmählich seine Schulden abbauen, aber sein
Leben verdüsterte sich durch den Tod seiner Frau 1904 und seiner zweiten
Tochter 1909. Seine literarische Karriere half ihm, diese Zeiten zu über-
stehen. In den USA dozierte Twain an mehreren Universitäten. →**«It's a
good name, Jungfrau...»**, →**«We left Zermatt in a wagon...»**, →**«Switzerland is simply...»**

«U piasé da pissè can' la vissìa l'é piéna. | Pus a l'üss 't l'us'tarìa, | cun un
pè sül s'c'aléuru | e l'autru sü la s'trèda 't l'ört, | us pissa senza préssa |
cuntra 'l mü c'us das'créda | par via di c'èuri i invern l'aqua i s'tratemp |
tücc i pissèt di chi 't la mura | mort e vivent, a l'us'tarìa.»: «Der Genuss, zu
pissen, wenn die Blase voll ist. | Neben dem Eingang zur Osteria, | mit
einem Fuss auf der Treppe | und dem anderen auf dem Gartenweg | man
pisst ohne Eile | an die Mauer, deren Verputz abblättert | wegen den Ziegen
den Wintern dem Wasser den Unwettern | den ganzen Pissereien der
Mora-Spieler, | der toten und der lebenden, in der Osteria.» (Übersetzung:
Evelyne und Samuel Vitali). Das Gedicht von Giovanni →**Orelli** ist in Tessiner
Dialekt (→**Landessprachen**) geschrieben. *Mora* ist ein altes italienisches
Spiel, bei dem zwei Spieler gleichzeitig ihre Faust ausstrecken, wobei sie
eine beliebige Anzahl Finger strecken und gleichzeitig eine Zahl zwischen
zwei und zehn rufen; wenn die gerufene Zahl mit der Summe der vor-
gezeigten Finger beider Spieler übereinstimmt, erhält man einen Punkt.
Osteria heissen Gaststätten im Tessin, mithin Zentren des gesellschaftlichen Lebens. Zitiert aus: *Cento anni di poesia nella Svizzera italiana,*

hrsg. von G. Bonalumi, R.⟶**Martinoni**, P.V. Mengaldo, Armando Dadò editore, Locarno 1997, s. 246.

Udris, Linards: *1977 in Zürich, studiert an der Universität Zürich Geschichte, Englisch und Soziologie. Teilzeit-Bibliothekar am Institut für Arbeitspsychologie der ETH Zürich. Dort seit 1992 verantwortlich für die Erfassung, Verschlagwortung und Verwaltung der Bücher. Studentische Hilfskraft am Forschungsbereich Öffentlichkeit und Gesellschaft (fög) der Universität Zürich. Ist seit 1996 Korrespondent für den *Glattaler* und Tutor für Deutsch und Latein an der Universität. Liebt⟶**Musik** (Klavier, Gesang, E-Bass) und das Biken. Er hat für die vorliegenden Einträge zu den Zitaten der⟶**Lichtschriften** und ihren Autoren mit detektivischem Eifer recherchiert.⟶**Recherche**

Uhl, Norbert: *1976, Hackbrett. Studierte Schlagzeug in Freiburg i. Br., wo er auch lebt.

Uhwieser Räuschling, 1998: Weisswein. Sein Rebberg liegt einen kurzen Fussmarsch vom Schloss Laufen am Rheinfall entfernt. Die Reben gedeihen auf warmem sandigen Boden auf einer Fläche von insgesamt zwei Hektaren. Seit die Uhwieser Rebbauern in dieser Region den Räuschling kennen, halten sie ihm die Treue. Johann Wolfgang von⟶**Goethe** soll bei seinen Rheinfallbesuchen 1775, 1779 und 1797 auch schon vom Räuschling gekostet haben. Erhältlich beim Winzerkeller Riegelhüsli, Regina und Albert Strasser, Uhwiesen, Tel. +41 / 52 / 659 14 39.

«Umens dil baghetg pil progress»: Mit dem Slogan «Männer vom Bau für den Fortschritt» warb in den achtziger Jahren die Bündner Bauwirtschaft auf Werbeschildern entlang der Strasse.

«Und da meinte der Hörelimaa, der Melk könne schon sein Leben lang darob brieggen, dass sertige wie der Tuet ihm ebigs frech um die Nase ummenfurzten.»: Tim⟶**Krohn** ist der Autor des zauberhaften Romans *Quatemberkinder und wie das Vreneli die Gletscher brünnen machte.* Das Buch ist ein sinnlicher Festschmaus sprachlicher Kauzigkeiten und versponnenen Sagen. Der Autor stellt sicherheitshalber gleich ein Glossar für die dialektalen Begriffe hintenan: Hörelimaa = Teufel, brieggen = weinen, sertige = solche, ebigs = ewig (bekräftigend), ebig frech = unendlich frech, ummen- = herum-. Doch der Eindruck soll nicht täuschen; es handelt sich bei dieser Sprache keineswegs um Schweizerdeutsch oder gar Glarnerdeutsch, sondern um eine Kunstsprache, die sich heftig des Dialektalen bedient. Tim Krohn, *Quatemberkinder*, Eichborn, Berlin, Frankfurt a/m 1998, s. 179.

«**Und frische Nahrung, neues Blut** | Saug' ich aus freier Welt; | Wie ist Natur so hold und gut, | Die mich am Busen hält! | Die Welle wieget unsern Kahn | Im Rudertakt hinauf, | Und Berge, wolkig himmelan, | Begegnen unserm Lauf. || Aug, mein Aug, was sinkst du nieder? | Goldne Träume, kommt ihr wieder? | Weg, du Traum! so gold du bist; | Hier auch Lieb und Leben ist. || Auf der Welle blinken | Tausend schwebende Sterne, | Weiche Nebel trinken | Rings die türmende Ferne; | Morgenwind umflügelt | Die beschattete Bucht, | Und im See bespiegelt | Sich die reifende Frucht.» Das Gedicht stammt von Johann Wolfgang von→**Goethe** und trägt den Titel *Auf dem See*. Zitiert nach *Reise durch die Schweiz*, hrsg. von Heinz Weder, Manesse Verlag, Zürich 1991, s. 41.

«**Und s Schlimmschten isch das** | au d Lüt si us Chäs | und gäbe sech Küss us Chäs | hei es Härz us Chäs | und e Zungen us Chäs | hei e Schproch us Chäs | und Gedanken us Chäs | hei Gebätt us Chäs | zumene Gott us Chäs | hei Tröim us Chäs | wo si tröime wies wär | imene Land ohni Chäs | aber au die Tröim si us Chäs.»: Teil aus *S Lied vom Chäs* von Franz→**Hohler**. Das Lied erzählt von der Vision einer ausnahmslosen Käse-Materialität aller Phänomene. Der Anfang hier in Übersetzung: «Die Häuser sind aus Käse | die Strassen sind aus Käse | die Bäume sind aus Käse | und die Blumen sind aus Käse...», später: «Das wäre noch in Ordnung | aber die Luft ist aus Käse | und das Wasser ist auch aus Käse | die Wolken sind aus Käse | die Sonne ist aus Käse...», schliesslich sogar: «Äpfel sind aus Käse | Birnen sind aus Käse | Milch ist aus Käse...». Mit der oben zitierten Passage schliesst das Lied: «Und das Schlimmste ist: | auch die Leute sind aus Käse |

und geben sich Küsse aus Käse I haben ein Herz aus Käse I und Zungen aus Käse I haben eine Sprache aus Käse I und Gedanken aus Käse I haben Gebete aus Käse zu einem Gott aus Käse I haben Träume aus Käse I in denen sie träumen wie es wäre I in einem Land ohne Käse I aber auch diese Träume sind aus Käse.» Zitiert aus: *Kabarett-Buch*, Luchterhand, Darmstadt, 1987.

«Und wo mer sind uf d'Rigi cho, I so lauft is 'Sennemeitschi no. I Es treid is Alperösli a I und seid: es heig de no ke Ma, I Dr Ludi hed em's Blüemli gno, I das wird no suber use cho I Jetzt darf er nümme uf d'Rigi goh, I söst treid em 's Meitschi 's Büebli no.»: «Und als wir auf die Rigi (Berg bei Luzern) kommen, I geht uns das Sennenmädchen nach, I Es trägt uns Alpenrosen an I und sagt: ich habe übrigens noch keinen Mann, I Der Schurke hat ihm die Blume genommen, I das wird noch sauber enden I Jetzt darf er nicht mehr auf die Rigi kommen, I sonst trägt ihm das Mädchen ein Bübchen nach.» Lied und Text dieses Volkslieds gehen ursprünglich auf den Taglöhner, Weber, Dorfmusiker, Dichter und Komponisten Johann Lüthi (1800–1869) zurück. Die Melodie des ersten Liedes von 1832 wurde sehr stark verändert, so dass es in der mündlichen Überlieferung in mindestens fünf verschiedenen Hauptmelodien verbreitet ist. Bekannt ist vor allem die Solothurner Polka-Melodie im 2/4-Takt, aus der inzwischen – wie eine Aufzeichnung von 1914 zeigt – eine schunkelnde 6/8-Weise geworden ist. Kommentar und Zitat aus: *Die schönsten Schweizer Volkslieder*, hrsg. von Max Peter Baumann, Mondo-Verlag, Vevey 1994, S. 114.

Uniform: ⌐Klangkörperkleidung, Ida⌐Gut

Unseld, Tobias: *1974 in Langenau, Zimmermann, Bauingenieurstudent. Praktikant bei ⌐Conzett, Bronzini, Gartmann. Es dauerte eine Weile, bis Jürg ⌐Conzett erkannte, dass der verwegene Zimmermann, der hoch über ihm Dachbalken in ihre Lage klopfte, eigentlich in seinem Ingenieurbüro angestellt war. Da Unseld alle Knotenpunkte der weitgespannten ⌐Dachkonstruktionen des ⌐Klangkörpers aufzeichnete, schickte man ihn auch gerade für deren Montage zwei Wochen nach Hannover. Dank seiner

Begeisterung und Sorgfalt erfolgte das Aufrichten der Dächer schnell und reibungslos.

Unternährer, Beat: *1963 in Meggen, Posaune. Der Posaunist bildete sich nach dem Lehrerseminar in diversen Workshops sowie an der Akademie für Schul- und Kirchenmusik und der Jazzschule Luzern weiter. Danach studierte er Psychologie an der Universität Zürich und wurde zusätzlich Musik- und Medientherapeut. Er beteiligt sich an unterschiedlichen musikalischen Formationen und Projekten, z.B. an spartenübergreifenden Interaktionen oder Raumkonzepten.

Unterspannung: Die weitgespannten ⌐Dachkonstruktionen des ⌐Klangkörpers sind unterspannt. Die Belastbarkeit von Trägern kann durch Unterspannungen mit Seilen oder Zugstangen stark erhöht werden. Die Unterspannung wirkt statisch wie das Kabel einer Hängebrücke, nur befindet sie sich im und nicht über dem zu tragenden Bauteil. ⊙ **Querschnitt Barraum Stapel 6**

«Uttered by whom, or how inspired | – designed | For what strange service, does this concert reach | Our ears, and near the dwellings of mankind! | 'Mid fields familiarized to human speech? – | No mermaids warble – to allay the wind | Driving some vessel toward a dangerous beach – | More thrilling melodies; Witch answering Witch, | To chant a love-spell, never intertwined | Notes shrill and wild with art more musical: | Alas! that from the lips of abject Want | Or Idleness in tatters mendicant | The strain should flow – free Fancy to enthral, | And with regret and useless pity haunt | This bold, this bright, this sky-born, Waterfall!»: «Aus wessen Mund, aus wessen Macht – gedacht | Zu welch seltsamem Lob, dringt dies Konzert | An unser Ohr, so nah, wo Menschen wohnen, | Im Feld vertraut mit Menschenrede?– | Meermädchen stillen nicht den Wind – | Der Schiffe an der Felsenküste bricht – | Mit mächtigeren Melodien; nie spannte sich | Von Hex zu Hex ein Liebeszauber, | Der schrille wilde Töne mit schönerer Musik verband: | Doch ach, dass von den Lippen arger Not | Und Müssiggang im Bettelkleid | Dies Lied erklingt – die freie Vorstellung zu fesseln, | Und mit Wehmut und Mitleid ohne Sinn durchdringt | Den

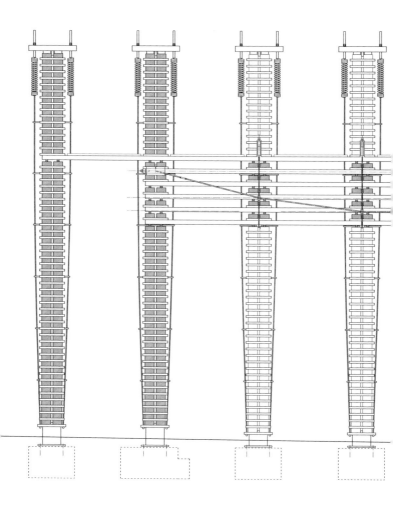

Querschnitt Barraum Stapel 6 →,Unterspannung

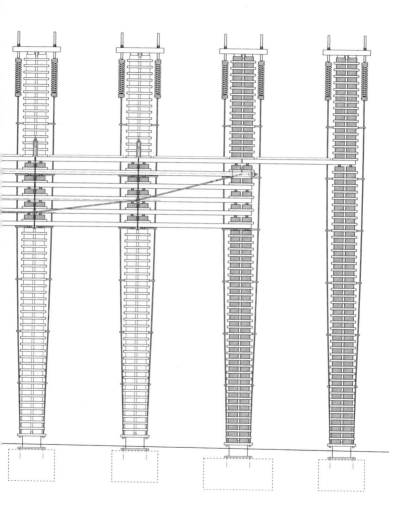

kühnen, klaren Wasserfall, das Himmelskind!». Das Gedicht (Übersetzung Irma Wehrli) mit dem Titel *On Approaching the Staub-Bach, Lauterbrunnen* stammt von William_→**Wordsworth** und ist zitiert aus: *Reise durch die Schweiz*, hrsg. von Heinz Weder, Manesse Verlag, Zürich 1991, s. 292 f.

Vautier, Ben: *1940 in Neapel, Künstler. Benjamin Vautier, genannt Ben, kam über Izmir, Alexandria und Lausanne, wo er ins Collège ging und so unglücklich war, dass er sich von der Brücke stürzen wollte. Später siedelte er nach Nizza um. Dort lebt er heute noch, eigenen Aussagen gemäss an Gedächtnisverlust leidend. Als treibende Kraft der international bedeutenden Künstlergruppe *Fluxus* manifestierte Ben *unhaltbare* Kunst. «La Suisse n'existe pas», das lapidare Sätzchen, das den Schweizer Pavillon an der_→**Weltausstellung** 1992 in Sevilla dekorierte, erregte die Gemüter bis hinauf in den_→**Nationalrat._→«Je pense donc je suisse.»**

Vavatsikas, Iraklis: *1969 in Thessaloniki, Akkordeon. Tritt seit dem Studium als Solist mit verschiedenen Ensembles sowie mit Improvisationsgruppen in Griechenland und in Europa auf. Parallel zur Konzert- und Unterrichtätigkeit hat er bereits zwei CDs mit eigenen Kompositionen veröffentlicht. Zur Zeit beschäftigt er sich mit der Transkription griechischer Musik für Bajan.

Verpflichtungskredit: Der im Dezember 1998 vom_→**Parlament** gesprochene Verpflichtungskredit für den_→**Klangkörper** beträgt 18 Mio. Schweizer Franken._→**Abstimmung**

Verführung: Nicht geführt werden, sondern sich verführen lassen – das war eine Grundidee bei der Entwicklung der Klangkörperstruktur. Anstelle einer starr vorgegebenen Wegführung wird die freie Entscheidung, das Schlendern und Entdecken möglich. Ver-führung eben. Der Besucher bekommt kaum je das Gefühl, den_→**Klangkörper** ganz gesehen zu haben._→**Wie im Wald,_→Labyrinth,_→Klangkörperbuch**

Versorgungseinheiten: Drei dreigeschossige, spiralförmige Baukörper in den_→**Flankenhöfen.** Sie sind aus Brettschicht-Massivholz gefräst und mit Acrylfarbe schwarz beschichtet. Sie enthalten Funktionsräume, Küchen

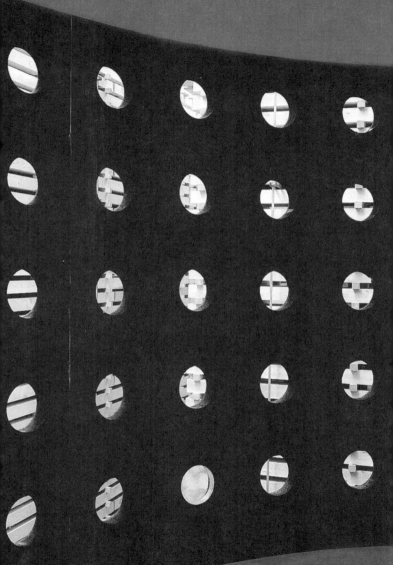

Innenraum →, Versorgungseinheiten

und→**Lager**, das musikalische und gastronomische Betriebsbüro und die →**Infothek** des Schweizerischen Generalkommissariates. Nur mit Einladung zugänglich sind darin→**Le Club** für→**besondere Gäste** sowie ein→**Künstlercafé** für die Gastgeber,→**Mitarbeiter** des Bereiches→**Trinken und Essen** und Musiker.→**Ellipse**,→**Innenleben**,→**Nüssli**,→**Spiralform**,→**Wie baut man eine neun Meter hohe Spirale aus Holz?** ⊙ **Innenraum**

Vian, Boris: *1920 in Ville d'Avrey; †1959. ‹Boris Vian war Ingenieur, Dichter, Musiker, Schauspieler, Übersetzer und noch vieles andere; er huldigte wie Raymond Queneau, Marcel Duchamp oder Max Ernst der Pataphysik, jener Wissenschaft *imaginärer Lösungen* und des Besonderen, nämlich der Gesetze, die die Ausnahmen bestimmen›, schrieb Klaus Völker. Vian schrieb zahlreiche Bücher, komponierte Chansons und spielte im legendären Pariser Club *Tabou* Jazz-Trompete. Seine Jugend erfährt eine Kehrtwendung: ‹Ganz plötzlich veränderte sich mein Aussehen, und ich fing an, Boris Vian zu gleichen, daher mein Name.› Nunmehr ausgewachsen, lässt er verlauten: ‹Barfuss bin ich ein Meter sechsundachtzig gross, ich wiege genug, und vor allem schätze ich die Werke von Alfred Jarry, das Vögeln und meine vielgeliebte Gattin.› Wegen eines Herzfehlers war seine Lebenszeit kurz bemessen, was er durch ein ungeheures Tempo in seinen Tätigkeiten wettmachte. Mit nur neununddreissig Jahren starb er.→**«Les Suisses, je vois, vont à la gare...»**

Viglino, Pascal: *1977, Hackbrett. Studiert am Konservatorium Genf und hat schon Orchestererfahrung gesammelt.

Villiger, Kaspar: *1941,→**Bundesrat** seit 1989. Vorsteher des Eidgenössischen Finanzdepartementes. Er ist Mitglied der Freisinnig-Demokratischen Partei (FDP). Im Bundesamt für Bauten und Logistik, das in sein Departement integriert ist, wird das Finanz-Controlling für den→**Klangkörper** durchgeführt.

VIP: Jeder Gast im→**Klangkörper** ist eine Very Important Person. Im→**Le Club** sind die→**besonderen Gäste** besonders gut aufgehoben.

«Vivre, c'est un peu | comme quand on danse: | on a plaisir à commencer – | un piston, une clarinette – | on a plaisir à s'arrêter – | le trombone est essoufflée – | on a regret d'avoir fini, | la tête tourne et il fait nuit.»: Gedicht

Chanson von Charles-Ferdinand ↱**Ramuz**. «Leben, das ist ein bisschen wie I wenn man tanzt: I man freut sich anzufangen – I ein Klapphorn, eine Klarinette – I man freut sich aufzuhören – I und die Posaune ist ausser Atem – I man bedauert, aufgehört zu haben, I im Kopf dreht sich's und es ist Nacht.» Zitiert aus: *La Poésie Suisse Romande*, hrsg. von Claude Beausoleil, Ecrits des Forges/Le Castor Astral/Les Editions de l'Aire, Ottawa 1993, s. 23.

Vlassov, Igor: *1967 in Tscherepovez, Akkordeon. Ist russischer Stipendiat des Deutschen Akademischen Austauschdienstes in der Solistenklasse von Elsbeth ↱**Moser** an der Hochschule für Musik und Theater Hannover.

Völker, Ute: *1963, Akkordeon. Studierte Akkordeon an der Musikhochschule Köln und Musikwissenschaft an den Universitäten Köln, Wien und Paris. Ist Mitbegründerin von *Partita Radicale – Ensemble für neue improvisierte und zeitgenössische Kammermusik*. Hat mit der Gruppe zwei CDs eingespielt. Sie gibt Konzerte in Kammermusikbesetzungen und schrieb Musik für Theaterproduktionen.

Volkart, Martin: *1956, Berater ↱**Trinken und Essen**. Hat die Gastronomie mit Ideen, Impulsen und kritischem Hinterfragen begleitet. Seine vielfältigen Kontakte zur schweizerischen Gastronomieszene waren hilfreich. Er arbeitet seit zehn Jahren als Berater in der Gastronomie und Hotellerie. Vorher hat er das Hotel Ucliva in Waltensburg, das erste Öko-Hotel der ↱**Alpen**, mitaufgebaut und geleitet.

«**Voll Wehmuht, Reue, Schmerzen, Heimweh,** Angst und Grahm, verbringe ich schon volle 14 Jahre mein kärgliches Dasein hinnt'r verschloss'ner Zellen = Thühre, in der Irren = Anstalt Waldau.»: Dichter in Irrenanstalten – fast schon ein helvetischer Topos (vgl. Friedrich Glauser, Robert ↱**Walser** u.a.). Ein ganzer Kosmos eröffnet sich in den Zeichnungen und Schriften mit eigenwilliger Orthographie von Adolf ↱**Wölfli**, dem hellsichtigsten aller Narren. Adolf Wölfli, *Von der Wiege bis zum Graab. Schriften 1908–1912*, S. Fischer Verlag, Frankfurt A/M 1985, s. 13.

von Hahn, Dominique: *1968, Musikalische Betriebsleiterin. Studierte an der Universität Basel Neuere allgemeine Geschichte und Germanistik und absolvierte danach eine Ausbildung zur Direktionsassistentin. Sie war für die Organisation und Mitarbeit bei der Programmkonzeption mehrerer grösserer Konzerte zuständig und ist seit 1997 u.a. Organisatorin des Festivals Neue Musik Rümlingen. Sie spielt Flöte und wirkt als Sängerin in verschiedenen Chören mit. Dominique von Hahn hat zusammen mit Barbara→**Tacchini** den musikalischen Auftritt der→**Schweiz** organisiert. →**Musik**, →**Musikalisches Betriebsbüro**

Vonarburg, Pia: *1966, Hackbrett. Studierte u.a. bei Sylwia→**Zytynska** und besitzt ein Lehrdiplom. Sie spielt besonders gern bei Projekten mit experimenteller Rock- und klassischer zeitgenössischer Musik mit.

Vorbereitung Trinken und Essen: Die beinahe zwei Jahre dauernde Vorbereitungszeit begann mit einem Besuch der→**Weltausstellung** in Lissabon 1998. Hier wurde einem deutlich bewusst, mit was für riesigen Besucherzahlen zu rechnen ist. Konzepte, neue Konzepte und nochmals radikal geänderte Konzepte entstanden in enger Zusammenarbeit zwischen dem →**Kurator** des Bereiches→**Trinken und Essen** Max→**Rigendinger**, dem künstlerischen Gesamtleiter Peter→**Zumthor** und den anderen Kuratoren. Inselartige→**Bars** mit Vitrinen und selbst entwickelte *Fingerfoodteller* mit neuartiger Glashalterung bleiben dabei auf der Strecke. Schon früh suchte Rigendinger die Betriebsleiter, denn sie sollten an der Umsetzung intensiv mitarbeiten. Es begannen die Kontaktaufnahme mit vielen Lieferanten und der Aufbau der komplizierten→**Logistik**, wobei vor allem die→**Exportzeugnisse** grossen Aufwand bedeuteten. Die gastronomische Infrastruktur wurde zusammen mit dem Architekturbüro Peter Zumthor entwickelt, unterstützt vom Betriebsplaner Andreas→**Junker**. Schliesslich wurden in der ganzen→**Schweiz**→**Mitarbeiter** gesucht und mit Hilfe von Einzelgesprächen und→**Assessments** sorgfältig ausgewählt. In der Schlussphase stand die intensive→**Schulung** und die Einrichtung der Bars im Zentrum.

Vorspannung: Ursprünglich eine *amour sans limite* des französischen Bauingenieurs Eugène Freyssinet. Er investierte sein gesamtes Vermögen in die Entwicklung der Vorspanntechnik und wurde deshalb von seinen Geschäftspartnern verlassen. Kurz vor dem Ruin gelang ihm der Durchbruch

mit der Sanierung der absinkenden Hafenbauten von Le Havre: Er
rammte seitlich der Gebäude Pfähle in den Boden, durchbohrte dann die
Fundationen mit Hüllrohren und zog hochfeste Stahldrähte durch. Er
verband sie mit den Pfählen, spannte sie zusammen und betonierte sie
schliesslich ein. Ganz ähnlich wirkt die vertikale Vorspannung der →**Stapel**.
Sie presst die →**Balken** derart stark gegeneinander, dass sie sich auch im
stärksten Sturm nicht voneinander lösen und umkippen können.
→**Statisches System**

Voynov, Alexander: *1973 in Lugansk, Akkordeon. Studiert an der Hochschule für Musik *Franz Liszt* in Weimar bei Ivan Koval.

Wackernagel, Beatrice: *1941, Hackbrett. Bezeichnet sich als haupt-
berufliche Managerin von Ehemann, Kindern, Hund, Haus und Garten. Sie
spielt in der Appenzeller Streichmusik *Echo vom Heuberg*.

Wäber, Alex: *1979, Hackbrett. Erhielt bereits bei Schuleintritt den ersten
Schlagzeugunterricht und ist seinem Instrument treu geblieben: Er studiert
an der Musikhochschule Basel.

Wagner, Daniela: *1976, Akkordeon. Studiert an der Staatlichen Hochschule für Musik Trossingen.

Walser, Robert: *1878 in Biel; †1956, Schriftsteller. Lebte als junger
Dichter und Commis in Zürich und anderen Städten seiner Heimat, dann
als freier Schriftsteller in Berlin, wiederum in Biel und schliesslich in Bern.
Starb nach Jahrzehnten stiller Zurückgezogenheit als Anstaltspatient.
Sein lyrisch gestimmtes Erzählwerk verleiht feinsten Schwingungen und
Zwischentönen Ausdruck. Hinter Heiterem und Verträumtem verbirgt
sich zum Teil ein tiefer Pessimismus. *Jakob von Gunten* (1909) und andere
Romane, Gedichte, kleine Prosastücke. →**«Aller Schmerz und alle
schweren Gedanken...»**

Walss, Priska: Posaune, Alphorn. Die Posaunenlehrerin spielt als freischaffende Musikerin in Konzerten im In- und Ausland. Dabei ist sie ab
und zu auch auf dem Alphorn zu hören.

«Wame het, da het me.»: Ostschweizer Volksmund: «Was man hat, das hat

man». Der Satz sagt nichts aus, dennoch spricht er deutlich._,«S'het
solang's het.»

Wand:_,Stapelwand,_,Wie baut man eine neun Meter hohe Spirale aus Holz?

«**Wangschichten** | Amdenerschichten | Seewermergel | Seewerkalk |
Garschella-Schichten (Gault) | Schrattenkalk | Drusbergschichten (Mergel/
Kalk) | Kieselkalk | Betliskalk (Flachwasserkalk) | Vitznaumergel (Flach-
wassermergel) | Oehrlikalk (Flachwasserkalk mit Korallen) | Palfrismergel
(Tiefwassermergel und -ton)»: Sedimentschichten des Helvetikums aus der
Kreidezeit. Aus: Toni P. Labhart, *Geologie der Schweiz*, Ott Verlag, Thun
1992, s. 81.

Wartchow, Wieland: *1973, Akkordeon. Erhielt mit acht Jahren den
ersten Unterricht. Er studiert Mathematik und Geschichte an der Universität Hannover und spielt in verschiedenen Kammermusikensembles.

WBK: Ständige parlamentarische Kommission Wissenschaft, Bildung und
Kultur. Sie bereitet wissenschaftliche, bildungspolitische und kulturelle
Themen für die Verhandlungen im_,**Nationalrat** und_,**Ständerat** vor. Darin
wurde der vom_,**Bundesrat** am 22. Juni 1998 unterbreitete Entwurf
für einen Bundesbeschluss über die Teilnahme der_,**Schweiz** an der_,**Expo**
2000 Hannover beraten und dem_,**Parlament** zur Annahme empfohlen.

«**We left Zermatt in a wagon** – and in a rain-storm, too. [...] Again we
passed between those grass-clad prodigious cliffs, specked with wee dwel-
lings peeping over at us from velvety green walls ten and twelve hundred
feet high. It did not seem possible that the imaginary chamois even could
climb those precipices. Lovers on opposite cliffs probably kiss through a
spy-glass, and correspond with a rifle. In Switzerland the farmer's plow is
a wide shovel, which scrapes up and turns over the thin earthy skin of his
native rock – and there the man of the plow is a hero. Now here, by our
St. Nicholas road, was a grave, and it had a tragic story. A plowman was
skinning his farm one morning – not the steepest part of it, but still a steep

part – that is, he was not skinning the front of his farm, but the roof of it, near the eaves – when he absent-mindedly let go of the plow-handles to moisten his hands, in the usual way; he lost his balance and fell out of his farm backward; poor fellow, he never touched anything till he struck bottom, fifteen hundred feet below. We throw a halo of heroism around the life of the soldier and the sailor, because of the deadly dangers they are facing all the time. But we are not used to looking upon farming as a heroic occupation. This is because we have not lived in Switzerland.»:

«Wir verliessen Zermatt in einem Fuhrwerk – und ausserdem in einem Wolkenbruch – in Richtung Sankt Niklaus. Wieder ging es zwischen den grasbewachsenen, riesigen Klippen dahin, die mit winzigen Wohnhäuschen gesprenkelt waren, welche von samtigen, grünen, tausend und zwölf-hundert Fuss hohen Wänden auf uns herabschauten. Es schien nicht möglich, dass auch nur die imaginäre Gemse diese Steilhänge erklettern könnte. Liebende auf gegenüberliegenden Klippen küssen sich wahr-scheinlich durch den Feldstecher und korrespondieren mit einer Flinte. In der Schweiz besteht der Pflug eines Bauern aus einer breiten Schaufel, welche die dünne Erdhaut seines heimischen Felsens aufscharrt und umwendet – und der Mann des Pfluges ist dort ein Held. Hier nun, an unserem Weg nach Sankt Niklaus, lag ein Grab, und es war mit einer tragischen Geschichte verknüpft. Eines Morgens häutete ein Pflüger seinen Acker, nicht das steilste Stück, aber immerhin doch ein steiles Stück – das soll heissen, er häutete nicht die Vorderfront seines Ackers, sondern das Dach in der Nähe der Dachrinne. Als er geistesabwesend den Pflug losliess, um in üblicher Weise in die Hände zu spucken, verlor er das Gleichgewicht und fiel rücklings aus seinem Acker heraus. Armer Kerl, er berührte nichts, bis er fünfzehnhundert Fuss weiter unten aufschlug. Wir umgeben den Soldaten und den Seemann wegen der tödlichen Gefahren, denen sie ständig ins Auge blicken, mit dem Glorienschein des Heldenmuts. Aber wir sind es nicht gewöhnt, die Landwirtschaft als heroische Beschäftigung anzusehen. Das kommt daher, dass wir nicht in der Schweiz wohnen.» Mark →**Twain**, *A Tramp abroad*, New York/London 1879, S. 174.

Weber, Peter: *1968 in Wattwil im Toggenburg, Schriftsteller. Zog nach dem Gymnasium 1990 nach Zürich, wo er seine Studienpläne schnell an den Nagel hängte. Sein erster Roman *Der Wettermacher* erschien 1993 bei Suhrkamp, wurde mehrfach mit Preisen bedacht und in diverse Sprachen übersetzt. Mit Weber verschaffte sich eine ganz neue Generation von Schriftstellern in der →**Schweiz** Gehör. 1999 erscheint sein zweiter Roman *Silber und Salbader*, aus dem das Zitat →**«Die Schnäpse hatten Geräusche konserviert,...»** stammt. Auszüge der *Bahnhofprosa* sind nachzulesen im *Netz-Lesebuch*, Netz Press Verlag, Ebnat Kappel und Berlin. Weber lebt in Zürich und hat die →**Lichtschriften** nicht nur mit erwähntem Zitat, sondern durch konzeptuellen Rat und hilfreiche Tat befruchtet und gefördert.

Wedekind, Frank: *1864 in Hannover; †1918 in München, Schriftsteller, Werbetexter. Als Sohn eines Arztes und einer Schauspielerin, deren Vater die Phosphorstreichhölzer erfunden und eine chemische Fabrik in Zürich gegründet hatte, wuchs Wedekind im Schloss Lenzburg im Kanton Aargau auf. Bereits als Gymnasiast schrieb er Gedichte. Wedekinds literarisches Schwelgen während des Jura-Studiums führte dazu, dass sein Vater dem ‹Bummelstudenten› das Geld strich. Er musste nun als Vorsteher des *Reklame- und Pressbüros* der Schweizer Lebensmittelfirma Maggi arbeiten und Werbesprüche wie →**«Alles Wohl beruht auf Paarung...»** ausbrüten. Zwischen 1891 und 1895 lebte er als Bohème in Paris. Darauf arbeitete Wedekind mit an der Satire-Zeitschrift *Simplicissimus*, und 1898 wurde er wegen Beleidigung der kaiserlichen Majestät angeklagt und später für ein halbes Jahr eingesperrt. Seitdem galt er als Skandalautor, was dem ‹zynischen Provokateur der bürgerlichen Moral› aber nicht nur behagte, denn er fühlte sich als Dramatiker nicht ernst genommen und von der Öffentlichkeit missverstanden. Seit 1910 lebte er mit seiner Frau, der Schauspielerin Tilly Newes, in München, wo er kurz vor Ende des Ersten Weltkrieges starb. Seine bekanntesten Werke sind das zweiteilige *Lulu*-Drama (1895/1902) und die Kindertragödie *Frühlings Erwachen* (1906).

«Weg mit den Alpen, freie Sicht aufs Mittelmeer!»: Sowohl in der französischen als auch in der deutschen Schweiz forderte die Revolution von 1968 ihre Opfer. →**«Rasez les Alpes qu'on voie la mer!».** Neue Perspektiven bedingen radikale Wechsel – wenn es sein muss auch in der Topographie.

Die italienische →**Schweiz** blickte ohnehin schon auf das Meer und die rätoromanische schwieg sich aus: wäre sie doch glatt wegrasiert worden!

Wegführung: →**Wie im Wald,** →**Labyrinth**

Wehrli, Peter K.: *1939. Schriftsteller, Journalist. Studium der Kunstgeschichte in Zürich und Paris. Lebt in Zürich. Jahrelang unterwegs zwischen Afghanistan und Zypern. 1973/74 Falklandinseln, Südamerika mitsamt den drei Guyanas. Seit 1975 Kulturredaktor beim Schweizer Fernsehen. Veröffentlicht 1972 die Anthologie *Dieses Buch ist gratis* mit Theo Ruff, verfasst zahllose Filmbeiträge über Schriftsteller, Künstler und ferne Länder. Ab 1978 hat Wehrli bei Theo Ruff, Zürich, den *Katalog von Allem* herausgegeben, der unlängst in Buchform erschienen ist. Daraus das Zitat: →**«Der Spitzensportler C...»**

Wein: Bei der Auswahl für den →**Klangkörper** stand die Identität und die Qualität im Vordergrund. Vier Weine ursprünglicher Rebsorten, →**autochthon** genannt, wurden mit Weinen von vier bekannteren Rebsorten ergänzt. Mit Sorgfalt wurden 72 Weine aus den Kantonen der →**Schweiz** an drei →**Degustationen** geprüft und bewertet. Für den Klangkörper wurden erstmals 8'500 Flaschen bestellt. An den drei →**Bars** und im →**Le Club** werden ausgeschenkt: →**Aigle les Délices 1998,** →**Balino 1997,** →**Charme Brut,** →**Cornalin 1998,** →**Cornalin Grand Métral 1997,** →**Cru de Champreveyres 1998,** →**Cuvée Or, Grain Noble, AOC Valais 1998,** →**Hallauer Silberkelch 1998,** →**Humagne Rouge de Leytron Valais AOC 1998,** →**Kloster Sion 1998,** →**Kluser Riesling x Sylvaner 1998,** →**Les Cépages 1998,** →**Malans 1996,** →**Malanser 1998,** →**Poggiosolivo 1997,** →**St. Triphon 1998,** →**Schlossgut Bachtobel No 2 1998,** →**Uhwieser Räuschling 1998.** →**Trinken und Essen**

«Weisch du wo goht im Schliere?»: Die sogenannte Secondo-Sprache, also *Sprache der Zweiten Generation,* ist zur Jugendsprache schlechthin geworden. Ursprünglich war es ein Soziolekt der Kinder von Zugewanderten und Gastarbeitern. Es gibt serbisch eingefärbten Secondo-Talk, italienisch, albanisch eingefärbten usw. Das Zitat heisst übersetzt: «Weisst du, wo es von hier nach Schlieren geht?» Schlieren liegt in der Agglomeration von

Zürich. Der Stadtteil ist Inbegriff eines ursprünglich benachteiligten Wohnviertels in Industrienähe, welches gerade durch die Abwanderung der Industrie und durch das Heranwachsen der Secondo-Generation zunehmend Ort des Nachtlebens wird.

Weiss, Marcus: *1961, Saxophon. Hat in Basel und Chicago Saxophon gelernt und hat 1989 den Solistenpreis des Schweizerischen Tonkünstlervereins bekommen. Er ist international als Solist und Kammermusiker gefragt und konzertiert regelmässig auf Festivals für zeitgenössische Musik. Zur Zeit konzentriert er sich auf die Arbeit mit dem *Trio Accanto*, zusammen mit Yukiko Sugawara und Christian →**Dierstein**.

Weitschies, Rainer: *1965 in Hausach, projektleitender Architekt. Studium an der Universität Stuttgart und an der ETH Lausanne. Hat sich im Architekturbüro →**Zumthor** hervorragende Kenntnisse in der Bauausführung und -verwaltung erworben. Hat hohe gestalterische Sensibilität, gepaart mit einem pragmatischen Sinn für das Herstellen und Machen der Dinge. Sein gesunder Menschenverstand erkundet ihm Freiräume. Man hält ihn wegen seines alemannischen Dialektes meistens für einen Schweizer.

«**Welch eine Welt!** Die Alpen standen wie verbrüderte Riesen der Vorwelt fern in der Vergangenheit verbunden beisammen und hielten hoch der Sonne die glänzenden Schilde der Eisberge entgegen – die Riesen trugen blaue Gürtel aus Wäldern – und zu ihren Füssen lagen Hügel und Weinberge – und zwischen den Gewölben aus Reben spielten die Morgenwinde mit Kaskaden wie mit wassertaftnen Bändern – und an den Bändern hing der überfüllte Wasserspiegel des Sees von den Bergen nieder, und sie flatterten in den Spiegel, und ein Laubwerk aus Kastanienwäldern fasste ihn ein. Albano drehte sich langsam im Kreise um und blickte in die Höhe, in die Tiefe, in die Sonne, in die Blüten; und auf allen Höhen brannten Lärmfeuer der gewaltigen Natur und in allen Tiefen ihr Widerschein – ein schöpferisches Erdbeben schlug wie ein Herz unter der Erde und trieb Gebirge und Meere hervor. – O als er dann neben der unendlichen Mutter die kleinen wimmelnden Kinder sah, die unter der Welle und unter der Wolke flogen – und als der Morgenwind ferne Schiffe zwischen die Alpen hineinjagte – und als Isola madre gegenüber sieben Gärten auftürmte und ihn von seinem Gipfel zu ihrem waagrechten wiegenden Fluge hinüberlockte – und als sich Fasanen von der Madre-Insel in die Wellen warfen: so stand er wie ein Sturmvogel mit aufgeblättertem Gefieder auf dem blühenden Horst, seine Arme hob der Morgenwind wie Flügel auf, und er sehnte sich, über die Terrasse sich den Fasanen nachzustürzen und im Strome der Natur das Herz zu kühlen.»: Der junge, schwärmerische Held Albano lässt sich vor der Morgendämmerung auf die Isola Bella im →**Lago Maggiore** rudern – mit verbundenen Augen. Er wird von seinen Freunden auf den Hügel geführt, wo er sich im Moment des Sonnenaufgangs die Binde von den Augen reisst. Das Zitat verleiht seinem ersten staunenden Blick Ausdruck, als Albano augenreibend in der Morgensonne steht. →**Jean Paul**, *Der Titan, Erste Jobelperiode.*

Welschland: wird auch Romandie genannt: französischsprachiger Teil der →**Schweiz.** →**Landessprachen**

Weltausstellungen sind Architekturausstellungen: Die erste Weltausstellung fand 1851 in London statt. Die ‹Great Exhibition of the Works of Industry of all Nations› entstammte der Vision, dass der Welthandel auch den Weltfrieden sichern würde. Joseph Paxton entwarf einen gläsernen Ausstellungspalast von über 500 Metern Länge, der eine der ersten vorgefertigten Stahl-Glas-Konstruktionen dieser Grösse war. Der Crystal Palace wurde weltweites Symbol der Ausstellungsreihe. Bekanntestes Baumonument der Expos des 19. Jahrhunderts ist der Eiffelturm von 1889. Mit der Zeit hat sich der technisch-merkantile Charakter gewandelt: Weltausstellungen sind heute beliebte Massenveranstaltungen und Rummelplätze der Selbstdarstellung. Mit viel Unterhaltungswert buhlen heute die einzelnen Länder mit Architektur um die Gunst der Besucher. Die renommiertesten Baumeister eines Landes erproben neueste Designströmungen, Materialien, Technologien und Ausstellungskonzepte. Welche Bauten in die Architekturgeschichte eingehen würden, blieb aber immer ungewiss: Den

bewusst avantgardistischen deutschen Pavillon von Ludwig Mies van der
Rohe auf der Weltausstellung in Barcelona 1929 beispielsweise liessen die
Kritiker links liegen. Heute ist die Rekonstruktion des eleganten Baus
aus Stahl, Marmor und Glas ein Pilgerort für Architekturtouristen aus aller
Welt. Auch der wiederaufgebaute Pavillon de l'Esprit Nouveau von Le
Corbusier für Paris 1925 ist ein Markstein der Architekturgeschichte ge-
worden. Der →**Klangkörper** reagiert auf den Jahrmarkt der nationalen
Identitäten mit einer vom ersten bis zum letzten Tag der Ausstellung in
→**Spannung** gehaltenen Aufführung. Er verbindet Kunst und (Messe)-Alltag,
Entspannung und Anregung. Der Pavillon orientiert sich an der Idee des
kultivierten Gastgebers (→**Gastlichkeit**), der sich aus dem Nationenmar-
keting ausklinkt und einen besonderen Rastort bietet. →**Gesamtkunstwerk,**
→**Idee,** →**Inszenierung,** →**Präsenz,** →**Regie**

«Weltoffener und kulanter werden: 79% | Weniger Profitgier haben: 76% |
Viel mehr Mut zu Neuem entwickeln: 72% | Lernen, dass die Schweiz keine
Insel mehr ist: 71% | Gastfreundlicher werden: 71% | Weniger schwerfällig
sein, beweglicher werden: 70% | Über sich und seine Fehler lachen können:
69% | Den in der viersprachigen Schweiz praktizierten Umgang mit anderen
Kulturen vermehrt auf Europa übertragen: 63% | Mehr Ideale als Inter-
essen verfolgen: 59% | Mit seinem Fleiss und seiner Zuverlässigkeit selbst-
bewusster auftreten: 47%»: Die Statistik beantwortet die Frage: «Vielleicht
sollte sich der Schweizer ändern. Ich lese Ihnen jetzt ein paar Möglichkei-
ten vor, und Sie sagen mir jeweils sofort, ob Ihnen das wichtig erscheint.»
Entnommen ist das Ergebnis der repräsentativen Umfrage des Meinungs-
forschungsinstituts Publitest einer Broschüre, die das Warenhaus Globus
(→**«Ein Ei liegt still verlassen da...»**) anlässlich der 700-Jahrfeier der →**Eidgenossenschaft** von 1991 herausgegeben hat. *Das Kreuz mit uns Schweizern,*
hrsg. von Werner Catrina, Magazine zum Globus, Zürich 1991, s. 70.

Wertmüller, Michael: Schlagzeug, Komponist. Der Schlagzeuger hat in
Bern studiert und in Amsterdam ein Solistendiplom erworben. Komposi-

tionsstudien ergänzen seine Ausbildung. Neben seiner Tätigkeit
als Musiker in klassischen Formationen von Kammermusik bis Sinfonieorchester kennt er sich auch im Jazz bestens aus. Er war mit *Alboth!*,
Werner →Lüdi und den Bands *Blauer Hirsch* und *Lüdi* international auf
Tournee und spielte auf Festivals.

«Where is the beach?»: «Wo ist der Strand?», bzw. «Où est la plage?». Aus
dem Register nützlicher Sätze in der jeweiligen →Landessprache. Zu finden
in einem Reiseführer über die →Schweiz. *Switzerland. A travel survival
kit*, hrsg. von Mark Honan, Lonely Planet Publications, Hawthorn, Australia
1994, S. 32. →«Weg mit den Alpen,…!», →«Rasez les Alpes…!», →«Elle est
retrouvèe…»

Wickli, Urs: *1967 in Münsterlingen, Matur, seither Lehr- und Wanderjahre, arbeitet gegenwärtig in einer Bibliothek in Zürich. Wickli war unter
anderem zusammen mit Peter →Weber und Plinio →Bachmann verantwortlich für die Bildtitel der Ausstellung *Hundert Blatt* von Andres →Lutz
und Veit Späth. Auf die →Lichtschriften wirkte er durch bedächtigen Rat
und literarische Hinweise nachhaltig ein. →Recherche

Widmer, Christine: *1975, Akkordeon. In Ausbildung zur Akkordeonlehrerin im Rahmen des Schweizer Akkordeonlehrer Verbands, unterrichtet an verschiedenen Musikschulen.

Wie baut man eine neun Meter hohe Spirale aus Holz?: Ohne Schablonen
oder Lehren schneidet die computergesteuerte Fräsmaschine neun Meter
lange, 50 Zentimeter breite und 77 Millimeter dicke Teilwerkstücke
mit ihren unterschiedlichen Innen- und Aussenradien aus massiven Brett-
schichthölzern heraus. Sie arbeitet nach einer digitalen Werkzeichnung,
welche die entsprechenden geometrischen Angaben enthält. Die her-
ausgefrästen Halbschalen werden dann auf der Baustelle aufgerichtet, zur
grossen →Spiralform zusammengesetzt und verleimt. →Deckenelemente,
→Ellipse, →Innenleben, →Nüssli, →Versorgungseinheiten, →Zimmerleute

«Wie hat uns Tell befreit | Durch Mut und Biederkeit | Thu Schweizer deine
Pflicht | Dann stirbt die Freiheit nicht.»: Die Verse sind auf dem Sockel des

Denkmals zu Ehren von Wilhelm→**Tell** in Bürglen zu lesen und stammen aus dem Jahr 1891, als der Rütlischwur sich zum sechshundertsten Mal jährte.

Wie im Wald: Ich schlendere durch den Wald, die Bäume stehen in regelmässiger Dichte, ab und zu eine Lichtung, ein Gebüsch, Sträucher, keine Wegachsen, keine Plätze, Schlängelpfade vielleicht. Ich streife umher, entdecke, suche mir meinen eigenen Weg. Neugier leitet mich, ein Sonnenfleck, ein besonderes Geräusch verführt mich.→**Labyrinth**

⊙ Kreuzhof Ost

«‹**Wie? Was? Heimgehen** wolltest Du?› – ‹Heim?› wiederholte das Heidi und wurde schneeweiss, und eine kleine Weile konnte es gar keinen Atem mehr holen, so stark wurde sein Herz von dem Eindruck gepackt.»: Das →**Heidi** ist ein rotbackiges Naturmädchen und Augenstern des ehemals verbitterten Alpöhis. Von der Alp ob Maienfeld wird es ins graue Frankfurt transportiert, allwo es die lahme Klara unterhalten soll. Unter dem Entzug würziger Alpenluft und dem strengen Regime des Fräulein Rottenmeier bekommt es die Schweizer Urkrankheit Heimweh (→**Maladie Suisse**), bis ins beinahe lätale Stadium. Kurz vor dem Aus findet sich ein barmherziger Arzt, der dem mittlerweile leichenblassen Mädchen sofortige Rückkehr zum Alpöhi verschreibt. Dort blüht es unversehens wieder auf und bringt später sogar der Klara noch das Laufen bei. In der zitierten Szene hat das Fräulein Rottenmeier gerade das Heidi dabei erwischt, wie es aus dem Haus in Frankfurt gelaufen ist, um den Heimweg zu suchen. Die Antwort stammt aus einer späteren Szene, in welcher der Arzt dem Kind die bevorstehende Heimreise eröffnet. Johanna Spyri, *Heidis Lehr- und Wanderjahre*, Altberliner Verlag, Berlin 1990, s. 107 und 152.→**Alpen**

Wiget, Jörg *1972, Akkordeon. Der Innerschweizer studiert Akkordeon am Konservatorium Schaffhausen bei Max Ruch.

«‹**Wil si Hemmige hei.**»: Refrain eines der berühmtesten Lieder des Berner

Kreuzhof Ost — Wie im Wald

Liedermachers Mani ↪**Matter**. «Weil sie Hemmungen haben.» Das Lied beginnt mit der Unfähigkeit zu unbefangenem Handeln, der Sänger ist aber nach Steigerung des Themas bis zum Zünden der Atombombe am Ende ganz froh, dass es sie gibt: die Hemmungen.

Willisauer Ringli: Das spezielle Gebäck enthält Weizenmehl, Zucker, Honig, Zitronen- und Orangenschale und ist ziemlich hart. Es wird nicht einfach gegessen sondern erst gebrochen, und dann lässt man es im Munde zergehen. Die Willisauer Ringli im ↪**Klangkörper** hat die Hug AG zum ↪**gratis** Verteilen geschenkt. Erhältlich bei Hug AG, Malters, Tel. +41 / 41 / 499 75 75.

Wilmotte, Jean-Michel: Renommierter französischer Industriedesigner. Hat erfolgreich Leuchten für das Lichtunternehmen ↪**Zumtobel Staff** entworfen, zum Beispiel die im ↪**Klangkörper** eingesetzten Konturenstrahler. ↪**Beleuchtung**, ↪**Wo Licht ist...**,

Windkräfte: Sie sind eine massgebende Grösse für die Klangkörper-Konstruktion. Der Wind kann aus verschiedenen Richtungen angreifen, Bemessungsgeschwindigkeiten von bis zu 182 km/h annehmen und Staudrücke von 160 kg/m² verursachen. Er dringt durch die Ritzen der Stapel ein und regt rhythmische Bewegungen an. Windkräfte verursachten den ↪**Bauingenieuren** etliches Kopfzerbrechen.

Winkler, Martin: *1969, Mitarbeiter ↪**Trinken und Essen**. Als gelernter Koch mit mehrjähriger Berufserfahrung ist ihm effizientes Arbeiten in Leib und Seele übergegangen. Es gefällt ihm, den Besuchern des ↪**Klangkörpers** die Produkte und deren Herkunft zu erklären.

Winter, Karoline: Akkordeon. Studierte in München und Würzburg. Absolvierte das Aufbaustudium bei Hugo ↪**Noth** und schloss die Studien an der University of Toronto ab. Ist Lehrbeauftragte der Universität Würzburg. Tritt als Solistin und Kammermusikerin auf und arbeitet an einem mehrbändigen Lehrwerk für Knopf-Melodiebass-Akkordeon.

«Wir haben hier keine bleibende Stätte!»: Wer aufmerksam aus dem Zugfenster schaut, wird auf der Reise durch die ↪**Alpen** diesen Hausspruch sehen. Aus Norden kommend, fahren die Züge, bevor sie durch den Gotthardtunnel in den Süden stechen, durch die Ortschaft Erstfeld. Hier wurde früher zum letztenmal Station gemacht, bevor Reisende ihr Gepäck auf die Maulesel umladen mussten, mit denen damals das Gotthardmassiv überquert wurde. Hinter dem Bahnhofsgebäude steht das Haus, auf dem dieses reiselustige Memento Mori aus den *Hebräern* zu lesen ist.

«Wir sind kein Volk von Kunst und Dichtern | Wir sind ein harter Arbeitsschlag, | Es spielt die Pflicht mit scharfen Lichtern | Durch unsern schweren Werkeltag | Und blühen wird in Bergesrunde | Die Schweiz, ein Eigenspiel der Welt, | Wenn uns in gut' und böser Stunde | Der deutsche Kaiser Freundschaft hält.»: Der Besuch des Deutschen Kaisers Wilhelm II. im September 1912 inspirierte Heimatdichter Jakob Christoph→**Heer** zu diesem Gedicht. Nachzulesen ist es in der Broschüre, die nämlichen Besuch dokumentiert. *Kaiser Wilhelm II. in der Schweiz. 3.–6. Sept. 1912. Mit einem Einführungsgedicht von J.C. Heer,* Orell Füssli, Zürich, 1912, s. 5. Gleichenorts ist auch das Menü zu finden, mit dem der hohe Besuch verwöhnt wurde.→**«Cantaloup frappé au Biscuit Dubouché...»**

Wo Licht ist...: Die bewusste Setzung von Licht und Schatten im→**Klangkörper** macht die grossen und die kleinen repetitiven Strukturen der Konstruktion als schöne räumliche Bilder erlebbar. Der Licht- und Schattenplan zeigt, wo das Gefüge durch die→**Lichtschriften** und die Beleuchtungskörper in den→**Barräumen** und→**Klangräumen** aufgehellt wird und auch, wo es schattig bleibt.→**Beleuchtung,**→**Zumtobel Staff** ☉ Kunstlichtplan

Wöhlert, Annett: *1965,→**Regisseurin**. Ist freischaffende Schauspiel-Regisseurin. War zusammen mit der→**Kuratorin** Karoline→**Gruber** für die →**Regie** und die→**Inszenierung** im→**Klangkörper** verantwortlich.

Wölfli, Adolf: *1864 in Bowil; †1930 in der Klinik Waldau bei Bern, Schriftsteller, Zeichner, Komponist. Wuchs als jüngster Sohn eines Steinhauers unter ärmlichen Verhältnissen im Kanton Bern auf. Nach der Trennung der Eltern bzw. dem Tod der Mutter war Wölfli als Jugendlicher *Verdingbub*

Kunstlichtplan→**Wo Licht ist**

bei Bauern und von 1880 bis 1889 Bauernknecht an verschiedenen Orten
in den Kantonen Bern und Neuenburg. 1890 musste Wölfli für zwei Jahre
wegen Notzuchtversuchen an minderjährigen Mädchen ins Gefängnis.
1895 wurde er wegen des gleichen Delikts nochmal verhaftet und darauf
in die Irrenanstalt Waldau eingeliefert, wo man Schizophrenie und Un-
zurechnungsfähigkeit diagnostizierte. Den Rest seines Lebens verbrachte
Wölfli in dieser Anstalt und schrieb dort besessen an seinen Werken, so
beispielsweise 45 Folianten im Zeitungsformat und 25'000 Seiten Bild-
Text-Kompositionen. Wölflis Psychiater Walter Morgenthaler, der Wölflis
Kunst geschickt förderte, wurde mit Wölfli berühmt, als er 1921 die Monographie *Ein Geisteskranker als Künstler* veröffentlichte. Nach dem Zweiten
Weltkrieg wurde Wölflis Werk gefeiert. Durch das Werk des Schizophrenen
glaubte man, Einblick in den Entstehungsprozess selbst der Kunst zu erhalten.→«Voll Wehmuth, Reue, Schmerzen, Heimweh...»

«**Wohlensee, Mühleberg, 1920** | Wägitalersee, Schräh 1924 | Sihlsee, In den
Schlagen 1936, Hühnermatt 1937 | Lac de la Gruyère, Rossens 1947 |
Lac de Salanfe, Salanfe 1952 | Zervreilasee, Zervreila 1957 | Lac des Dix,
Grande Dixence 1961 | Lago di Lei, Valle di Lei 1961 | Schiffenensee,
Schiffenen 1963 | Lago di Vogorno, Contra 1965 | Mattmarksee, Mattmark
1967 | Lago di Livigno, Punt dal Gall 1968 | Lai da Santa Maria, Santa
Maria 1968 | Lac de l'Hongrin, Hongrin 1969»: Aufzählung der flächenmäs-
sig grössten Stauseen der→**Schweiz**, geordnet nach Baujahr der Staumauer.
Vor dem Komma der Name des Sees, nach dem Komma der Name der
Mauer und ihr Baujahr. Informationen vom Verband Schweizerischer Elek-
trizitätswerke (VSE).→**Alpen**

Wordsworth, William: *1770 in Cockermouth; †1850 Cumberland, Schriftsteller. Wuchs als drittes von fünf Kindern auf. Als Dreizehnjähriger verlor
er seinen Vater, nachdem fünf Jahre zuvor bereits die Mutter gestorben
war. 1790 unternahm er eine Reise zu Fuss in den französischen, deutschen und Schweizer→**Alpen.** Wieder zurück in Cambridge, schloss er das
College ab und begab sich erneut in das revolutionäre Frankreich. Geld-
mangel zwang Wordsworth, 1792 nach England zurückzugehen. Als
England 1793 Frankreich den Krieg erklärte, war Wordsworth hin- und her-
gerissen, auf welcher Seite er stehen sollte. Bis 1798, als Frankreich die
→**Schweiz** besetzte, glaubte er an die guten Elemente der französischen
Revolution. Wordsworths finanzielle Situation verbesserte sich 1795 ein

wenig durch eine Erbschaft. In diesem Jahr lernte er Samuel Taylor Coleridge kennen. Mit ihm zusammen veröffentlichte er 1798 die *Lyrical Ballads*. Deren zweite Auflage 1800 war begleitet von einem Vorwort, das als das ästhetische Manifest der englischen Romantik gilt. 1802 heiratete Wordsworth, mittlerweile ein anerkannter Dichter, Mary Hutchinson, die er seit Kindheit kannte. 1805 befand er sich auf der Höhe seiner dichterischen Kraft mit seinem autobiographischen Werk *The Prelude*, das er in 14 Bänden 1839 nochmals überarbeitete. Ansonsten nahmen Wordsworths Einfallsreichtum und Kreativität ab, und er wurde konservativer. Wordsworths zweite Lebenshälfte war relativ ereignislos, sieht man von seiner Ernennung zum *Poet laureate* 1843 ab. Aus der Schweiz brachte er unter anderem die Erinnerung an einen Wasserfall zurück:␣«Uttered by whom...»

Wort:␣Lichtschriften, Plinio␣Bachmann

Wüest, Michael: *1974, Akkordeon. Erlangte das Akkordeonlehrerdiplom im Rahmen des Schweizerischen Musikpädagogischen Verbands. Unterrichtet, leitet ein Akkordeonorchester und ein Jugendensemble.

Würmli-Kollhopp, Susanne: *1945, Hackbrett. Die Lehrerin hat sich sowohl heilpädagogisch als auch musikalisch weitergebildet. Heute ist sie Leiterin der neun Kinder- und Jugendchöre an der Musik-Akademie Basel.

Würsch, Matthias: Hackbrett. Studierte Schlagzeug an der Musik-Akademie Basel. Nach dem Solistendiplom bildete er sich in Paris weiter. Er hat besonderes Interesse für Glasharmonika und ungarisches Cimbalom und arbeitet deshalb u.a. mit den *Orchestre national de France* und dem *NDR-Rundfunkorchester* zusammen.

Wüthrich Hans: *1937, Komponist.␣Musikalischer Leiter

www.expo2000.ch: Webseite des␣Klangkörpers. Ihr Ambiente ist in Auseinandersetzung mit dem Klangkörper entstanden. Sie widerspiegelt die Kraft, Nüchternheit und Eleganz des Klangkörpers. Das Design des Berner Büros␣Set hat navigatorische Leichtigkeit und ist, wie der Pavillon selbst, unauffällig spielerisch. Die Seite hat ein konsequent implementiertes, typografisches und farbliches Navigationskonzept, das der einfachen und schnellen Orientierung der Besucher dient.␣Grafik,␣Infothek

Zähringer, Robert: *1958, Schnitt-Techniker und Produktionsleiter_→**Klangkörperkleidung.** Als Schnittspezialist und Gewandmeister ist er der
unentbehrliche Partner von Aldo_→**Keist.** Ihr Label *Zähringer + Keist* ist das
einzige Schweizer Label, das ausschliesslich Männermode entwirft.
Schlicht und trotzdem elegant. Elegant und trotzdem bequem. Persönlichkeiten werden nicht einfach bekleidet, sondern eingekleidet, z.B. im
eigenen Laden in Zürich.

Zahlen in der Musik: Für die zeitliche Gliederung und den Aufbau von
Intervallstrukturen beim Komponieren verwendet der_→**Kurator**_→**Musik**
Daniel_→**Ott** immer wieder Zahlen. Bei Angaben in Sekunden, Taktierungen
oder Tonketten (und Pausen) entstehen Zahlenreihen/Proportionen.
Genauso, wenn Intervalle in Halbtonschritten *abgezählt* werden. In diesem
Fall hat der Komponist versucht, mit den Zahlen, die das *Unternehmen
Klangkörper* anbot, zu komponieren und die so gewonnenen Zahlenreihen
und Proportionen in Klänge und zeitliche Strukturen umzuwandeln. Beispielsweise die zeitliche Dimension (153 Ausstellungstage : 153 Klänge; 23
Wochen : 23 Ausbrüche) oder die Zahlen der Architektur: Zwölf_→**Stapel,**
drei_→**Höfe,** Anzahl der Balkenreihen innerhalb eines Stapels (4, 5, 6, 8, 10
oder 11), Proportionen des Grundrisses, etc. Allerdings ist das *Erbsen-
zählen* in seinen fertigen Klangbeispielen nicht sehr ergiebig, da er die so
gefundenen Klangerlebnisse immer wieder überprüft und verändert, damit
es nicht *zu sehr aufgeht.* Er wechselt ständig seinen Standort – zwischen
intuitivem Aushören von Klängen und rechnerischem Überprüfen der
Intervalle und Dauern: Oft musste er einen Klang überschlafen und wusste
morgens beim Aufwachen, wie die gesuchte Musik klinge sollte: Daniel Ott
hat schon Klänge gekippt, wenn er schlecht geträumt hatte und die
lebendig gewordenen Klangskizzen grauenhaft waren...._→**Drei-mal-drei-
Punktekatalog,**_→**Inszenierung,**_→**Musiker als Mitkomponisten,**_→**Regie**

Zámečík, Jaromír: *1955 in Brünn, Akkordeon. Studierte in seiner Heimatstadt und konzertiert als Solist im In- und Ausland. Ist Mitarbeiter des
tschechischen Rundfunks und Fernsehens. Er ist regelmässig Mitglied von
Jurys und arbeitet als Lektor bei verschiedenen Fachseminaren.

Zanola, Lea: *1982, Hackbrett. Lernte dieses Instrument bereits mit neun Jahren. Sie spielt sowohl klassische Musik als auch Volksmusik verschiedener Länder.

Zaugg, Gabriela: *1975, Mitarbeiterin ⌐,**Trinken und Essen.** Nach einer Lehre als Köchin studiert sie nun an der ⌐,**Höheren Gastronomie- und Hotelfachschule Thun.** Sie war bereits an den Vorbereitungsarbeiten beteiligt. Gabriela freut sich am Zusammenspiel von ⌐,**Musik,** Worten, Trinken und Essen in einer in sich abgestimmten, nicht alltäglichen Gastronomie.

Zehnder, Christian: Stimme, Handorgel. ⌐,**Stimmhorn**

Zeitflüssigkeit: Eine Wortschöpfung von Ida ⌐,**Gut.** Sie charakterisiert das spezifisch Aktuelle ihrer Arbeit. Die Designerin filtert unsere Zeit und mischt stylistische Überlegungen bei. Dabei nehmen ihre Kleidungsstücke gesellschaftliche Informationen in sich auf und geben diese diffus weiter. Gerade diese Ungenauigkeit zeichnet als Gesamtheit ein recht präzises Bild unserer Welt. Die Anatomie ist das Koordinatensystem, die Zeitflüssigkeit das Ziel.

zeitweit: So bezeichnet Ida ⌐,**Gut** ihre Designhandschrift. Davon ist auch die ⌐,**Klangkörperkleidung** geprägt. Die Entwürfe sind so bequem, praktisch und angenehm fliessend, dass der Träger ⌐,**Sinnlichkeit** erlebt und auch vermittelt. Mit ihrem Designanspruch schafft Gut Formen, die weder klassisch noch modisch sind: Sie wirken sec und kompetent und erzeugen eine Energie der ⌐,**Zeitflüssigkeit.**

Ziegele, Omri: *1959, Saxophon. Sammelte auf dem Altsaxophon seit den 1970er Jahren in Ensembles und bei Bob Mover in Boston professionelle Erfahrung. Er ist Mitbegründer des Trios *Noisy Minority* und Initiator des Projekts *Billiger Bauer,* mit dem er 1998 am Taktlos-Festival in Zürich und Basel auftrat.

Ziegler, Thomas: *1971 in Zuzwil, Hochbauzeichner und Architekt. Studium am Abendtechnikum HTL in Chur. War zuständig für die Schlusskoordination der elektrischen Installationen und Leitungsführungen im ⌐,**Klangkörper.**

Zimmerleute: Am ␣Klangkörper hat ein Team von Schweizern und Irländern sein Können bewiesen. Es waren dies: Marcel Grüsser, Simon Kaufmann, Simon Vogel, Urs Tappolat, Urs Rüger, Peter Hug, Martin Schenkel, Thomas Häni, André Gisler, Ingemar Büchler, Erwin Büchler, Kurt Meier, Peter Signer, Mica Goldinger, Hans Scherrer, Daniel Schwizer, Dobromir Malesevic, Urs Elser, Marcel Brunner, Beat Frei, Jörg Sedleger, Florian Knecht, Juan Carlos Hermann, Thomas Jutzl, Ueli Jordi, Michel Meier, Daniel Weber, Peter Schmitz, Benno Demitri, Hendric Thot, Detlef Lutz, Sebastian Vollmer, Enrico Billart, Mike Taden, Xander Kübli, Stephan Gertsch, Urs Schneider, Andreas Gerber, André Gmür, André Studer, Mathias Seiler, David Lorenzo, Rolf Hari, Martin Zumstein, Michael Aeschbacher, Marcel Girod, Rudolf Bähler, Arnold Zwahlen, Jeckson Hülsberg, Ronny Ludewig, Stefan Becker, Martin Murphy, John O'Donovan, Danny McLaughlin, Darren Butler, Brendan McGurk, Jason Clarke, Barry McDaid, Charlie McCarthy, Jonathan Ayre, Jason Farmer, Padraic Carolan, Bob O'Sullivan, Billy Keating, Ned Harvey, Gerry Brennan, Tobias ␣Unseld. ␣Bauen, ␣Innenleben, ␣Nüssli ☉ Zimmermänner beim Aufrichten

Zimmermann, Oliver: *1978 in Russland, Akkordeon. Siedelte 1991 nach Deutschland über und studierte an der Hochschule für Musik und Theater Hannover.

Zimmermann, René: *1948, Berater ␣Trinken und Essen. Wirt des Zunfthauses Neumarkt in Zürich. Er ist voll guter Ideen für die zweckmässige und gleichzeitig schöne Einrichtung von Restaurants und Bars. Mit seinem Fachwissen und seiner Liebe zum Detail hat er die ganzen Vorbereitungsarbeiten begleitet.

Zink, Heidi: *1954 in Berlin, Hackbrett. Die studierte Soziologin spielt seit über zwanzig Jahren Hackbrett. Sie gründete mit Richard Kurländer die *Fraunhofer Saitenmusik,* mit der sie auf Auslandtournee war und diverse CDs eingespielt hat.

Zitate: ␣Lichtschriften

«Zu Mittag, auch zu Nacht, wenn man will, speist man an der Wirtstafel,

Zimmermänner beim Aufrichten _, Zimmerleute

die, etwas Langsamkeit abgerechnet, nicht übel und sehr reinlich bedient ist und dem entspricht, was Reisende von den Vorzügen der Schweizer Gasthöfe sagen.»: Ulrich →Hegner, *Die Molkenkur*, in: *Reise durch die Schweiz*, hrsg. von Heinz Weder, Manesse Verlag, Zürich 1991, s. 12. →Trinken und Essen

Zuberbühler, Fredi: *1960, Hackbrett. Der gelernte Metzgermeister ist sommers als Bademeister und winters als Hackbrettspieler tätig. Er spielt neben der Volksmusik auch Celtic, Barock, Jazz sowie Improvisation.

«Zuerst war es noch eine Landschaft, dann ging plötzlich die Sonne in mir auf.»: Das Ich, das spricht, erfährt gerade eine nukleare Explosion in seiner eigenen Mitte und berichtet vom persönlich erfahrenen kosmischen Klaffen: «Die Sandhügel am Rande des Plateaus schillerten im blendenden Glanz. Die Netzhaut wurde vom Anprall der Spitzlichtsterne förmlich tätowiert. Ich war auf einmal Zentrum und Peripherie zugleich...». Aus: Michel Mettler, *Die Tode des O*, in: *Die Schweiz erzählt*, hrsg. von Plinio →Bachmann, Fischer Taschenbuch Verlag, Frankfurt A/M 1998, s. 142.

Zumthor, Peter: *1943 in Basel, Architekt und künstlerischer Leiter des →Klangkörpers. Ausbildung als Möbelschreiner, dann als Gestalter an der Kunstgewerbeschule Basel. 1968–1979 Arbeit als Denkmalpfleger im Kanton Graubünden. Der Wahlbünder findet verhältnismässig spät zur Architektur, erst seit 1979 führt er eine kleine Architekturmanufaktur mit rund einem Dutzend Mitarbeitern in Haldenstein bei Chur. Der sensible Baumeister macht Architektur mit dem Bauch erlebbar: Zumthors Räume klingen und riechen – ici c'est l'émotion qui fait l'architecture. Ikone dieses Bauens für die Sinne ist das Thermalbad in Vals aus dem Jahre 1996. Der Professor an der neuen Architekturuniversität in Mendrisio entwarf auch für die →Expo 2000 eine Welt der Sinne, diesmal aus →Holz: Der Klangkörper ist ein →Gesamtkunstwerk, das Architektur, →Musik, →Trinken und Essen, →Klangkörperkleidung und →Wort in Einklang bringt. →Inszenierung

Zumtobel Staff: Einer der führenden Anbieter professioneller Gebäudebeleuchtung in Europa. Innovatives Lichtunternehmen mit Nähe zu Architektur, Design und Kultur. Die Firma war massgeblich beteiligt bei der

" Gelb "

Tabelle der Korrekturwerte in % gegenüber
der Grundlinie (Basis Balken 14, 2030 mm hoch)
bei Aufhängung des Projektors in 3500 mm Höhe

Grunddreieck

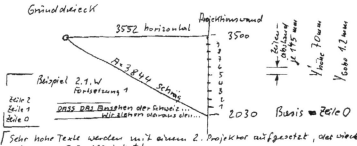

3552 horizontal   Projektionswand
                         - 3500
A = 3844 schräg

Beispiel 2.1.W
    Fortsetzung 1

Zeile 2
Zeile 1   DASS DAS Ansehen der Schweiz ...
Zeile 0   Wir ziehen daraus den ...

                                   2030   Basis = Zeile 0

Zeilen abstand je 145 mm
y' Höhe 70 mm
y Gobo 1,2 mm

Sehr hohe Texte werden mit einem 2. Projektor aufgesetzt, der wieder
seine neue Grundlinie hat

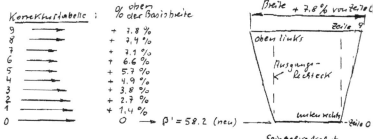

Korrekturtabelle :   % oben
                       % der Basisbreite

9 ------->   + 7.8 %
8 ------->   + 7.4 %
7 ------->   + 7.1 %
6 ------->   + 6.6 %
5 ------->   + 5.7 %
4 ------->   + 4.9 %
3 ------->   + 3.8 %
2 ------->   + 2.7 %
1 ------->   + 1.4 %
0 ------->   0 ----> β' = 58.2 (neu)

Breite + 7.8 % von Zeile 0
                         Zeile 9
oben links

Ausgangs-
Rechteck

unten rechts   Zeile 0

Spiegelverkehrt
bei Draufsicht auf die
Sichtseite des Gobos

Das Grundrechteck richtig sich nach der breitesten Zeile einer
Gruppe (eines Blockes)

füllt , wie bei 2.1.W Fortsetzung 4 nur ein Text
auf die Hälfte eines Gobos , also z.B. nur links vom
Mittelpunkt M , so wird nur der halbe z.B. linke Korrektur-
betrag angesetzt .

→Beleuchtung des→Klangkörpers und anderer Präsentationen der→Expo 2000. Zumtobel Staff unterstützte das→Klangkörperbuch grosszügig.→Licht, →Lichtschriften,→Gobo,→Wo Licht ist..., Jean-Michel→Wilmotte. Informationen unter *www.zumtobelstaff.co.at* ◉ Korrekturberechnung Lichtschriftprojektionen

Zwei Pappeln: Auf der Parzelle auf dem Gelände der→Expo 2000 stehen zwei Pappeln. Obwohl die Expo-Planer das Gelände tiefer gelegt haben, hat Peter→Zumthor die beiden Bäume stehen gelassen. Der→Klangkörper hat dafür eigens eine Aussparung in der→Grundstruktur geschaffen.

Zwirbelbrot: Das Weissbrot hat den Namen von seiner Form: der Teigrohling wird langgezogen und dann leicht gezwirbelt. Es besitzt eine sehr knusprige Kruste. Erhältlich bei A. Hiestand AG, Schlieren. Tel. +41 / 1 / 738 43 10. *www.hiestand.ch*

Zytynska, Sylwia: Hackbrett, Schlagzeug. Die gebürtige Warschauerin studierte Klavier, Cello, Oboe und Perkussion. Für Perkussion hat sie 1985 an der Musik-Akademie Basel das Konzertreifediplom erlangt. Seither arbeitet sie mit zahlreichen Komponisten zusammen und bringt deren Werke oft zur Uraufführung. Als innovative Musikerin ist sie auch im installativen und im musiktheatralischen Bereich tätig.

Wir danken folgenden Firmen und Institutionen herzlich für die Unterstützung dieser Publikation: Nüssli Special Events, Verband Schweizer Weinexporteure SWEA, Zumtobel Staff.

Die Texte stammen von: Plinio Bachmann (Lichtschriften), Jürg Conzett (Statik), Karoline Gruber (Inszenierung und Regie), Sandra Koch, Karin Marti, Daniel Ott (Musik), Ginette Pernet, Max Rigendinger (Trinken und Essen), Pascal Schaub (Klangkörperkleidung), Peter Zumthor (Architektur und Gesamtkonzept).

Die Stichworte zu den Kuratoren stammen von: Thomas Gartmann (Daniel Ott), Karoline Gruber (Karoline Gruber), Roderick Hönig (Peter Zumthor), Pascal Schaub (Ida Gut), Max Rigendinger und Peter Zumthor (Max Rigendinger), Peter Weber (Plinio Bachmann).

Musikbeispiele aus *Klangkörperklang* von Daniel Ott. Copyright by *Timescraper Music* (Fidicinstrasse 24, D-10965 Berlin, Tel. +49/30/691 20 20, Fax +49/30/694 87 32).

© 2000 Birkhäuser – Verlag für Architektur, Postfach 133, CH-4010 Basel, Schweiz

Gedruckt auf säurefreiem Papier, hergestellt aus chlorfrei gebleichtem Zellstoff. TCF ∞
Typografische Konzeption und Umschlaggestaltung: Set, Bern
Printed in Germany

Die Deutsche Bibliothek – CIP-Einheitsaufnahme
Klangkörperbuch: Lexikon zum Pavillon der schweizerischen Eidgenossenschaft an der Expo 2000 in Hannover / Peter Zumthor mit Plinio Bachmann, Karoline Gruber, Ida Gut, Daniel Ott, Max Rigendinger. Hrsg. von Roderick Hönig. – Basel; Boston; Berlin: Birkhäuser, 2000

ISBN 3-7643-6324-X

9 8 7 6 5 4 3 2 1